Manfred Rauschert

ABENTEUER BELIZE

Manfred Rauschert
ABENTEUER
BELIZE
Berichte über ein unbekanntes Land Mittelamerikas

Keil Verlag · Bonn

Bildnachweis
Archiv des Autors: II, IV – XII, XIV, XV, 4, 25. Archiv des Government Information Service, Belize: I, 1 – 3, 5 – 24. Archiv Gabi Schwere-Nelles: III, XIII (Fotos: Wolfgang Maier). Umschlagfoto: Wilhelm Stein.

1. Auflage
Copyright © 1984 by Keil Verlag, Bonn
Alle Rechte der Verbreitung, auch durch Film, Funk und Fernsehen, fotomechanische Wiedergabe, Tonträger jeder Art und auszugsweisen Nachdruck sind vorbehalten.
Gesamtherstellung: Paulinus-Druckerei GmbH, Trier
Printed in Federal Republic of Germany
ISBN: 3-921591-28-7

Inhalt

Vorwort .... S. 7

Von New York bis Punta Gorda

Wenn einer nach Belize fährt S. 13. Ein Belizener in New York S. 15. Kleine Landeskunde S. 17. Hotels S. 22. Im Stadtpark von Belize City S. 26. Sehr eindrucksvoll: die Markthalle S. 29. Die unsterbliche Stadt S. 32. Gales Point, das Dorf an der Lagune S. 37. Apropos gedruckte Quellen S. 38. Stürme mit schönen Namen S. 42. Stille Tage in Belmopan S. 47. Klatsch aus Caye Corker S. 54. Zwischen Korallen und Fischen S. 61. Abschied von der Insel S. 64. Chetumal, die Stadt der Träume S. 67. Punta Gorda, die Stadt im Süden S. 72.

Am Anfang waren die Maya ...

„Anthros" und andere -logen S. 79. Weiße und schwarze Archäologie S. 83. In Altun Ha S. 88. Geschichte der Maya – nur aus Büchern S. 92. Der Maya-Traditionalist S. 98. Das Tanzfest der Maya S. 103. Die Heiligen von San Antonio S. 110. Indianer und Engländer S. 113. Altes und Neues im Leben der Maya S. 116. Geschichte und Identität der Garifuna S. 120. Garifuna und Engländer S. 125. Alte Kunst, neu für den Export S. 127. Zauberei S. 139. Der Garifuna-Maler S. 144. Geschichte eines Garifuna-Dorfes S. 145. Der Garifuna-Schweizer S. 147. Die Mennoniten S. 150. Paradies mit kleinen Fehlern S. 154. Die Chinesen S. 159. Die Kreolen S. 162. Piraten ohne Romantik S. 167. Von Seeräubern zu Holzfällern S. 172. Die Schlacht am St. George's Caye S. 174. Sklaverei S. 181. Die Kathedrale der Anglikaner S. 184. Die Katholiken S. 189. Der Papstbesuch S. 194. Schwestern mit Tradition S. 197. Sogenannte freie Kirchen S. 204. Die Heilsarmee S. 206.

Handel und Wandel

Farbholz S. 211. Mahagoni S. 212. Förderung der Landwirtschaft S. 218. Marihuana S. 221. Kaugummi S. 226. Unternehmer – mit und ohne Teufel S. 227. Zucker S. 229. Kokosnüsse S. 231. Erdnüsse S. 234. Jagd S. 235. Fischfang S. 238. Und der Haifisch . . . S. 242. Wasser und ein bißchen Industrie S. 245. Zu Lande, zu Wasser und in der Luft S. 247. Tourismus S. 252. Briefmarken S. 257. Das liebe Geld S. 260. Die Bibliotheken von Belize S. 266. Ein kulturelles Ereignis S. 270. Das Rote Kreuz S. 272. Die Polizei S. 274. Enorme Kriminalität? S. 277. Frieden durch Mini-Luftmacht S. 280. Belize und Lateinamerika S.285. Flüchtlinge S. 288. Noch nicht gestorben: Empire-Tradition S. 290. Kommunismus in Belize? S. 293. Das Friedrich-Ebert-Treffen S. 295. Eine Institution: Der Prime Minister S. 297. Die deutsch-belizenischen Beziehungen S. 301. Entwicklungshilfe – aus unserer Sicht S. 303. Schön, aber unglücklich: das Museumsprojekt S. 306. Letzte Impressionen S. 308.

Literaturhinweise . . . . S. 311
Namen- und Sachregister . . . . S. 313

Vorwort

Es regnete in den Sommerferien 1940. Also las ich Bücher, die ich in Großvaters Bücherschrank fand, und eines, das mir unser damaliger Nachbar lieh. Es trug den reizvollen Titel „Zwischen zwei Weltmeeren". Geschrieben hatte es ein Herr Otfried von Hanstein, der, wie er selbst im Vorwort preisgibt, als Freund und Reisemarschall eines steinreichen Spaniers zusammen mit diesem rund um die Welt gefahren war. Die beiden gelangten schließlich nach Britisch Honduras, wo sie merkwürdige Abenteuer zu bestehen hatten. Bei ihrer Ankunft hielt man sie für Diplomaten und quartierte sie, allen gegenteiligen Beteuerungen zum Trotz, in das für solch hohe Gäste vorgesehene Logis des Gouverneurs ein – dessen sie später, als sich der Irrtum herausstellte, wieder rüde verwiesen wurden. Da die Weltreisenden zuvor in anderen britischen Besitzungen besser aufgenommen worden waren – in Indien hatten sie sogar die Ehre gehabt, vom Vizekönig, dem höchsten Beamten des Empires, empfangen zu werden –, rümpften sie gemeinschaftlich die Nasen und stellten fest, daß Britisch Honduras wohl die armseligste Kolonie der Engländer auf dem ganzen Erdball sei.

In besonderer Erinnerung blieb mir die Erwähnung großer Ruinenstädte der alten Maya-Indianer, die es im Dschungel von Britisch Honduras gebe.

„Hier im Süden von Yukatan seht ihr die Kolonie Britisch Honduras mit der Hauptstadt Belize." Der Studienrat meines Gymnasiums verschwendete nur diesen einen Satz auf das kleine Land und ließ durchblicken, daß dies die einzigen Gegebenheiten seien, die wir uns zu merken hätten. In anderem Zusammenhang und ganz nebenbei erfuhren wir noch, daß in Britisch Honduras

Edelhölzer verschiedener Art geschlagen würden und daß man dort Kaugummi produziere. Im weiteren Lauf meines Lebens wurde Britisch Honduras, das heutige Belize, nur noch hin und wieder aktuell, wenn Archäologen dort auf neue, aufsehenerregende Maya-Funde stießen oder wenn die Guatemalteken wieder einmal in mehr oder weniger scharfer Form ihre unberechtigten Ansprüche auf das Land erhoben. Immer wieder konnte man davon in den Tageszeitungen lesen, in der Rubrik „Kurznachrichten". Erwähnt wurden dabei meist die vier Bomber der Royal Air Force, welche die ehemaligen Kolonialherren nebst einigen Bodentruppen in dem mittlerweile unabhängig gewordenen Land belassen hatten, damit sie im Bedarfsfall den jeweiligen Herrscher von Guatemala in die Grenzen seiner Macht verweisen sollten.

Ende des Jahres 1982 ergab sich für mich die Gelegenheit, eine Reise nach Belize zu unternehmen. Meine vorbereitende Lektüre bestand aus den wenigen verfügbaren, englischsprachigen Büchern und Zeitschriftenartikeln. Meine Beobachtungen vor Ort ergänzte ich durch im Land vorhandenen Lesestoff, vor allem durch Tageszeitungen. Die meisten Informationen erhielt ich durch meine zahlreichen Gespräche mit den Belizenern selbst, wobei ich oft mit sehr gegensätzlichen Meinungen zu jüngsten oder auch weiter zurückliegenden historischen Ereignissen konfrontiert wurde.

Ich wurde bei meiner Ankunft nicht wie meine weltreisenden Vorgänger für einen Diplomaten incognito gehalten, sondern vielmehr, was mir nicht weniger unangenehm war, für einen Beobachter der bundesdeutschen Christlich-Demokratischen Union. Einige meiner Gesprächspartner ließen mich wissen, daß sie der Sozialdemokratischen Partei Deutschlands und ihrem Prime Minister Helmut Schmidt gewogen seien. Je mehr ich beteuerte, ganz außerhalb jeder Parteipolitik zu stehen, um so weniger glaubte man mir, und so war es dann auch nicht weiter verwunderlich, daß ich nach der Nachricht vom Wahlsieg der CDU in der fernen Bundesrepublik unverdiente Glückwünsche entgegennehmen mußte. Freudig berichtete mir ein Herr, der in früheren Zeiten anderen Sinnes gewesen war, Prime Minister Price habe seinem neuen Amtskollegen in Bonn, Prime Minister „Koll", wie man in Belize sagt, ein Glückwunschtelegramm gesandt.

Viereinhalb Monate sah ich mich im Land um. Eine umfassende Landeskunde war nicht geplant, doch ich hoffe, einen brauchbaren Überblick über die Verhältnisse in dieser jungen Nation mit ihren sehr voneinander verschiedenen Bevölkerungsgruppen bieten zu können. Es schien mir angebracht, auf entwicklungspolitische Zusammenhänge einzugehen, nicht nur aus der Sicht des Technikers und Sachverständigen, sondern auch im Hinblick auf die allgemeinere, menschliche Seite einer tatsächlichen und möglichen Zusammenarbeit zwischen Belize und der „Ersten Welt".

Noch ist das kleine, „vergessene" Land der Maya, der Seeräuber und des Mahagoni ein Ruhepol im Hexenkessel Mittelamerika, der durch jüngste politische Ereignisse die Aufmerksamkeit der Weltöffentlichkeit auf sich zog und zieht.

Politische Explosivität ist allen mittelamerikanischen und karibischen Staaten gemeinsam, wenn auch Belize immer noch eine Ausnahme zwischen diesen geographischen Räumen darstellt.

„Sub umbra floreo" ist auf dem Staatswappen zu lesen. Gemeint ist der Schatten – auch der Schutz – des Mahagonibaums, unter dem das junge Land blüht. Doch Gefahren lauern dem gerade erst in die Freiheit entlassenen Belize von innen und außen. Und ein Abenteuer war meine Reise von Anfang an.

Von New York bis Punta Gorda

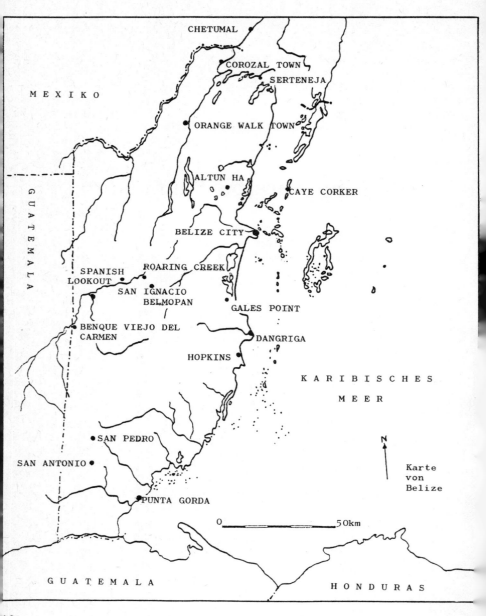

Wenn einer nach Belize fährt

Im Luftfahrt-Pavillon auf dem Bahnhof London-Victoria erkundige ich mich. „Wie kommt man zu einem möglichst günstigen Preis nach Belize?" Die junge Dame lächelt. „Oh, Südostasien, nicht wahr?" Meine Erklärung, daß es sich bei Belize um die ehemalige Kolonie Britisch Honduras in Mittelamerika handele, wird schweigend zur Kenntnis genommen. Eine andere junge Dame kommt hinzu, man holte eine Landkarte – oh yes, Belize! Über Miami könne man hinfliegen. Auskünfte über die entstehenden Kosten für das Unternehmen seien erst am nächsten Morgen zu erhalten.

Da bin ich aber schon wieder zu Hause. Hier wende ich mich vertrauensvoll an mein Reisebüro, dessen Generationen von Bearbeiterinnen und Bearbeitern an meine meist ausgefallenen Wünsche gewöhnt sind. Ich muß erfahren, daß Belize „touristisch nicht erschlossen" sei, noch lange nicht, und daß man eine solche Reise nur Kunden mit dem ausgesprochenen Bedürfnis nach einem Abenteuerurlaub empfehlen könne. Die preisgünstigste Möglichkeit, hin- und überlebendenfalles auch wieder zurückzugelangen, sei der Flug via New York – Miami. Nein, über Jamaica gehe es nicht, das sei die Route zur Zeit der Segelschiffe und Dampfer gewesen. Wie ich erst später hörte, hätte ich direkt über Miami – und entsprechend billiger – fliegen können. Ich war falsch beraten worden und kann allen Reisenden nur empfehlen, nicht blind auf den renommierten Namen eines Hauses zu vertrauen, sondern stets mehrere Angebote einzuholen.

Auf der Bank wälzen gleich zwei Herren dicke Bücher, um mir schließlich mitzuteilen, daß man in Belize, vormals Britisch Honduras, am besten mit US-Dollars zurechtkomme, und daß nur diese Währung und Travellercheques die Möglichkeit zur Lösung finanzieller Probleme in meinem Reiseland böten. Der Besitz von mehr als zehn britischen Pfundnoten sei in Belize verboten. Letztere bedeutsame Regelung war übrigens den Banken meines Gastlandes völlig unbekannt: „Nie gehört!" Die dunkelbraune Lady meinte nur, ich solle getrost dicke Bündel von Pfundnoten mit in ihr Land bringen. Sie seien herzlich willkommen.

Meine wissenschaftliche Dokumentation über Belize paßt bei Antritt meiner Reise bequem in einen Aktendeckel hinein. Sie besteht aus einer Landkarte, die ich einmal bei einem Antiquar in Paris gekauft hatte, sowie aus einigen Kopien von Handbuch- und Zeitschriftenartikeln. Viel kann ich nicht daraus lernen, ein ausgiebiges Literaturstudium wäre nur in London möglich gewesen, doch dazu fehlte mir die Zeit.

Das Hygienische Institut der Universität Bonn, dem ich gewöhnlich interessante Darmparasiten und ungewöhnliche Erreger von meinen Reisen mitbringe, hatte mir freundlicherweise mitgeteilt, daß die Malaria in Belize keine nennenswerte Gefahr darstelle. Prophylaxe sei nicht notwendig, aber vielleicht doch empfehlenswert. Ich beschließe, meine wöchentliche Portion Chloroquin zu schlucken, und fange pünktlich vierzehn Tage vor Reisebeginn damit an, was sicher mein Glück war, denn die Malaria kehrt eben wieder zurück nach Belize.

Kleidung und Ausrüstung sind die gleichen, wie ich sie in Südamerika benutzt hatte, nur weniger, denn diesmal kann ich nicht für einige Jahre bleiben. Freunde und Freundinnen, die ich von meinem neuerlichen Reisevorhaben in Kenntnis setzte, teilen mir fernmündlich oder in mokant abgefaßten Briefen mit, wie lange sie in Atlanten und Lexika gesucht hatten, ehe sie Belize fanden. Zu meinem Erstaunen sind ihre Prophezeiungen fast ausschließlich düster. Ein amerikanischer Freund hat von bedrohlich ansteigender Kriminalität in Belize gehört, mehrere wohlwollende Bekannte empfehlen mir dringend, nicht einen Tag länger in diesem gefährlichen Land zu bleiben, als die britischen Truppen dort stünden, und wie üblich nehme ich die Bedenken in bezug auf tropische Krankheiten gelassen entgegen. Optimistisch gibt sich nur meine Verlegerin, im Hinblick auf die erfreuliche Marktlücke, die wir nun gemeinsam schließen können: Es gibt kein anderes Buch über Belize in deutscher Sprache.

Mein eigener Optimismus ist vor Antritt der Reise leicht gebremst, was sich auch als berechtigt erweisen sollte.

Ein Belizener in New York

Wie üblich mühe ich mich mit meinem schweren Gepäck, das auf dem Flughafen von New York vom Schalter einer Fluglinie zu dem einer anderen befördert werden muß. Mitreisende stehen vor dem gleichen Problem, und geschimpft wird in mehreren Sprachen. Unter meinen Leidensgenossen fällt mir ein schon recht betagter Gentleman schwarzer Hautfarbe auf. Neben einem Berg von Gepäckstücken hat er nämlich noch ein entzückendes kleines Mädchen zu betreuen, Christina. Sie trägt ein Spitzenröckchen, ein weinrotes Blüschen und macht sich offenbar ein Vergnügen daraus, ihre winzigen Lackschuhe immer wieder auszuziehen – die ihr vom alten Herrn unermüdlich wieder angezogen werden müssen. Er ist der Großvater und stammt, wie ich mit Interesse höre, aus Belize. Weil Christinas Mutter in New York arbeitet, wird die Kleine jetzt von Opa Brown in die Heimat gebracht, damit sie dort bei Verwandten in ruhiger Umgebung aufwachsen kann. Mehrfach müssen wir unser Gepäck aus unerfindlichen Gründen von einem Stapelplatz zum anderen schleppen. Die Zahl meiner Belizener Bekannten wächst. Etwas abseits steht ein tiefschwarzer Herr mit enormer Afro-look-Frisur und elegantem, dunklem Anzug. Beiläufig erfahre ich, daß er in der Landeshauptstadt des jungen Landes, in Belmopan, tätig ist. Sein kleiner Sohn wirkt wohlerzogen, er macht keinerlei Anstalten wegzulaufen, was Christina mit größter Ausdauer immer wieder versucht. Über die Gepäckberge hinweg unterhalte ich mich mit einem Belizener Professor, allerdings nicht lange, da wir schon wieder aufgefordert werden, unseren Platz zu räumen.

In Miami verpassen wir unser Anschlußflugzeug nach Mittelamerika und werden von der Fluggesellschaft, selbstverständlich erst nach heftigen Erörterungen der Sachlage, in ein Hotel eingewiesen. Für die Mahlzeiten gibt es Freischeine.

Christina hat sich mittlerweile recht gut an mich gewöhnt. Im Taxi sitzt sie auf meinem Schoß, und Opa Brown kann ein wenig ausruhen. Den Augenblick, den ich benötige, um, im Hotel angekommen, wiederum meine Koffer umherzuschleppen, nutzt Christina, ihr Geschäftchen zu erledigen, ohne auf Mister Brown's Hose Rücksicht zu nehmen.

Eine aufregende Reise, auf der ich schon zu Anfang eine Menge lerne. Als erstes, daß die Arbeitslosigkeit im Land sehr groß ist. Viele Belizener wandern gleich nach dem Schulabschluß in die Vereinigten Staaten aus. Sie verdienen dort gut und können ihr Erspartes nach Hause schicken. Das Berufsspektrum reicht vom Arbeiter im Wäschereibetrieb bis zum Hochschullehrer. Manche betrachten ihre Heimat als bevorzugtes Ferienland, in dem Verwandte leben, die man immer wieder gern besucht. Andere denken daran, wenn sie einmal genügend harte Dollars auf der Bank angesammelt und ein Betonhaus am Strand der Karibischen See gebaut haben, dort ihren Lebensabend zu verbringen. Oft werden Belizener, die in den USA verstorben sind, zur Beisetzung in die Heimat geflogen. Die Kosten dafür sind enorm, werden aber von den Hinterbliebenen gern getragen.

Die aus den USA einfließenden Gelder der US-Belizener sind für das Heimatland lebenswichtig, so wird mir versichert. Ohne US-Dollars gehe es nicht, und für die Zukunft sei in dieser Hinsicht keine Änderung zu erwarten.

Was die Verschickung der Kinder zu den daheimgebliebenen Großeltern angeht, wird diese Regelung allgemein akzeptiert und für gut befunden. Es gab einmal Gegenstimmen, die auf die Entfremdung der Kinder von den Eltern hinwiesen. Diesen wurde mehrheitlich widersprochen: Können die Kinder irgendwo auf der Welt besser aufgehoben sein als bei Verwandten, während die Eltern in den USA arbeiten müssen? Sollen die Kritiker doch sagen, wo man so viel Geld verdienen kann wie in New York, Chicago oder im reichen und obendrein schönen Kalifornien!

Man wird Christina einmal fragen müssen.

Kleine Landeskunde

Weil eigentlich jedes bessere Reise-Sachbuch mit erdkundlichen und allgemeinen Angaben über das betrachtete Gebiet anfängt, beeile ich mich, diese noch rasch einzufügen.

Das Land Belize nahm seinen Namen im Jahre 1973 an, vorher hieß es Britisch Honduras. Der alte Name gefiel vor allem der Jugend nicht mehr. Dem Streben nach Unabhängigkeit vom britischen Mutterland sollte auch auf diese Weise Ausdruck verliehen werden, und außerdem gibt es in Mittelamerika schon eine Republik mit dem Namen Honduras, von der man sich zu unterscheiden wünschte. Die alte Stadt Belize bekam den neuen Namen

Belize City. Für die neue Hauptstadt im Landesinnern fand man nach langem Suchen und Beraten den Namen Belmopan.

Unabhängig als parlamentarische Monarchie innerhalb des Commonwealth wurde Belize am 21. September 1981.

Im Norden grenzt das Land an das befreundete Mexiko, im Westen und Süden an das bitterfeindliche Guatemala. Die östliche Grenze bildet die Karibische See. Dem Selbstverständnis des größten Teils der Bevölkerung gemäß, auch aufgrund der ethnischen, kulturellen, wirtschaftlichen und politischen Bindungen an den karibischen Raum und besonders an die dortigen ehemaligen britischen Besitzungen, behaupten manche Gelehrte und Politiker, Belize selbst sei ein karibisches Land und habe mit den zentralamerikanischen Staaten eigentlich nichts oder nur verschwindend wenig gemein. Wie aus wohlunterrichteten und nicht zuletzt aus Regierungskreisen verlautet, legt man jedoch aus zahlreichen Gründen Wert darauf, eine Zugehörigkeit zu Mittelamerika nachzuweisen. Täglich kann man es im Rundfunk hören, der sich als die „Stimme der unabhängigen mittelamerikanischen und karibischen Nation Belize" bezeichnet. Die aus etwa 150 000 Menschen bestehende „Nation" ist in Wirklichkeit – und das fällt dem Besucher des Landes als erstes auf – ein wahres Völkergemisch, doch dazu später.

Selbst für europäische Begriffe ist Belize mit seinen 22 965 qkm ein kleines Land, etwa der Größe Hessens entsprechend. Noch kleiner auf dem amerikanischen Kontinent ist nur El Salvador. Die Entfernung vom nördlichsten Punkt zum südlichsten beträgt 280 km, vom westlichsten zum östlichsten ca. 100 km. Das Land ist in verschiedene Verwaltungsdistrikte aufgeteilt. Von Norden nach Süden aufgezählt lauten ihre Namen: Corozal, Orange Walk, Belize, Cayo, Stann Creek und Toledo.

Die Grenzen von Belize spielen in wirtschaftlicher Hinsicht eine bedeutende Rolle, wobei die Nordgrenze zu Mexiko, genauer gesagt zur mexikanischen Südprovinz Quintana Roo, besonders herausragt, denn jenseits liegt das gelobte Einkaufsland aller Belizener. Selbst die Maya-Indianer aus dem tiefsten Süden, den Bergen von Toledo, fahren regelmäßig in Omnibussen nach Norden, um begehrte Handelsgüter billig zu erwerben.

Die im wahrsten Sinne des Wortes mit dem Lineal auf der Landkarte gezogene Westgrenze zu Guatemala besteht ebenfalls nur auf dem Papier. Sie ist kaum bewacht, und die Indianer auf beiden Seiten nehmen daher von ihrem Vorhandensein nur dann Notiz, wenn es ihren jeweiligen Interessen dient. Ansonsten ziehen sie so unbeschwert hin und her wie in alten Zeiten, vor Ankunft der Europäer.

Der Wirtschaftsverkehr an der Südgrenze spielte, wie mir viele mit offensichtlichem Bedauern und dem Ausdruck der Hoffnung auf eine baldige Verbesserung der Verhältnisse berichteten, früher eine große Rolle, denn auch in Guatemala konnte man preiswert einkaufen. Obendrein gibt es dort allerlei Güter, die weder in Belize noch in Mexiko verfügbar sind. Ein kleiner Handelsverkehr über die Südgrenze scheint jedoch auch in Zeiten höchster Spannung, die noch nicht allzu weit zurückliegen, niemals ganz abgerissen zu sein.

Die Beziehungen zwischen Belize und den westindischen Inseln, besonders zu denen, die bis in jüngste Vergangenheit britisch waren und von denen es einige wenige noch sind, hatte ich mir sehr viel intensiver vorgestellt, als es tatsächlich der Fall ist. Der Schiffsverkehr zwischen den Ländern war nie sehr rege. In alten Büchern frommer Missionare kann man nachlesen, daß Reisende aus Europa oft lange auf Jamaica warten mußten, ehe sie eine Passage hinüber zur mittelamerikanischen Kolonie bekamen. Eine direkte Flugverbindung zu den anderen Gebieten des britischen Einflußbereiches gibt es auch heute noch nicht. Immerhin ist sie geplant, und einmal in der Woche oder alle vierzehn Tage soll künftig eine Maschine nach Kingston fliegen. Einstweilen muß noch der teure und umständliche Weg über Miami in Kauf genommen werden.

Was mich verwunderte: Obwohl die meisten westindischen Inseln überbevölkert sind, wandern die dortigen Kreolen nicht in das unterbevölkerte Belize ein. Sie könnten dort mit ihrer herkömmlichen kreolischen Form der Landwirtschaft jedenfalls besser leben als zu Hause. Warum nimmt ein Land zum Beispiel Salvadorianer auf, statt sich Menschen gleicher Sprache und – was die kreolische Bevölkerungsgruppe betrifft – gleicher Kultur zu öffnen? Ich hatte leider keine Gelegenheit mehr, zu dieser Frage nähere Erkundigungen, die sicher aufschlußreich gewesen wären, einzuholen. Außerdem bin ich schon abgewichen von meiner allgemeinen Landesbeschreibung.

Also weiter: Die nördliche Hälfte des Gebietes von Belize ist flach, was auch für das Küstengebiet des südlichen Teils gilt. Im Südwesten ragt dagegen ein Bergland mit Gipfeln von über tausend Metern auf. Die gesamte Küste von Norden nach Süden besteht eigentlich nur aus einem mehr oder weniger breiten Gürtel von Sumpfland, unterbrochen von Süßwasser-, zuweilen auch Seewasserlagunen. Vor der Küste liegt das Korallenriff mit seinen zahlreichen Inseln. Die Belizener sind besonders stolz darauf, und in offiziellen Prospekten preisen sie das kristallklare, warme Wasser und die vielfältigen Möglichkeiten, die die Cayes den gut zahlenden Touristen bieten. Fischen, Tauchen – mit und ohne Atemgerät – , Unterwasserfotografie: Alles kann man dort genießen. Landkarten besorgt man sich am besten vom Government Information Service.

In manchen Büchern wird Belize als ein Land mit subtropischem Klima bezeichnet, in anderen Werken wird – zutreffender – von Tropenklima gesprochen. Die mittlere Jahrestemperatur von Belize City beträgt zum Beispiel 79 °F. Die Temperatur in den kühlsten Monaten des Jahres, von November bis Januar, beträgt 75 °F. Nachts kann es mit nur 50 °F recht kühl werden. Die höchsten Temperaturen mißt man zwischen Mai und September: Am Tage kann das Thermometer auf 95 °F steigen. Der Seewind, der bei Tag durch die Stadt weht, schafft eine – wenn auch geringe, so doch spürbare – angenehme Abkühlung.

Wie wertvoll diese ist, kann man am besten durch einen Vergleich mit den Verhältnissen im westlichen Teil des Landes, den der Wind nicht erreicht, feststellen: In San Ignacio zum Beispiel klettern die Temperaturen im April und im Mai auf 100 °F. In den Bergen dagegen benötigt man in den „kalten" Monaten sogar besondere Bekleidung, in der Nacht Decken. Die relative Luftfeuchtigkeit im Land wird weitgehend von den Winden aus Richtung der Karibischen See beeinflußt. An der Küste zwischen Belize City und der Südgrenze des Landes ist sie mit 80 bis 90 Prozent besonders hoch. Geringer wird die Luftfeuchtigkeit zum höher gelegenen Westteil des Landes hin. Viele Reisende mögen daher das belizenische Klima als „drükkend" empfinden, ich persönlich leide nicht darunter, da ich aus den windstillen Regenwaldgebieten Südamerikas an ein ganz anderes Treibhausklima gewöhnt bin.

Normalerweise wechselt pro Jahr eine Trockenzeit, zwischen Januar und April, mit einer Regenzeit während der übrigen Monate ab. Manchmal entsteht zwischen Norden und Süden des Landes eine Verschiebung von einigen Wochen. Abweichungen von der Norm ziehen verheerende Folgen nach sich. In allzu trockenen Jahren sterben viele Fichten ab, und die Landwirtschaft bringt magere Erträge. Wenn es zu viel regnet, leiden die Zitrus-Plantagen, und es wächst nur minderwertiges Zuckerrohr. In früheren Zeiten waren die Wetterverhältnisse bedeutend stabiler, Belize ist in diesem Punkt keine Ausnahme.

Dies mag zur Einführung genügen. Nur eines habe ich noch vergessen zu erwähnen: Die Zeitdifferenz zur mitteleuropäischen Zeit beträgt sieben Stunden, und als erstes stelle ich bei meiner Ankunft die Uhr zurück . . .

Hotels

Auf Unbill gefaßt, bitte ich gleich nach meiner Ankunft den Taxichauffeur, der mich nach Belize City fahren soll, mich an einem halbwegs erträglichen, selbstverständlich nicht allzu teuren Hotel abzusetzen. Aus meinen mageren Unterlagen über mein Gastland weiß ich nämlich, daß es in Belize nur wenige Hotels gibt und Reisende daher oft in arge Bedrängnis geraten. Der Taxichauffeur empfiehlt mir das Haus eines Chinesen, gleich gegenüber der Polizeistation, was in puncto Sicherheit eine gewisse Rolle spielen könnte.

Das chinesische Hotel hat zwei Abteilungen. Die eine besteht aus einer Reihe verschlagartiger Räume im Hinterhof, die andere aus einigen besser eingerichteten Zimmern im oberen Stockwerk eines Betonhauses, in dem parterre die Agentur einer Luftfahrtgesellschaft ihre Geschäftsräume hat. Jedes der Zimmer höherer Klasse hat Dusche und WC, die aber nicht immer benutzt werden können, weil gelegentlich das Wasser ausbleibt. Die Klimaanlage funktioniert. Ihr Wert wird nur dadurch beeinträchtigt, daß die Tropenfenster des Raumes, den ich mir als Herberge ausgesucht habe, nicht richtig geschlossen werden können. Am Abend – und das sollte für die

Dauer meines Aufenthaltes dort so bleiben – erscheint die Dame des Hauses oder eines ihrer zahlreichen Kinder und kassiert den Tagessatz, der unverschämt hoch ist. Ich entschließe mich, bald in ein anderes Etablissement umzuziehen, was ich, nachdem ich mich von der anstrengenden Reise einigermaßen erholt und akklimatisiert habe, unverzüglich tue.

Das Hotel wird von einem Honduraner betrieben und ist erheblich billiger. Leider wird meine Nachtruhe hier trotz des vorhandenen Ventilators von Moskitos empfindlich gestört, so daß ich jene scheußlichen chinesischen Spiralen aufstellen muß, deren Rauch die Plagegeister zwar fernhält, der aber auf Dauer der Gesundheit eines Menschen nicht gerade zuträglich ist.

Schließlich werde ich Stammgast im Hotel „Mar's Riverside", das, wie der Name verrät, von Miss Mar geführt wird. Sie ist ihrer Herkunft nach eine Garifuna, und ihr gehört das Betongebäude, das möglicherweise nie ganz fertig werden wird. Ständig wird irgendwo im Haus gearbeitet. Meistens sind es Maurer, die das Hinterhaus ausbauen, gelegentlich Schreiner, die irgenwelche Veränderungen in den Gästeräumen vornehmen. Im Erdgeschoß befindet sich zur Straße hin die Halle des Hauses. Hier ist es auch während der heißesten Tagesstunden kühl und düster. Abends brennen bis in die Nacht hinein einige grüne und rote elektrische Birnen. Links vom Eingang ist die Bar, hinter der eine riesige Kühltruhe mit verschiedenen harten und weichen Getränken für die Gäste steht. Nur der Kaffee, der von den Kunden seltener verlangt wird, kommt aus einer Küche im Hintergrund des Hauses. An der rechten Schmalseite der Halle stehen zwei bequeme Liegestühle, auf denen sich Miss Mar, deren Tochter oder auch bevorzugte Stammgäste ausruhen dürfen. In der Mitte des Raumes sind einige Tische und Stühle aufgestellt. Weil es in meinem Zimmer zu heiß ist, setze ich mich oft dorthin, um schriftliche Arbeiten mit Konzentration erledigen zu können.

Ich treffe in „Mar's Riverside" stets den gleichen Personenkreis an, sowohl unter den Gästen des Hotels als auch unter den Besuchern der Bar. Dazu gehören – in sozialer Rangordnung aufgeführt – ein Minister, ein herkulischer Oberfeldwebel der Polizei, ein Herr vom Ministerium für Erziehung und Sport, ein deutscher Philologe mit Doktortitel, der sich für Heilkräuter interessiert, und eine Anzahl Musiker, deren Auftreten mir weniger zusagt, weil sie mich gelegentlich bei der Arbeit stören.

Da ich nun einmal beim Thema „Hotels" bin, das sicher einige meiner Leser interessieren wird, will ich mit weiteren Informationen nicht geizen.

Das „Erste Haus" von Belize City, das „Fort-George"-Hotel, besichtige ich nur. Der Mechaniker, der für die Wartung elektrischer Anlagen, der Wasserversorgung und sonstiger technischer Einrichtungen zuständig ist, führt mich. Die besondere Attraktion ist das Schwimmbecken, in dem, wie er mir berichtet, vor einiger Zeit ein angetrunkener Amerikaner so schwer verunglückte, daß er eine Querschnittlähmung davontrug.

Im „Fort George" steigen vornehmlich wohlhabende amerikanische Touristen ab, aber auch offizielle Besucher des Landes, zum Beispiel Botschafter nebst Gattinnen, Berichterstatter großer Agenturen und nicht zuletzt, manchmal in ganzen Gruppen, Funktionäre politischer Parteien und Organisationen, die hier Beratungen abhalten und den Schilderungen meines Technikers zufolge zum Wohle des Landes und seiner Bewohner enorm viel Geld ausgeben.

Noch schöner und größer als das „Fort George" soll das Luxushotel von San Ignacio sein, wenn der Reiseprospekt, den ich am Flughafen gefunden habe, recht hat. Besonders hervorgehoben wird auch das Hotel „Pelican", das etwas nördlich von Dangriga direkt am Meeresstrand liegt. Von diesem Haus hatte man mir schon erzählt, daß auch der deutsche Botschafter einmal dort abgestiegen sei. Mich selbst zieht es der Preise wegen nicht hin.

Auf den Belize vorgelagerten Inseln und entlang der Küste, zum Beispiel außerhalb der Stadt Dangriga, gibt es weitere erstklassige Hotels, die ausschließlich auf dollarschwere Gäste eingerichtet sind. Ich beschränke mich darauf, ihre buntgedruckten Prospekte zu betrachten.

Viele Belizener tragen sich mit mehr oder weniger ausgereiften Gedanken, wie sie am Hotelgewerbe, also an der Unterbringung von Fremden und deren Beköstigung, verdienen können. Die Urform aller Unternehmungen dieser Art sollte ich im Bergdorf San Antonio kennenlernen. Jemand empfahl mir eine Lady, die für fremde Besucher Mahlzeiten koche. Man müsse sich lediglich vorher anmelden. Ich orderte ein Frühstück, von dem ich auch, da ich landesübliche Maßstäbe anlegte, in keiner Weise enttäuscht war. Der Preis entsprach allerdings, wie ich beim Umrechnen feststellte, dem meines letzten Spesenfrühstücks im Hotel „Deutscher Kaiser" zu München.

Im Landesinnern gibt es einige Farmer, die nebenbei am Tourismus verdienen möchten. Sie haben meist einfache Unterkünfte errichtet und können – bescheidene Ansprüche vorausgesetzt – , weil sie einen Teil der Nahrungsmittel selbst produzieren, ihre Gäste gut und preiswert beköstigen. Ausgesprochen ungünstig wirkt sich für die Farmer aus, daß die Reisenden im nahen Nachbarland Mexiko Gleiches oder gar Besseres bedeutend billiger haben können.

Große Hotelbetriebe oder -ketten internationalen Formats fehlen in Belize ganz und sind auch nicht erwünscht, jedenfalls nicht unter der jetzigen Regierung, die eher auf eine organische Entwicklung des Tourismus setzt. Statt fremder Kapitalgesellschaften werden kleine und mittlere Betriebe bevorzugt, die den eigenen Bürgern gehören und deren Gewinn im Land bleibt. Einmal war ich Zeuge eines Streitgesprächs über diese Frage. Zwei Damen, von denen die eine den Regierungskurs verteidigte, während die andere wortreich und zischend für große ausländische Unternehmen mit attraktiven Luxushotels eintrat, versuchten die Umstehenden zur Bestätigung der eigenen Meinung heranzuziehen. Die verhielten sich aber eher passiv, wohl deshalb, weil sie es sich in landesüblicher Vorsicht mit keiner der beiden Ladies oder mit möglicherweise anwesenden Zuhörern aus Kreisen der Regierungspartei verderben wollten. Als ich zu einer Meinungsäußerung aufgefordert wurde, zog ich mich mit einer Gegenfrage aus der Affäre: „Ist denn überhaupt mit dem Ansteigen der Besucherzahlen zu rechnen, wenn die Nachbarländer gleiche Möglichkeiten zu erheblich niedrigeren Preisen anbieten?"

Im Stadtpark von Belize City

Gleich am ersten Tag meines Aufenthaltes lerne ich ihn kennen, den Stadtpark von Belize City, morgens früh, denn ich finde noch kein Restaurant, in dem ich frühstücken könnte. Der Park liegt zwischen dem modernen Gebäude der Royal Bank of Canada und einem Kaufhaus. Wie alles im Land ist auch der Stadtpark, verglichen mit entsprechenden Anlagen in Europa, winzig klein. In der Mitte steht ein Brunnen aus rot und gelb bemaltem Beton, aus dem offenbar schon lange kein Wasser mehr fließt. Scharen von Kindern zweckentfremden ihn für Kletterübungen. Kreisförmig stehen Betonbänke, einige davon in etwas angeschlagenem Zustand. Um den Brunnen herum und von diesem ausgehend verlaufen zu den vier Ecken des

Parks betonierte Wege. Der Rasen sieht nicht so aus, als würde er nach altenglischem Verfahren gepflegt, doch immerhin ist ein Mann gerade dabei, ihn zu rechen, im Zeitlupentempo, wenn man europäische Maßstäbe anlegen darf. Auch die Betonwege nimmt er sich vor, denn sie sind übersät mit ganzen oder schon zertretenen Plastikbechern und Erdnußschalen. Anscheinend hat hier vor kurzem eine Fete stattgefunden. Jemand setzt sich neben mich und fragt, ob ich Gedichte schreibe. Nein, keine Gedichte, sondern ein Buch über Belize. Der Mann findet das hochinteressant und verlangt Geld von mir, einen Dollar, wie er mir gleich zu verstehen gibt. Da ich kein Geld zu verschenken habe, erlischt das Interesse meines Banknachbarn an meiner literarischen Tätigkeit augenblicklich, und er verschwindet. Kurz vor acht Uhr marschiert eine Staffel von jungen Damen vorbei, schwarze, braune und ein paar weiße. Man sieht ihnen an, daß sie zur gehobeneren sozialen Schicht gehören. Sie streben den Büros im Geschäftsviertel zu. Auf der Bank mir gegenüber hockt eine dicke Frau in langen Hosen und döst vor sich hin. Eine weitere Frau, die einem religiösen Wahnsinn verfallen zu sein scheint, taucht auf. Sie trägt ein Bündel von Schriften in der Hand, stellt sich mit dem Rücken zum Brunnen auf und hält eine Predigt, obwohl ihr niemand zuhört. Aus ihren Gesten schließe ich, daß sie einen Pfarrer auf der Kanzel nachahmt. Manchmal lächelt sie ins Leere hinein, dann wiederum hebt sie mahnend und beschwörend den Zeigefinger in die Höhe, bis sie sich endlich von ihrem imaginären Publikum verabschiedet. Ein alter Mann, dessen Vorfahren aus Schottland stammen, erzählt mir von der unlängst vergangenen Kolonialzeit. Damals sei dieser Park noch schön gepflegt und die Hecken regelmäßig geschnitten worden. Der Rasen sei in Ordnung gewesen, und man habe auf peinliche Sauberkeit geachtet. Ja, ja, das habe sich nun alles geändert. Die

Briten seien samt ihrer Prinzipien verschwunden, und es bleibe vorerst noch abzuwarten, ob die Unabhängigkeit dem Land zum Segen gereiche. Die Wasserleitung im Springbrunnen sei jedenfalls schon lange kaputt, und es werde sich in absehbarer Zeit wohl keiner dazu aufraffen, die Instandsetzung zu bezahlen.

Auch am nächsten Morgen sitze ich wieder im Park, und wieder setzt sich ein schon betagter Gentleman neben mich auf die noch kühle Betonbank. Er trägt einen auffälligen, geschnitzten Spazierstock – wohl chinesischer Herkunft – mit sich herum, und ich merke, daß er an einem Gespräch interessiert ist. Ich versichere ihm, der Stock gefalle mir ausnehmend gut und frage ihn, ob es sich dabei, wie ich vermute, um ein sehr altes Stück ostasiatischer Herkunft handele? Er lächelt, dreht an dem Griff des Stockes, und ich lerne das Geheimnis des Kunstwerks kennen: Im Innern befindet sich eine lange Stahlklinge. Lächelnd steckt er das gute Stück wieder ein und meint, so etwas habe man gelegentlich nötig. Schon erzählt er mir aus seinem Leben: Der Vater sei aus Europa gekommen, vielleicht aus Wales, die Mutter eine Belizenerin gewesen. Er selbst habe früher auf dem Bau gearbeitet. Verdient habe er recht gut, nicht übermäßig, aber doch so viel, daß er davon leben konnte. Niemand wisse, was die Zukunft bringe, es hinge wohl von der Weltlage ab. Ich versuche mir vorzustellen, welches Leben der alte Mann hier im Land geführt haben mochte, kein gutes, kein schlechtes, ein ganz und gar mittelmäßiges. War er zu bedauern oder eher glücklich zu preisen?

Auch die dösende Dicke mit den langen Hosen ist wieder da. Sie war fast jeden Morgen hier anzutreffen, wie ich im Laufe der Zeit feststellte. Ich hielt sie für eine Art Stadtstreicherin, bis ich sie eines Tages als aufmerksame Leserin in der Halle der Staatsbibliothek entdeckte. So kann man sich irren, im fremden Land.

Sehr eindrucksvoll: die Markthalle

Am Ufer des Haulover-Flusses liegt sie, unterhalb der Drehbrücke und schräg gegenüber der Royal Bank of Canada. Eigentlich ist die Markthalle von Belize City genauso gebaut wie ähnliche Einrichtungen ihrer Art in anderen Städten Mittel- und Südamerikas, nur ist auch sie erheblich kleiner und niedriger als anderswo. Die drei Eingangstore zur Straße hin sind kaum größer und höher als die eisernen Vorgartentüren eines rheinischen Bürgerhauses. Die obere Schmalseite birgt, wenn man sie so nennen darf, sechs „Restaurationsbetriebe", drei auf jeder Seite. Es handelt sich um dicht nebeneinanderliegende Verschläge, die nach vorne, den Seiten und nach oben durch Maschendraht verschlossen sind. Vor jedem stehen ein Tisch, jeweils eine Sitzbank oder einige Hocker für die Gäste, und im Innern hantieren die Unternehmerinnen, manche von nicht allzu fleißigen Männern bei der Zubereitung von Speisen und Getränken unterstützt. Die Kücheneinrichtung besteht aus ein bis drei Propangasherden, je einem Eisschrank für „weiche" Getränke, Fleisch und Fisch. Eine Anrichte steht an der Wand, gewöhnlich an der rückwärtigen, auf der sich Geschirre, Kessel, Pfannen und andere Küchengeräte stapeln.

Ich habe mir inzwischen schon meine beiden „Stammlokale" ausgesucht, in – oder besser gesagt – vor denen ich mein Frühstück einnehme. Die Marktlokale zeichnen sich nämlich dadurch aus, daß sie bereits um fünf Uhr früh öffnen, und ich bin nun einmal seit zartester Jugend ein eingefleischter Frühaufsteher. Das eine Lokal gehört einer gutmütig dreinschauenden schwarzen Dame, der eine ältere Verwandte im Wirtschaftsbetrieb zur Seite steht. Im anderen regiert eine ausnahmsweise weiße Lady honduranischer Abstammung, die ungewöhnlich fleißig und flink arbeitet. Fortwährend ärgert sie sich über einen langsamen

Mann, der im Küchenbetrieb mithilft und Einkäufe erledigt. Sie hat dreizehn Kinder, die allesamt eine gute Ausbildung erhalten beziehungsweise erhalten haben. Manchmal kommt die eine oder andere Tochter bei Mama zu Besuch und wirkt aufgrund ihrer guten Kleidung etwas fremd in der eher schmuddeligen Umgebung. Eine der jüngsten Töchter lernt gerade Französisch und Deutsch, wie ich mit Interesse höre.

Mein Frühstück besteht meist aus einer Tasse Kaffee, einem Sandwich, zwei Rühr-, Spiegel- oder auch gekochten Eiern, und einmal einem gebratenen, kleinen Fisch. Andere Gäste essen Waffeln zum Kaffee, von denen jeweils zwei mit Butter bestrichen zusammen mit etwas gebratenem Hackfleisch serviert werden. Würzen kann man nach Belieben mit Paprika aus einem Glas, das zur allgemeinen Verfügung auf der Mitte des Tisches steht.

Obwohl Belize ganz in der Nähe der großen Kaffeeländer Guatemala und Costa Rica liegt, gibt es keinen guten Bohnenkaffee, nur ein recht schäbiges Extraktpulver, das aus dem billigeren Nachbarland Mexiko bezogen wird. Das Aufschütten der Brühe ist daher einfach: Die Dame des Hauses oder ihr Helfer schüttet heißes Wasser in eine Tasse, rührt einen Löffel Extrakt hinein, dazu einen Teelöffel Kondensmilch. Zucker darf der Kunde nach Belieben selbst hineintun.

Mit mir zusammen frühstücken meist einige Kreolen oder Garifuna, seltener einmal ein Indianer und in ganz außergewöhnlichen Fällen einer jener ärmlichen – oder anspruchslosen – weißen Pflanzer aus dem Landesinnern. Die Unterhaltungen mit ihnen sind immer interessant und werden in freundschaftlichem Ton geführt. Selten werde ich angerempelt oder von aufdringlichen Bettlern heimgesucht. Wenn diese doch einmal frech werden, stürzt die jeweils zuständige Lady aus ihrem Drahtverschlag und vertreibt sie.

Manchmal esse ich auch zu Mittag auf dem Markt. Es gibt „kreolische Kost", das heißt Reis mit Bohnen und gekochtem Fleisch oder Reis mit Bohnen und gebratenem Fisch. Paprika darf sich der Gast wiederum aus dem großen Glas in der Mitte des Tisches nehmen.

In der Mitte des Marktes befindet sich die Halle, in der Fleisch verkauft wird, in Richtung Flußufer haben die Fischverkäufer ihre Stände. Da die Halle hier offen ist, können die Fische direkt aus den Booten auf die Verkaufstische befördert werden. Ich habe bald herausgefunden, daß hier nicht die beste Qualität angeboten wird. Die hochwertigen Fische bringen die heimkehrenden Boote sofort zur Genossenschaft, wo sie für den Export in die Vereinigten Staaten, in kleiner Menge auch für den Bedarf wohlhabender Kunden im Land, aufbereitet werden.

Am Ende der Markthalle hat Dona Barbara ihren Stand. Sie bietet allerhand Heilkräuter, Baumrinden, Holzspäne und andere pflanzliche Arzneimittel an, zu denen die Belizener und neuerdings auch viele ausländische Besucher großes Vertrauen haben. Besonders geschätzt ist ein Lebenselexir, welches den Benutzern zu hohem Alter bei allerbester Gesundheit verhilft. Pflanzenbestandteile werden in einer Glasflasche mit Alkohol versetzt – je nach finanzieller Lage des Patienten mit hochwertigem Gin oder nur mit billigem Rum (Zuckerrohrschnaps!). Dann läßt man das Ganze längere Zeit ziehen. Die schließlich entstehende bittere, bräunliche Flüssigkeit nimmt man morgens, mittags und abends, je etwa zwei Eßlöffel voll, ein. Andere Kräuter der Dona Barbara helfen gegen Rheumatismus, gegen Magen- und Darmkrankheiten, kurz, gegen Zipperlein wie auch gegen ernste Beschwerden aller Art. Von besonderem Interesse ist für viele Besucher auch ein Arzneimittel zur Stärkung männlicher Potenz. Soweit ich durch Betrachten und Riechen feststellen kann, besteht das Gemisch aus Honig, kleingeschnittenen blau-roten Zwiebeln und winzigen schwarzen Samenkörnern, die laut mündlich gegebener Gebrauchsanweisung vor dem Herunterschlucken gründlich zu kauen sind.

Enttäuscht bin ich von dem Angebot an tropischen Früchten auf den Ständen des Marktes von Belize City. Es gibt kaum eßbare, süße Bananen, nur Kochbananen, die nach dem Garen gestampft und als Pampfe auf den Teller gebracht werden. Zitronen und Apfelsinen sind im allgemeinen von geringerer Güte, als ich sie aus der Bundesrepublik kenne – leider, ohne wesentlich billiger zu sein als dort. Andere landwirtschaftliche Erzeugnisse, zum Beispiel Süßkartoffeln und Yams, sind nur in sehr kleinen Mengen zu haben, zu ebenfalls saftigen Preisen. Auch Erdnüsse werden feilgeboten, ein kleiner Kunststoffbeutel voll für einen Belize-Dollar.

Die vielfältigen Düfte der Markthalle von Belize City zu beschreiben, muß ich einem Dichter überlassen. Ihre Komposition wird von Sonnenhitze und Abkühlung beeinflußt, gelegentlich, in angenehmer Weise, vom Wind. Unerträglich wird sie für mein Empfinden, wenn – nach amtlicher Vorschrift – vor dem Kehren ein Desinfektionsmittel auf den Boden gespritzt wird.

Die unsterbliche Stadt

Schon oft wurde sie von Wirbelstürmen zerstört und jedesmal wieder von den Überlebenden aufgebaut, und so wird es auch in Zukunft bleiben. Man bemüht sich inzwischen, sturmsichere Betonhäuser zu errichten, und – wer weiß – vielleicht wird es auch einmal gelingen, die Stadt mit guten Straßen zu versehen. Fleißig wird, so wie es seit Gründung der Stadt geschieht, Sumpfland aufgeschüttet. Stolz erzählen Einheimische, Belize City sei auf Holzstücken und Rumflaschen gebaut.

Der Untergrund ist Sumpfland, altes Mangroven-Gebiet. Weite Flächen der Stadt liegen auf Meeresniveau oder sogar ein wenig darunter, weshalb die meisten Häuser Pfahlbauten sind. Die Vorzüge dieses uralten Typs menschlicher Behausung liegen auf der Hand: Nachts sind die Bewohner in den hochgelegenen Räumen vor der Feuchtigkeitsschicht über dem Erboden sicher, und in den heißen Stunden des Tages sorgt die natürliche Belüftung von unten für ein wenig Abkühlung. Manchmal wird der untere Raum eines Pfahlbaus nachträglich mit Wänden oder wenigstens mit Gittern ausgestattet und findet so als Lagerraum, als Werkstätte oder gar als Laden Verwendung. Ein Belizener, den ich kritisch darauf anspreche, sagt mir, man müsse halt damit rechnen, daß alles, was in den unteren Räumen aufbewahrt werde, beim nächsten Wirbelsturm dem Wasser zum Opfer fiele. Dieses Risiko habe man in Belize schon immer getragen, und man sei längst daran gewöhnt.

Ich entdecke auch neue Pfahlbauten, besonders im „besseren Viertel" der Nordstadt, die von Anfang an aus Beton gebaut sind. Nicht selten haben die Besitzer von Altbauten ihre Holzhäuser nachträglich auf hohe Betonsockel gestellt. In den freien Raum werden so lange schwere Holzstützen gestellt, bis die hölzernen Pfosten durch Betonpfeiler und waagerechte Träger ersetzt sind. Die vorübergehend eingebauten Stützen aus aufeinandergeschichteten Bohlen wirken recht behelfsmäßig, doch es soll bisher noch keine derartige Konstruktion umgefallen sein. Ein Wirbelsturm während der Umbauzeit würde sich natürlich verheerend auswirken.

Zentrum und Angelpunkt städtischen Lebens von Belize City ist die Drehbrücke, die im Jahre 1920 in Liverpool von einer dortigen Stahlbaufirma angefertigt und in Einzelteilen per Schiff herübergebracht worden ist. Voller Stolz erzählt mir ein Bürger der Stadt, die Brücke sei ein Denkmal der Technikgeschichte: Es gebe nur noch zwei davon auf der ganzen Welt. Maschinenbetriebene Brükken finde man auch anderswo, aber handbetriebene, wie diese, nur zwei, und deshalb müsse das Exemplar von Belize auch für die Zukunft erhalten bleiben. Wir kommen darin überein, daß eine Instandsetzung der Brücke im allgemeinen und der schönen Gitter im besonderen eine gute Sache wäre. Ich melde allerdings Zweifel an, ob zum Beispiel die Bundesrepublik Deutschland dafür die Kosten übernehmen würde.

Ich hatte noch oft Gelegenheit zuzusehen, wie die zugehörige Mannschaft ihre Brücke in Bewegung setzt: Die Verankerungen werden gelöst, und in der Mitte der Fahrbahn stecken die Männer ihre schweren eisernen Hebel in den Zahnradmechanismus, den sie dann durch Rundlaufen – besser gesagt durch Rundschieben – in Bewegung setzen. Die Brückenauffahrten sind während dieser Zeit durch eiserne Ketten abgesperrt, und jedesmal, wenn das geschieht, setzt der Wettlauf derer ein, die auch dann noch rasch hinüberwollen, wenn die Brücke schon ein ganzes Stück weit ausgeschwenkt ist. Hin und wieder sehe ich Polizeibeamte, die den Endspurt offenbar für unstatthaft halten, deren Einwände aber von den zahlreichen Eiligen glatt überhört werden.

Die Scharen von Radfahrern, die den Straßenverkehr von Belize City bevölkern, entwickeln ein beachtenswertes Geschick. Sie haben es nicht leicht, den zahllosen Schlaglöchern, Geröll oder auch dickeren Steinen auszuweichen. Jedes Fahrrad hat übrigens eine behördliche Nummer, für die bezahlt werden muß. Wie schön, denke ich, daß wir in der Bundesrepublik für die Zulassung – noch? – nichts ausgeben müssen.

Eine Besonderheit im Straßenbild sind die Dreiräder mit

Kastenaufbau, die zur Beförderung von Lasten aller Art dienen. Manche sind schön bemalt und tragen phantasievolle Namen, zum Beispiel „The Harrier", benannt nach dem Düsenbomber der Royal Air Force. Dem Vernehmen nach verdienen die Chauffeure dieser Dreiräder gut, denn sie arbeiten bedeutend billiger als Taxis und können mit ihren Gefährten auch in kleinere Gassen hineinfahren. Auf ebenen Straßen kommen sie gut vorwärts, problematisch ist dagegen immer das Überschreiten der Drehbrücke: Auf der einen Seite geht es mit großer Mühe hinauf – und auf der anderen Seite geht es dann, oft gefährlich schnell, bergab.

Zur Linken der Haulover-Mündung liegt eines der vornehmeren Viertel von Belize. Hier stehen das „Fort-George"-Hotel und das „Château Caribean" sowie eine Reihe von Holzhäusern der Reichen. Vor einem weht die französische Fahne, in einem anderen sind Funktionäre verschiedener ausländischer Organisationen untergebracht. Die Miete für ein Appartement beträgt 800 Belize-Dollar pro Monat.

Früher war dieser Teil der Stadt eine vorgelagerte Insel, auf der das kleine Fort George stand. An die militärische Vergangenheit erinnert nur noch eine winzige Kaserne, in der früher ein Verband von Freiwilligen untergebracht war und die heute der neuen Belizener Verteidigungsstreitmacht dient. Das versumpfte Gewässer zwischen Insel und Festland wurde vor etlichen Jahrzehnten im Rahmen eines kostspieligen Unternehmens zugeschüttet. So entstand unter anderem auch der Heldengedenkplatz, auf dem das Kriegerdenkmal, ein paar alte Kanonen aus der glorreichen Kolonialzeit und reihenweise Betonbänke stehen. Auf diesen sitzt kaum einmal jemand. Die Benutzung ist, wie ich aus eigener Erfahrung sagen kann, nur unter bestimmten Voraussetzungen möglich, nämlich in den frühen Abendstunden und bei mäßigem Seewind. Während des Tages ist es auf den Bänken unerträglich heiß, und bei Windstille machen Wolken von Moskitos ein Verweilen unmöglich. Wenn es regnet, wird die Wiese zum Sumpf, und wenn Autos über eine der beiden Randstraßen fahren, schwankt der Boden. Auf der gegenüberliegenden Seite, auf dem rechten Ufer des Haulover-Flusses, befindet sich ebenfalls ein reiches Viertel der Stadt. Hier stehen das moderne Gebäude des Bliss-Instituts, eine Reihe von vornehmen Häusern und besseren Hotels und schließlich das sorgfältig instandgehaltene Holzhaus, das ehedem als Residenz des britischen Gouverneurs diente. Auch hier erinnern ein paar lange Kanonen auf Betonsockeln an die Macht des verflossenen Empires. Rasen und Gartenanlagen werden von gemächlich arbeitenden Bediensteten des Staates gepflegt. Ein Museum könnte hier nicht eingerichtet werden, denn das Haus steht auch dem heutigen Generalgouverneur von Belize, Frau Dr. Minita Gordon, für ihre Aufenthalte in Belize City zur Verfügung. Normalerweise residert sie in Belmopan, aber man kann verstehen, daß sie manchmal nach Belize City zurückkommt. Die Stadt hat ja schließlich ihre alte Bedeutung keineswegs verloren und wird sie auch nie verlieren. Mein Gesprächspartner schaut mich fragend an, und ich beeile mich, ihm beizustimmen. Die eingesessenen Bewohner von Belize City werden ihre Heimat niemals aufgeben, und auch als Wirtschaftszentrum wird die Stadt ihre führende Rolle nicht abgeben, es sei denn, man baut unten in Dangriga einen neuen Seehafen. Das denke ich aber nur, denn so etwas auszusprechen, würde gegen den guten Ton verstoßen.

Gales Point, das Dorf vor der Lagune

Gales Point liegt ungefähr 22 Meilen südlich von Belize City, auf der Landzunge zwischen der Karibischen See und der Südlagune. Man kommt gut hin, denn jede Woche ein paarmal fährt ein Motorboot, das seinen Anlegeplatz in Haulover Creek hat, schräg gegenüber von „Mar's Riverside".

Jemand erzählt mir, daß Gales Point in früherer Zeit eine größere Bedeutung gehabt habe als heute. Damals habe es nämlich noch keine Außenbordmotoren gegeben. Ich verstehe den Zusammenhang nicht ganz. Er wird mir erklärt: Von Belize City nach Gales Point und zurück kann man leicht und zu allen Jahreszeiten mit dem Segelschiff fahren. Der Wind ist immer stark, und deshalb kamen in der guten alten Zeit die reichen Leute von Belize City an den Wochenenden und an Feiertagen zur Erholung an die Südlagune. Damals war es nämlich nicht so einfach, auf die Cayes zu fahren. Änderte sich der Wind, saß man fest und die Rückfahrt wurde unmöglich.

Gales Point hat 100 Einwohner, die sämtlich der Regierungspartei verschworen sind. Es sei lebensgefährlich, in Gales Point irgendwelche Äußerungen gegen die Linie der Regierungspartei zu machen. Die alte Dame, der ich diese Warnung verdanke, schaut mich vielsagend an. Ich versichere sie meiner Neutralität.

Die Einwohner von Gales Point haben sich bemüht, ihre Häuser nach der letzten Wirbelsturmkatastrophe etwas stabiler wieder aufzubauen. Die Häuser stehen in langer Linie nebeneinander, damit der Wind von der See her möglichst gut hindurchblasen kann – der einzige Schutz gegen Moskitos und Sandfliegen, die hier unerträglich sind und die man wahrscheinlich nie vertreiben können wird.

Die Pflanzungen liegen jenseits der Lagune auf dem

Festland. Man fährt mit Booten hin und her. Die landwirtschaftliche Arbeit ist sicher kein Vergnügen, denn auch dort gibt es Wolken von Moskitos. „Jenseits" haben die Bauern nur kleine Hütten als Notunterkünfte. Wenn möglich, kehren sie in ihre belüfteten Häuser auf der Landzunge zurück.

Gefischt wird mit Eifer, jedoch vorwiegend für den Eigenbedarf. Die Jagd ist wichtiger, als man zugibt. Leider werden auch die unter Naturschutz stehenden Manatees getötet. Sie sind mit der Harpune leicht zu erbeuten. Das Fleisch schmeckt großartig, und die elfenbeinartigen Knochen sind wertvoll. Man kann Schmuck für den Export daraus herstellen.

Ich lerne einen pensionierten Amerikaner kennen, der in Gales Point lebt. Er war aus den Vereinigten Staaten gekommen, um sich zur Ruhe zu setzen, fand aber dann doch einen Job als Lehrer in einer katholischen Schule. Weil man dort die anderen Lehrer entsprechend ihrem geistlichen Stand mit „Father" anredete, nannten die Schüler den Amerikaner, der übrigens Protestant ist, kurzerhand „Onkel". Heute betreibt er Landwirtschaft und ist begeisterter Segler. Die Verwendung eines Motors lehnt er aus sportlichen Gründen ab.

Wie es sich so lebe in Belize? Großartig! Dem Amerikaner geht es blendend hier, und er möchte nicht mehr zurück in die USA. Wer sich anpassen kann, dem geht es in Belize immer gut.

Apropos gedruckte Quellen

Wie gesagt sind meine schriftlichen Unterlagen über Belize recht spärlich, und die mittlerweile massenweise produzierten Schriften US-amerikanischer und kanadischer Soziologen meist nur in den entsprechenden Universitäten verfügbar. Ich sehe mich daher erst einmal im Land nach geeignetem Material um.

Im Restaurant „Mom's" lerne ich die Belizener Presse kennen. Jeden Samstag erscheinen geschäftstüchtige kleine Jungen auf der Bildfläche und bieten die neuesten Exemplare der einmal wöchentlich erscheinenden Zeitungen des Landes an. Die Blätter vertreten, wie ich rasch feststelle, sämtlich die Meinung der Opposition und sind voller Anschuldigungen gegen die Regierung, gegen den Prime Minister und dessen Vertreter, den Minister für innere Angelegenheiten und für Verteidigung. Ich werde darauf hingewiesen, daß die Herausgeber der Zeitungen im Lande Narrenfreiheit genießen würden, da sie dem Prime Minister regelmäßig hohe Geldabgaben entrichteten. Ich erkundige mich nach einem regierungsfreundlichen Blatt. Meine Zeitungsjungs führen es nicht, und ich hole mir einige Ausgaben der „Sunday Times" direkt im Redaktionsbüro ab, pro Stück für vierzig Cents, und so hielt ich es immer, wenn ich von mehrwöchigen Reisen ins Landesinnere zurückkehrte.

Meine erste Kollektion hätte eigentlich einen Dollar und sechzig Cents gekostet. Die sechzig Cents werden mir erlassen, weil ich mich dem Verlagshaus nützlich machen kann. Ein älterer Herr führt mich in den Druckereiraum, wo eine Offsetmaschine, Marke Heidelberg, aufgestellt ist. Zwar hat es bisher, was mich zugegebenermaßen freut, noch nie Pannen gegeben, doch man rechnet damit, daß irgendwann einmal dieses oder jenes Ersatzteil nötig sein wird. Alle gedruckten Unterlagen über die Maschine, auch der illustrierte Katalog der Ersatzteile, waren vor etlichen Jahren einem Brand zum Opfer gefallen. Wir suchen Typenschild und Seriennummer der Maschine, und ich erbiete mich, einen Brief in deutscher Sprache mit der Bitte um Ersatzunterlagen an die Fabrik in Heidelberg, Bundesrepublik Deutschland, zu schreiben. Der alte Herr steht neben mir und blickt mir über die Schulter, während ich mein Werk – ordnungsgemäß mit Durchschlag – in seinem Büro vollbringe: „Da uns infolge eines Brandes sämtliche Unterlagen über unsere schon seit Jahren bewährte Druckpresse . . . bitten wir um Übersendung von Ersatzunterlagen . . . Besten Dank im voraus . . . Mit vorzüglicher Hochachtung . . ."

Einen Stapel noch vorhandener alter Nummern der von der Regierung selbst herausgegebenen Zeitschrift „The New Belize" erhalte ich kostenlos im Informationsbüro Belmopan. Das reich illustrierte und gut gedruckte Magazin unterrichtet einen weiten Leserkreis im Inland und besonders auch im Ausland über die neuesten Ereignisse und Fortschritte des Landes aus der Sicht der Regierung. Ein nicht regierungstreues, von einem privaten Unternehmer herausgegebenes Magazin mit Namen „Bruckdown" war zum Zeitpunkt meines Aufenthaltes bereits seit längerem eingegangen. Eine Kollektion noch vorhandener Hefte muß ich käuflich und ziemlich teuer erwerben, ebenso wie eine Sammlung noch vorhandener Ausgaben des Magazins „Belizean Studies", das wissenschaftliche Arbeiten kleineren Umfangs veröffentlicht. Der Pater, der sie mir verkauft, gibt mir eine Quittung über zweiundfünfzig entrichtete Dollars und klebt zwei Postbriefmarken darauf, ordnungsgemäß, wie es im Land vorgeschrieben ist. Diese Briefmarken werden die Prüfer meines heimatlichen Finanzamtes sicher dereinst gebührend betrachten und sich fragen, wo denn dieses Land Belize liegt.

Die „National Studies" werden von einer Gesellschaft namens BISRA (Belize Institute of Social Research and Action), d. h. von den Jesuiten im St. John's College, herausgegeben. Manche der Arbeiten, die diese Zeitschrift veröffentlicht, sind für mich sehr aufschlußreich, so daß ich auch hierfür den hohen Preis schließlich verschmerze. Das Standardwerk von Narda Dobson: „A History of

Belize", bekomme ich ausnahmsweise geschenkt, von einem Belizener Freund, verbunden mit dem Hinweis, daß es sich um eine Darstellung der Geschichte des Landes aus imperialistischer Sicht handele. Viele Leser üben Kritik an der Darstellung der Mrs. Dobson, da mehr über die britischen Gouverneure und ihre Maßnahmen als über die Belizener gesprochen wird. Mrs. Dobson ist Engländerin.

Inzwischen soll ein neues Geschichtsbuch erschienen sein. Bleibt zu hoffen, daß dort die verschiedenen belizenischen Bevölkerungsgruppen eingehend berücksichtigt werden, denn die historischen Ereignisse – zum Beispiel das der Schlacht vor der St. George's Insel, von der noch zu reden sein wird – werden von diesen durchaus unterschiedlich beurteilt.

In der Auslage der einzig guten Papierhandlung von Belize City entdecke ich die kleine und äußerst wertvolle Arbeit von J. Eric Thompson: „The Maya of Belize – Historical Chapters since Columbus" und ein Geschichtsbuch für Schulkinder von Philip Sherlock, das gerade auf den Markt gekommen ist.

Ich lese in einem Exemplar des kubanischen Buches „Vision de Belice" herum, mit Hilfe eines spanischen Wörterbuches. Mein aus Brasilien mitgebrachtes Portugiesisch reicht nicht aus, um alles von dieser orthodox marxistischen Betrachtungsweise der Verhältnisse zu verstehen. Spanisch muß man können, wenn man sich mit Mittelamerika befassen will.

Um es vorwegzunehmen: Im Laufe meines Aufenthaltes sammelte sich ein ganzer Packen verschiedenster Schriften an, darunter eine kurze Geschichte der freiwilligen Verteidigungsstreitkräfte des Landes von den frühen Anfängen bis 1963, die ich vom Verfasser selbst, Oberst D. N. A. Fairweather, erhielt und die sozusagen „offizielle" Landesbeschreibung der britischen Kolonialmacht von Algar Robert Gregg, die ich zufällig unter verstaubten Literaturbeständen eines österreichischen Sägewerkbesitzers aus Toledo finden sollte. Ich werde sie, wo es mir angemessen erscheint, noch erwähnen.

Stürme mit schönen Namen

Bevor ich von Belmopan, der neuen Landeshauptstadt im Landesinnern, berichten werde, erlaube ich mir einen Exkurs über das Phänomen, dem sie überhaupt ihre Existenz verdankt. Warum die mit Macht hereinbrechenden und stets erhebliche Verwüstungen hinterlassenden Wirbelstürme ausschließlich Frauennamen tragen, konnte ich nicht herausbringen.

Eigentlich ist Belize in jedem Herbst gefährdet, denn es liegt mitten im Wirbelsturmgebiet Mittelamerikas. Über die Entstehung der Hurrikans und die Veränderungen, die sie im Laufe ihres kurzen Daseins durchmachen, gibt es lange metereologische Arbeiten. Satellitenfotos zeigen höchst beeindruckend, wie sie aus großer Höhe aussehen, mit ihrem „Auge" und den darum herum, entgegen dem Uhrzeigersinn, wirbelnden Wolkenfetzen. Ich will wissen, was die letzten Hurrikans für das Land Belize bedeuteten und auch, welche Vorsorge für künftige Katastrophen dieser Art getroffen werden.

Jeder Wirbelsturm, der von den Leuten des Wetterdienstes entdeckt wird, bekommt einen Namen. Weil innerhalb eines Jahres mehrere Hurrikans auftreten können, existiert sogar eine offizielle Liste mit Personennamen, in alphabetischer Reihenfolge, damit alles seine Ordnung hat. Die Liste wird veröffentlicht, so daß sich die Bewohner der bedrohten Gebiete rechtzeitig mit den Namen vertraut machen können. Was sich bei den Wirbelstürmen jüngerer Vergangenheit ereignet hat, erfahre ich hauptsächlich aus gedruckten Unterlagen. Meine Belizener Freunde, auch diejenigen, die sich sonst gesprächig zeigen, halten es offenbar nicht für der Mühe Wert – oder nicht für angebracht? – mich darüber aufzuklären. Ja, da sei damals viel kaputtgegangen, und man habe wieder aufgebaut. Einige zeigen mir, wie hoch das Wasser in den Häusern gestanden habe. In einem Merkblatt sehe ich eindrucksvolle Fotos von Zerstörungen infolge der Naturkatastrophen der letzten Jahrzehnte. Sie scheinen dort abgedruckt zu sein, um den Menschen die ständige Gefahr vor Augen zu halten und sie an die empfohlenen Vorsorgemaßnahmen zu erinnern. Der Erfolg ist übrigens, wie mir allerorten bestätigt wird, so gering wie der entsprechender Appelle bundesdeutscher Behörden an die Bewohner der Rheinufer. Beachtenswert ist ein Programm für Selbsthilfemaßnahmen, das von einer mehrstaatlichen Organisation ausgearbeitet wurde, vom „Pan-Caribean-Preparedness-Projekt", kurz PCDPP.

Der Hurrikan Hattie vom 31. Oktober 1961 legte Belize City in Trümmer und richtete in der Stadt Dangriga enorme Schäden an. 162 Tote waren zu verzeichnen. Der 3. September 1969 brachte die nächste Katastrophe: Der Hurrikan Francelia bewirkte die Überflutung weiter Teile des Südens, richtete aber insgesamt weniger Schaden an. Weiter ging es im Jahre 1971, am 20. November, mit dem Wirbelsturm Laura. Die schwersten Schäden entstanden damals im Bergland des Südens. Hurrikan Carmen, am 2. September 1974, berührte nur noch den Norden von Belize und zertrümmerte einen Teil der Stadt Corozal. Jenseits der Grenze, in der mexikanischen Stadt Chetumal, waren die Verwüstungen dagegen erheblich. Vierzehn Tage nach Carmen kam Fifi, nämlich am 19. September 1974. Die meisten Verwüstungen entstanden im Gebiet Stann Creek, wo Bananenplantagen sowie Mais- und Reisfelder vernichtet wurden. Dann war ein

Jahr Ruhe, bis am 18. September 1978 Greta erschien. Die Schäden an landwirtschaftlichen Betrieben waren diesmal besonders groß. Besteht Hurrikan-Gefahr, wird die Bevölkerung durch Aufstellen von Fahnen, die bei Nacht nach Möglichkeit beleuchtet werden, und durch regelmäßige Rundfunkmeldungen gewarnt. Rote Fahne bedeutet Voralarm, rote Fahne mit schwarzem Punkt: Beginn der Gefahr, zwei rote Fahnen mit schwarzen Punkten übereinander zeigen Hauptgefahr an, und schließlich gibt es die grüne Fahne: Der Hurrikan ist weg! Karten mit einem Koordinatennetz wurden an die Bevölkerung ausgegeben, vom westlichen Atlantik, vom karibischen Raum, von Mittelamerika und der nordamerikanischen Ostküste. Es wird empfohlen, darin bei Gefahr den Verlauf der Wirbelstürme entsprechend den ständig gegebenen Radiodurchsagen einzutragen. Eine große Warnkarte hängt in der Vorhalle der Hauptpost von Belize City. Solange es noch nicht allzu sehr stürmt und die Flut noch nicht kommt, können sich die Stadtbewohner dort informieren.

In einem Geschichtsbuch entdecke ich einige Angaben über die Wirbelstürme aus der frühen Zeit der Kolonie Britisch Honduras. Der Ältestbekannte suchte die Siedlung am 2. September 1787 heim. Ein einziges Haus blieb damals verschont. Es gab zahlreiche Tote, und alle behördlichen Unterlagen wurden, wahrscheinlich zum erstenmal, vernichtet. In den Jahren 1813, 1864 und 1893 gab es weitere Hurrikans mit erheblichen Schäden. Die wohl größte Katastrophe ereignete sich 1931, ausgerechnet am Jahrestag der Schlacht vor der St. George's Insel. Die ganze Stadt war prächtig geschmückt. Die Menschen waren fröhlich, wie immer bei dieser Gelegenheit, und die Mütter zogen ihren Kindern die guten Kleider für die festlichen Umzüge an. Die metereologischen Dienste steckten damals noch in den Kinderschuhen, und eine telegraphische Meldung kam zu spät. Das Unwetter raste mit furchtbarer Gewalt über die Stadt und richtete Zerstörungen verheerenden Ausmaßes an. Ganze Häuser samt der darin befindlichen Menschen wurden hinaus ins Meer getragen. Das Jesuiten-Kolleg brach zusammen, viele Lehrer fanden den Tod. Kinder, die von ihren Festzügen nach Hause laufen wollten, wurden vom Sturm in den Fluß geblasen. Eine kurze Windstille war trügerisch. Viele, die sich herauswagten, um nach Verwandten und Freunden zu suchen, fielen dem zweiten Sturmwind der Katastrophe zum Opfer. Zahlreiche Gebäude, die beim ersten Ansturm noch standgehalten hatten, brachen jetzt zusammen. Die spätere Bestandsaufnahme sprach von zweitausend Toten und Vermißten. Zwar waren nicht alle Gebäude zerstört, doch die gesamten Nahrungsbestände unbrauchbar geworden. Auch die Versorgung mit Trinkwasser konnte nicht mehr gewährleistet werden. Erstmals waren die Bewohner der Kolonie nicht mehr in der Lage, die Schäden mit eigenen Mitteln zu beheben. Das Mutterland Großbritannien mußte mit erheblichen Geldern helfen.

Die vom Hurrikan Janet am 28. September 1955 verwüstete Stadt Corozal wurde mit Hilfe eines britischen Wiederaufbauprogramms nach modernen Plänen errichtet. Öffentliche Gebäude zahlte die britische Regierung ganz, für Privathäuser wurde ein System der Unterstützung von Eigeninitiative geschaffen, mit ausgezeichnetem Erfolg. Im Jahre 1960 war das große Projekt so weit gediehen, daß die Stadt von der Kolonialregierung den gewählten Vertretern der Bürgerschaft übergeben werden konnte.

Im Buch des Engländers Algar Robert Gregg finde ich noch einen Bericht über die Notstandsmaßnahmen nach dem Hurrikan Hattie: In der zerstörten Stadt Belize City waren die örtlichen Behörden bald schon nicht mehr Herr der Lage. Nicht nur, daß die Hungernden noch genießbare Nahrungsmittel aus den Trümmern oder aus den erhalten gebliebenen Geschäftshäusern holten, sondern es begann eine allgemeine Plünderei. Die Behörden baten daher um Entsendung britischer Truppen, die auch schnell von Transportflugzeugen der Royal Air Force eingeflogen wurden. Die Engländer richteten eine Luftbrücke von Jamaica nach Britisch Honduras ein. Die Flugzeuge brachten Nahrungsmittel, und auch aus anderen mittelamerikanischen Ländern und den USA trafen Hilfssendungen ein. Ein amerikanischer Flugzeugträger brachte eine Staffel von Hubschraubern mit fünfundneunzig Ärzten, die innerhalb einer Woche 29 000 Schutzimpfungen gegen Typhus verabreichten. Den Ordnungsdienst während der Katastrophe übernahmen englische Truppen. Ein Plünderer wurde nachts von einer Streife erschossen, ein anderer verletzt. Bei zukünftigen Katastrophenfällen wird die landeseigene Verteidigungsstreitmacht eingesetzt werden können, man ist nicht mehr auf fremde Hilfe angewiesen.

In wirtschaftlicher Hinsicht war der große Hurrikan Hattie übrigens keine Katastrophe: Die Geschäftsleute waren sämtlich ausreichend versichert. Alte Warenbestände konnten mit Versicherungsgeldern durch neue, bessere Ware ersetzt werden. Manch einer hat sich daran geradezu gesundgestoßen. So beschreibt es jedenfalls der Landeskenner Gregg. Meine belizenischen Gesprächspartner können sich an diese Einzelheiten nicht so recht erinnern.

Natürlich ist man bestrebt, sturmsichere Häuser zu bauen. Die jüngste Errungenschaft auf belizenischem Bausektor sind – neben dem Beton – im Land selbst gefertigte Ziegel. Zwei Geschäftsleute aus Belmopan stellten zwei Jahre lang Versuche an, ehe sie den geeigneten Ton und dann zum „Temperieren" brauchbaren Sand gefunden hatten. Drei Jahre dauerte die Anlaufzeit, und 40 000 Dollar mußten ausgegeben werden, ehe die erste Versuchsproduktion einsetzen konnte. Geeignete Tonvorkommen waren in unmittelbarer Nähe der Hauptstadt Belmopan im Tal des Belize-Flusses gefunden worden. Weil Maurer fehlten, die sich in sachgerechter Verarbeitung der fertigen Ziegel auskannten, nahm man für die ersten Versuchshäuser die alte Konstruktion des Betongerüstes. Die Innenflächen der Außenwände und auch die Innenwände baute man damit aus.

In kleineren Mengen wurden in den letzten Jahren auch tönerne Dachziegel hergestellt. Die Ziegeldächer halten den Wirbelstürmen nicht stand, sie können sogar gefährlich werden.

Ob die Bundesrepublik Deutschland auf dem Gebiet des tropischen Hausbaus etwas anzubieten hätte?

Stille Tage in Belmopan

Es war der vernichtende Wirbelsturm Hattie, der die englische Kolonialverwaltung veranlaßte, etwas zu unternehmen, um die Bevölkerung vor künftigen Katastrophen zu schützen. Wie üblich in solchen Fällen wurden Experten berufen, Gutachten erstellt und Vorschläge ausgearbeitet. In Anbetracht der unumstößlichen Tatsache, daß die unmittelbar am Meer liegende Hauptstadt nicht gegen künftige Stürme gesichert werden kann, beschloß man den Neubau einer Hauptstadt im verhältnismäßig sicheren Landesinnern. Mit der nötigen Hilfe von Regierungsseite – so dachte man – würden die Menschen aus den gefährdeten Gebieten sicher gern dorthin übersiedeln. Sie taten es nicht. Selbst diejenigen, die durch den letzten Hurrikan alles verloren hatten, kehrten in ihre alte

Heimatstadt zurück und bauten die zerstörten Häuser, oft aus Not nur behelfsmäßig, wieder auf.

Die Experten einigten sich im Jahre 1962 auf den Standort für die neue Hauptstadt: ziemlich genau die Mitte des Landes, neben dem alten Dorf Roaring Creek, ungefähr gleich weit entfernt von Nord- und Südgrenze, von der Westgrenze nach Guatemala und der natürlichen Ostgrenze des Karibischen Meeres. Man ist dort zwar nicht unbedingt und in jedem Fall sicher vor Stürmen, doch zumindest vor eindringenden Wasserfluten.

Mit der Aufstellung eines Denkmals im Maya-Look, es war im Jahre 1965, gab der britische Staatssekretär für die Kolonien, Mr. Anthony Greenwood, in Anwesenheit zahlreich versammelter Ehrengäste, darunter auch der landeseigene Prime Minister Mr. George Price, den Startschuß zum Beginn des Unternehmens. Die Erörterungen über den Namen der neuen Landeshauptstadt gingen weiter. Die meisten Freunde und Befürworter hatte der Name „Mopan", dessen historische Grundlage eigentlich für jeden plausibel sein mußte: „Mopan" hieß ein Stamm der Maya-Indianer, der immer seine Freiheit bewahrt hatte. Es war weder den Spaniern noch den Briten gelungen, die Mopan zu unterwerfen. Aus Gründen, die mir niemand erklären konnte, möglicherweise in Anspielung auf die alte Hauptstadt Belize, wurde der künstliche Name „Belmopan" konstruiert.

Den Außenstehenden mag es verwundern, daß die Briten ein Projekt dieses Ausmaßes, den Neubau einer ganzen Stadt, zu einem Zeitpunkt in Angriff nahmen, zu dem man schon an den Fingern abzählen konnte, wann das Land in die Unabhängigkeit entlassen werden mußte. Die Antworten auf meine Frage, warum das Problem in dieser Weise geregelt wurde, fallen sehr unterschiedlich aus. Manche meinen, die Briten hätten noch rasch wiedergutmachen wollen, was sie dem Land durch jahrhundertelange Ausbeutung zugefügt hatten. Öfter höre ich, es habe sich um eine großzügige Geste des alten Mutterlandes der erwachsen werdenden Kolonie gegenüber gehandelt. Jedenfalls trieb die Kolonialverwaltung das Projekt mit Eifer voran. Mr. Magnus Halcrow, der „Chief Executive Officer", lenkte die Geschicke mit straffer Hand. Die Planung war ausgereift, die Finanzierung gesichert, die Arbeiten gingen zügig voran, sozusagen im Schneeballsystem. Zunächst entstanden sechsundsiebzig überwiegend kleine Wohnhäuser, in denen hauptsächlich die Bediensteten der Londoner Bauunternehmung Pauling & Co, die laut Vertrag den Großteil der Arbeiten durchführen sollte, wohnten. Man gab sich Mühe, die Stadt nach den modernsten städtebaulichen Erkenntnissen anzulegen. Mr. Halcrow wachte mit Argusaugen über die Abwicklung und darüber, daß die vorgesehenen Termine eingehalten wurden. Als nächstes wuchsen die Regierungsgebäude aus dem Boden, dem Maya-Stil nachempfunden. Dann entstanden wiederum mehr als siebenhundert kleine Wohnhäuser, um zuletzt, etwas weniger rasch, ein Marktzentrum und, in privater Initiative, wenn auch zum Teil mit erheblichen Bankkrediten, die Residenzen der Reichen zu bauen.

Apropos Maya-Stil: Die Kolonialherren schienen bestrebt, ihrer Kolonie allmählich zu einer eigenen Identität zu verhelfen, und wurden sicher auch angeregt durch die in der ganzen Welt beachteten archäologische Funde der alten Maya-Kultur. Mr. Greenwood errichtete zusätzlich an der Straße von Belize City nach Belmopan eine Stele nach dem Vorbild der alten Maya, die allerhand schnörkelartige Verzierungen trägt – etwas unglückliche, oder sagen wir freundlicher, moderne Nachempfindungen von Maya-Motiven. Die Stele ist übrigens nicht in Stein gehauen, sondern dem Zug der Zeit entsprechend in Beton gegossen. Auch eine Reihe nichtstaatlicher Gebäude wurden im Neo-Maya-Stil errichtet, besonders auffällig der Neubau der Royal Bank of Canada, der mitten in Belize City prangt. Große Flächen an den Außenseiten sind mit Betonplatten verkleidet, die bei wohlwollender Betrachtung Muster zeigen, die Maya-Schriftzeichen ähneln. Solange der weiße Anstrich nicht vom „schwarzen Moos" befallen wird, sieht es sogar gut aus.

Großer Wert wurde beim Bau der neuen Hauptstadt von Anfang an auf die Anlage von breiten Straßen, guten Fußgängerwegen und ausgemauerten Wasserabzugsgräben gelegt. Es ging alles gut voran. Gegner des Projektes gab es eigentlich nur in der alten Hauptstadt. Es waren diejenigen, die grundsätzlich etwas gegen ein Verlassen ihrer angestammten Heimatstadt und eine Übersiedlung in die kalte Betonatmosphäre Belmopans hatten. Im Laufe der Zeit renkte sich jedoch so manches ein. Da die Entfernung nicht allzu groß ist, entstand ein regelmäßiger Pendelverkehr zwischen den Zentren: Die in Belmopan Arbeitenden kehren zum Wochenende nach Belize City zurück. Angehörige der Oberschicht sind zum großen Teil in Belize City geblieben und fahren nur, wenn es unbedingt notwendig ist, mit dem Auto hinauf in die neue Hauptstadt.

Auch die Regierung ist nicht ganz übergesiedelt. Jedes Ministerium hat Räume oder gar Häuser in Belize City, und in jeder Woche einmal können dort die Geschäfte abgewickelt werden. Mit dieser Regelung sind offenbar alle Bürger des Landes zufrieden, ich höre jedenfalls keine Klagen.

Meine Unterkunft in Belmopan ist ein kleines Haus, das einem Beamten der Regierung gehört. Er hat eine Zweitwohnung im Stadtzentrum und taucht nur gelegentlich auf, um Kleider oder Bücher zu holen. Das ebenerdige Haus ohne Keller hat drei Räume, eine Halle, in die man durch die Eingangstür tritt, einen Schlafraum mit einem großen englischen Bett, ein Büro, WC und Dusche, die ausnahmsweise groß ausfallen, und eine winzige Küche mit offenem Vorraum, die zur Zeit nicht benutzt wird. Die Haustür hat ein Sicherheitsschloß, das aber recht unsicher eingebaut ist. Gefahr besteht, wie mir gleich erklärt wird, nicht. Kriminalität gebe es nur in Belize City.

Lebenszentrum der neuen Hauptstadt ist der kleine Markt, dessen Vorplatz gleichzeitig als Omnibusbahnhof dient. Morgens in aller Frühe gehe ich aus meinem Wohnviertel über die offene Savanne hinüber, und es wird schon eifrig gehandelt, nicht ganz so lebendig und nicht ganz so früh wie in Belize City. In der vorderen Halle verkaufen die Händler ihre Waren, in der rückwärtigen Halle kann man frühstücken oder auch zu Mittag essen. An einem Stand mit großer Kühltruhe bekommt man sogar frische Milch aus der Produktion der Mennoniten, die ich später genauer kennenlernen sollte.

Die einzelnen Betriebe sind nicht, wie in der Markthalle von Belize City, durch Gitter voneinander getrennt. Vielmehr hat hier jede Unternehmerin eine Kochstelle und einen Tisch, an dem die Gäste Platz nehmen. Angeboten wird vornehmlich kreolische Küche, das mexikanische Element ist durch Maisfladen repräsentiert.

Auch in Belmopan trifft man an den Tischen der Markthallenbetriebe Vertreter aller Bevölkerungsgruppen und Klassen, Indianer, Garifuna, Kreolen. Und Politiker aller Schattierungen nutzen das Gespräch mit den Tischnachbarn, um Propaganda für die eigene Partei zu machen. Nicht selten sieht man sogar Minister. Dazu kommen die Fremden, meist junge Leute aus den USA, Kanada und Italien.

An meinem Tisch entwickeln sich angeregte Gespräche, zum Beispiel über das Verhältnis der Bevölkerungsgruppen zueinander, über die Gegensätze, die für den fremden

Beobachter nicht ohne weiteres sichtbar sind. Ich bleibe lange im Restaurant und beschließe, einige Tage in Belmopan zu verbringen. Mein Tisch wird zum Stammtisch, doch wenn die Sonne nicht zu heiß brennt, setze ich mich draußen vor die Markthalle auf eine Mauer und schaue zu: Reisenden, die aus anderen Distrikten kommend ihr Gepäck umherschleppen, Touristen mit riesigen Rucksäcken, die ständig Fragen stellen und ihre Landkarten studieren. Manche lesen in Taschenbüchern und wundern sich, welche Unterschiede es doch zwischen Beschreibung und Wirklichkeit gibt. Meistens werden die Fragen der Fremden gern und freundlich beantwortet, doch ich bemerke auch einzelne Belizener, die unwirsch behaupten, nicht Bescheid zu wissen. Einmal bin ich zusammen mit einem Belizener Begleiter Zeuge einer barschen Abfuhr an zwei junge Amerikaner. Ich erkundige mich, wieviele Bürger des Landes wohl fremdenfeindlich seien, da ich als Bundesdeutscher mit dem Problem vertraut sei. Es gebe ganz wenige Fremdenhasser, wird mir versichert. Es handele sich um diejenigen, die selbst keinen unmittelbaren Nutzen von den Besuchern haben oder andere, die im Laufe ihres Lebens mit Ausländern schlechte Erfahrungen gemacht hätten. Ein paarmal sehe ich in Belmopan Leute, die T-shirts mit einem ausländerfeindlichen Aufdruck tragen: „Ich bin kein Tourist. Ich lebe hier und beantworte keine Fragen."

Außer den Marktrestaurants kann man in Belmopan nur zwei weitere Gaststätten empfehlen, einmal das „Bull Frog", wo es nobel zugeht, und das am anderen Ende der Stadt gelegene chinesische Restaurant, wo gute Gerichte nach ostasiatischem Rezept auf jener einheitlich gegliederten Speisekarte angeboten werden, wie sie dem Gast überall auf der Welt mit demselben höflichen Lächeln vorgelegt wird. Einige kleinere Lokalitäten waren zum Zeitpunkt meines Aufenthalts in Belmopan bereits geschlossen worden. Bleibt noch zu ergänzen, daß es in Belmopan nur ein einziges kleines Hotel gibt, wo Reisende relativ gut übernachten und sehr gut frühstücken können. Ein zweites, großes Hotel ist gerade erst im Bau. (Wie ich nach meiner Rückkehr nach Deutschland erfuhr, ist es inzwischen fertiggestellt.) Ob dafür ein tatsächliches Bedürfnis besteht, darüber höre ich unterschiedliche Meinungen. Für die meisten der jungen Durchschnittstouristen wird es zu teuer sein, und reiche Reisende werden bestenfalls einen Tag in der Stadt verbringen, weil es hier wirklich nicht viel zu sehen gibt. Erwähnenswert wären vielleicht das große Kino dem Markt gegenüber und die Feuerwehrstation daneben. Ihre Halle ist gerade so groß, daß das einzige Löschfahrzeug darin Platz hat, und ein Verbotsschild macht darauf aufmerksam, daß es Unbefugten nicht gestattet sei, zwischen Fahrzeughalle und Station hindurchzugehen. Jede Sicherheitsbehörde der Welt, und sei sie auch noch so klein, muß ja ihre Umgebung mit Verboten und Beschränkungen beglücken.

Behördenbesuche sind in Belmopan rasch zu erledigen, jedenfalls braucht man nicht weit zu laufen, und wenn das Terminglück hold ist, hat man seine Besorgungen bald hinter sich.

Ich besichtige auch das Viertel der Botschaften. Die Briten sind gerade im Begriff, ein neues Botschaftsgebäude zu errichten. Die Residenzen der englischen Diplomaten liegen an einem besonderen Fleck, der mit schönen Bäumen bepflanzt ist. Gelegentlich landet dort ein Hubschrauber.

Die Abendstunden nutze ich zu einem Spaziergang zum Markt oder durch das Geschäftsviertel, das nach Einbruch der Dämmerung zu neuem Leben erwacht. Auch hier treffe ich auf Menschen, mit denen ich interessante Gespräche führen kann. Es fällt mir nicht schwer, Kontakt zu bekommen, denn die hiesigen Belizener beginnen oft von sich aus zu sprechen. Wie heißt Du, wo kommst Du her, was machst Du hier? Zuerst bin ich über die Forschheit und Direktheit der Fragen etwas schockiert, gewöhne mich aber schnell daran. Warum sollen sie eigentlich auch nicht fragen, wer da in ihr Land gekommen ist?

Gelegentlich bleibe ich bis in die Dunkelheit hinein auf einer der Betonbänke vor der Markthalle sitzen und spreche mit Belizener Reisenden. Viele wollen von mir wissen, wie ich die Zukunft ihres Landes beurteile.

Viel ist es nicht, was aus Belmopan zu berichten ist. Sonntags ist die Stadt wie ausgestorben, eine Totenstadt. Kaum sieht man einen Menschen auf der Straße, und das Herz, der Markt, ist still wie ein Grab. Selbst in den Restaurants der Stadt, im „Ochsenfrosch" und beim Chinesen draußen an der Tankstelle, sitzen wenige Touristen, die sich teils flüsternd, teils lautstark nach amerikanischer Art erkundigen, ob es hier immer so tot sei? Ob ich hier leben möchte, kommt auf die Umstände an, denke ich. Für mich erweist sich der Ruhetag, an dem ich ungestört schreiben kann, als recht angenehme Abwechslung vom abenteuerlichen Reisealltag. Einstweilen bin ich nur gekommen, um ein Buch zu schreiben. Ich werde es beenden und dann vielleicht in ein anderes Land reisen. Wer weiß?

Klatsch aus Caye Corker

Nach einem kurzen Aufenthalt in Belize City, der Stadt, zu der ich auf meiner Reise immer wieder zurückgekehrt bin, will ich, nach Art reicher Leute, zu Weihnachten hinaus auf die Cayes fahren. Ich hatte bereits in Erfahrung gebracht, daß Hotels und Mahlzeiten auf Caye Corker, nordöstlich von Belize City gelegen, verhältnismäßig preisgünstig seien, und daß man mit dem Motorboot eines gewissen Herrn Chocolate für nur zehn Belize-Dollars hinfahren könne. Nähere Einzelheiten erfahre man an der Kasse von „Mom's" Restaurant, wo ich mich rechtzeitig ein paar Tage vorher anmelde.

Herrn Chocolates Wasserfahrzeug ist im Hinblick auf die Erreichung einer höheren Geschwindigkeit oder, wie auf einem handgeschriebenen Plakat zu lesen ist, der größeren Sicherheit wegen, mit zwei starken Außenbordmotoren versehen und legt regelmäßig oberhalb der Drehbrücke an. Die Fahrgäste quetschen sich mit ihrem sperrigen Gepäck zwischen den Marktständen hindurch und nehmen auf den Bänken des Bootes Platz. Es gelingt mir, meinen kleinen Aluminiumkoffer mit Kamera und Filmen gut gegen Sonnenstrahlen geschützt im Bug unterzubringen. Während wir auf den Eigentümer des Fahrzeugs warten, erscheint ein zwielichtig aussehender Gentleman, der schwarze Korallen verkaufen will, besonders preisgünstig, wie er behauptet. Der Handel mit diesen Korallen ist gesetzlich verboten. Nur einige Fachhändler sind vom Staat befugt, solche als Schmuck verarbeitet feilzubieten. Da von uns Passagieren keiner Interesse zeigt, bietet er Marihuana-Zigaretten an, wiederum ohne Erfolg. Seinem Gesicht kann man ansehen, daß er uns kein frohes Fest wünscht.

Die Fahrt über das Meer geht ohne besondere Vorkommnisse vonstatten. Mr. Chocolate steht am Heck und bedient seine Außenbordmotoren. Als Wind aufkommt, gehen einige Wellen ins Boot, die von den Passagieren mit Flüchen, Gequietsche und Gelächter quittiert werden. Eine schwarze und eine weiße Schönheit flüchten unter den gelben Mantel eines darob offenbar nicht sonderlich erfreuten dicken Amerikaners, was zur Folge hat, daß bei der nächsten Welle alle drei naß werden.

Caye Corker ist eine langgestreckte Sandinsel, die nur wenig aus dem Meer herausragt. Es wachsen Kokospalmen und kleineres Gesträuch. Dazwischen stehen Häuser, teils in stabiler, teils in bescheidener Holzbauweise, teils solide in Beton errichtet.

Es gibt ein Kraftwerk, das elektrischen Strom erzeugt, eine Schule, eine Sanitätsstation, die von einer ausgebildeten Krankenschwester betreut wird, und eine Polizeistation mit Zellen für Gefangene und Wohnungen für die Ordnungshüter und ihre Familien. Schon vom Boot aus kann man den Friedhof der Insel sehen und gleich neben diesem das Mittelklassehotel „Tropical Paradise". Sofort nach der Landung setzte ich mich in Bewegung zum Hotel der Miss Rivas, das mir ein amerikanischer Tourist während eines Frühstücks im „Mom's" als geradezu hervorragend und obendrein sehr preisgünstig empfohlen hat. Weil ich aus angeborener Voraussicht schneller zum Hotel Rivas eile als die anderen Passagiere, bekomme ich gerade noch das allerletzte Zimmer, wenn man den winzigen Verschlag neben dem Flur als solches bezeichnen darf.

Das Hotel der Miss Rivas ist ein Pfahlbau, der immer, wenn es die finanziellen Verhältnisse erlauben, durch einige darangezimmerte Räume erweitert wird. Hinter der Veranda des Obergeschosses befindet sich der Speisesaal mit zwei Tischen, dem sich die Küche anschließt. Dort werden gute Speisen zubereitet. Da die Gäste erfahrungsgemäß unbeständig sind, muß man sich für jede einzelne Mahlzeit anmelden und diese sofort bezahlen. Der Amerikaner, der mir das Haus empfohlen hatte, gab mir die nötige Einführung mit auf den Weg. Er zeigte mir auch, wie man die Tür zur Toilette öffnet und hinterher mit einem Nagel von innen verschließt.

Wer sandverschmutzt vom Meeresstrand zurückkommt, kann sich unter einer Dusche hinter dem Haus säubern. Gleich daneben befindet sich ein Wasserhahn und ein „Waschtisch". Diese Einrichtung nehme ich bald in Anspruch, um meine verschwitzte Alltagskleidung zu waschen. Eine Stunde später ist sie schon draußen auf der Leine trocken.

Staunend nehme ich zur Kenntnis, daß es auf der Insel nur ganz wenige Fischer gibt. Die früher einmal sehr angesehene Zunft hat sich auf das vermutlich lohnendere Touristengeschäft umgestellt. Fische und vor allem Langusten sind daher genauso teuer wie auf dem Festland in der Stadt Belize.

Schwimmen kann man fast überall vor der Küste von Caye Corker. Zur Süßwasserdusche muß man allerdings immer erst ins jeweilige Hotel zurückkehren. Wer das nicht tut, dessen Haut und Badebekleidung ist schon nach dem ersten Bad mit kleinen weißen Salzkristallen übersät. Meine schwarze Badehose sieht damit tatsächlich weihnachtlich aus.

Die Tierwelt außerhalb des Wassers wird auf Caye Corker hauptsächlich durch Pelikane und Fregattvögel repräsentiert. Letztere fliegen genauso am Himmel dahin, wie es in Robinson Crusoe geschildert wird. Bei einem Ausflug zur Nordspitze der Insel entdecke ich eine große Eidechsenart. Die Tiere sehen Leguanen ähnlich und wohnen in den zusammenbrechenden Resten eines „Eingeborenendorfes" aus schönen, aber auch recht provisorisch gebauten Palmblätterhütten. Ein Tourismusunternehmer hat diese vor nicht allzu langer Zeit errichten lassen, kam in finanzielle Schwierigkeiten und verschwand wieder von der Insel.

Landkrabben und Einsiedlerkrebse jeden Alters und jeder Größe bevölkern das Gebiet des alten „Karibendorfes", das den dort weilenden Touristen nicht nur einen Eindruck vom Leben der Indianer verschafft hätte, sondern auch die bleibende Erinnerung eines Rheumatismus.

Die reizvolle Natur der Karibik hat dem Besucher von Caye Corker bei Windstille noch etwas zu bieten: Sandfliegen und Moskitos. Wenn von der See her eine mittelstarke Brise weht, ist nichts zu befürchten. Bei ruhigem Wetter wird der Tourist daran erinnert, daß niemand ungestraft unter Palmen wandelt. Wer ausgesprochenes Pech hat, dem können die Moskitos durchaus eine Malaria bescheren. Diese Geißel der Tropen war in Belize dank der rigorosen Maßnahmen der verflossenen Kolonialregierung bereits so gut wie ausgerottet, wurde dann aber wieder eingeschleppt, angeblich von Salvadorianern und schließlich von Touristen. Ich erfahre, daß augenblicklich fünf unglückliche Malariakranke von der diensttuenden Sanitäterin betreut werden und bin froh, meine diesbezügliche Vorsorge getroffen zu haben.

Auch auf Caye Corker benutzt man gegen Moskitos jene fürchterlichen Spiralen. Die Plagegeister stechen, während der unerträgliche Rauch dem Gerät entströmt, tatsächlich nicht, doch sobald die Spirale ausgebrannt ist, kehren sie mit doppeltem Eifer zurück und fallen über den nunmehr ungeschützt Schlafenden her. Pünktlich morgens früh gegen drei Uhr werden sämtliche Hotelgäste wach, wenn die Stecherei wieder anfängt. Eine junge Österreicherin erfindet die zutreffende Bezeichnung „Bio-Wekker".

Abends, eine Brise vorausgesetzt, sitzen wir auf der Veranda von Miss Rivas' Hotel und erzählen Geschichten. Tonangebend ist ein amerikanischer Kriegsveteran, der im Zweiten Weltkrieg als Bordmechaniker Angriffe auf Deutschland und deutschbesetzte Länder geflogen hat. Er sei unter anderem über Ploesti dabeigewesen, damals, als die ersten Langzeitzünderbomben abgeworfen wurden. So? Ich sei beim deutschen Bombenräumkommando gewesen? Hochinteressant! Der Stoff für die restliche Abendunterhaltung ist gesichert.

Ein uralter Amerikaner, der schon mehrfach auf Caye Corker gewesen ist, beanstandet das Fehlen eines guten Arztes. Wenn man hier einen Herzanfall bekäme – nicht auszudenken! Jemand empfiehlt ihm, derartige Anfälle oder vergleichbare gesundheitliche Veränderungen für daheim in vorheriger Terminabsprache mit einem Facharzt aufzuheben.

Unser Amerikaner, der jedes Jahr ein- bis zweimal auf Caye Corker erscheint, kennt sämtliche lokalen „Geschichten", die er unter dem Siegel der Verschwiegenheit bereitwillig jedem erzählt. Auf diese Weise erfahre ich, daß Caye Corker die Insel der getrennten Paare ist. Merkwürdig trägt es sich zu: Da kommen Familien aus den Vereinigten Staaten in schönster Eintracht angereist, um sich ein paar Wochen lang unter tropischem Himmel zu erholen – und dann gehen sie auseinander. Die Initiative geht in den meisten Fällen von den Damen aus. Ein Musterbeispiel lebt ganz in unserer Nachbarschaft als Gattin eines einheimischen Bootsmanns. Sie habe sich, weiß unser Amerikaner zu berichten, damals Hals über Kopf für dessen physische Qualitäten begeistert und ihren Ehemann samt ihren Kindern allein in die Staaten zurückfahren lassen. Eine Reihe von ähnlichen Fällen wird unter Angabe mehr oder weniger ausführlicher Details geschildert. In der Tat entzweite sich noch während meines Aufenthaltes auf der Insel ein junges österreichisches Paar – glücklicherweise noch nicht mit Brief und Siegel verheiratet. Dem Fliegerveteranen gelang es, die Sache wieder in Ordnung zu bringen, wofür er von der jungen Dame mit einem Kuß belohnt wurde.

Auch zwei gemeinsam reisende amerikanische Damen sind unter den Kurgästen unseres Hotels. Die eine wirkt ein wenig hart und männlich und will, wie sie sagt, Bücher schreiben, weswegen sie den Geschichtenerzählern eifrig zuhört. Die andere läßt sich vornehmlich herumkommandieren, spricht wenig und schaut mit großen Augen in ihre Welt. Sowohl Inselbewohner als auch Touristen lassen gelegentlich Bemerkungen über das auffallende Paar fallen.

Einige Informationen über das Leben auf Caye Corker erhalte ich von den Inselbewohnern selbst. Ein angesehener Mann soll zum Beispiel in durchaus geordneten Verhältnissen mit Ehefrau und zwei festen Freundinnen gelebt haben. Er hatte insgesamt siebenunddreißig Kinder, die er alle beim Namen nennen konnte. Bei den Enkelchen soll er allerdings manchmal ein wenig durcheinandergekommen sein. Als er sich schließlich doch von seiner Angetrauten trennte, bekam diese weitere Kinder von anderen Männern. So kann's gehen auf Caye Corker.

Außer den vorwiegend älteren Vertretern des amerikanischen Mittelstandes sehe ich auf der Insel hauptsächlich junge Leute, darunter viele europäischer Herkunft, die sich auf ihre Art amüsieren und ausgiebig der Marihuanapflanze zusprechen. Hin und wieder wird einer von ihnen von der Polizei eingesperrt, doch von solchen Ereignissen nimmt man kaum Notiz, sie gehören zum Alltag.

Fast unablässig spricht man auf Caye Corker von der ewigen Gefahr der Hurrikans. Beim letzten sei es besonders schlimm zugegangen. Zahlreiche Holzhäuser wurden zertrümmert und der Norden der Insel durch einen tiefen Graben abgetrennt. Sollte künftig wieder einmal eine Sturmwarnung gegeben werden müssen, sollen sich die Bewohner in das Obergeschoß des aus Beton gebauten Schulgebäudes begeben. Für Vorräte und Rettungsausrüstung sei laut gedrucktem Merkblatt des staatlichen Wetteramtes jeder selbst zuständig. Das Merkblatt wird auch hier genausowenig gelesen wie anderswo in Belize.

Zum Abendessen gehe ich ins Restaurant, ein paar Häuser entfernt vom Hotel der Miss Rivas. Ich esse meist irgend etwas Billiges und trinke Coca-Cola. Mit mir sitzt ein junges Paar am Tisch. Das Mädchen spricht deutsch und scheint ziemlich glücklich zu sein. Sie kennt ihren etwas heruntergekommen aussehenden Freund erst seit ein paar Tagen, aber es ist genauso, als ob man sich schon seit Jahren kenne. Ein paar Tage später treffe ich den Jüngling allein und frage ihn nach seiner Freundin. Welche? will er wissen. Ich denke, daß die junge Dame die Rechnung im Restaurant bezahlt hat.

Zwischen Korallen und Fischen

Eine Bootsfahrt hinaus auf das Korallenriff ist beinahe obligatorisch für den Besucher von Caye Corker. Mit eigenen Augen muß man dieses Naturwunder gesehen haben. Schließlich ist das Barrierenriff vor der Küste von Belize das zweitgrößte auf der ganzen Welt. Nur Australien auf der anderen Seite des Globus hat ein noch größeres. Ein einziges Mal in der Geschichte soll es eine amerikanische Touristin gegeben haben, die nicht hinausfuhr, mit der Begründung, sie könne sich Korallen und tropische Fische bedeutend besser auf den überall angebotenen bunten Bildpostkarten ansehen.

Ein bemerkenswerter Propagandist für die Schönheiten der Unterwasserwelt ist Ricardo, der offenbar in einem halboffiziellen Dienstverhältnis zu Miss Rivas steht. Jedenfalls verrichtet er manchmal für sie häusliche Arbeiten und bekommt dafür Essen.

Ricardo besitzt ein Boot mit Außenbordmotor und veranstaltet damit als freier Unternehmer Fahrten hinaus aufs Riff, das man vom Ufer aus nur als einen silberglänzenden Streifen in der See erkennen kann. Zehn Dollar muß man für einen Ausflug bezahlen. Den hohen Preis erklärt er mit den derzeitigen Benzinkosten, was auch berechtigt ist.

Ich melde mich bei Ricardo für eine Fahrt zu den gepriesenen Wundern des Korallenriffs an. Die technischen Einzelheiten werden ausführlich besprochen. Tauchermaske und Schnorchel, wenn man will auch Flossen, können bei einem Unternehmen in der Nachbarschaft gegen Entgelt ausgeliehen werden. Wir gehen hin und suchen uns aus seinem Bestand etwas Geeignetes aus. Nach langem Stöbern finde ich eine Maske mit halbwegs gutsitzendem Rand und einen Schnorchel. Zwei Dollar beträgt die Leihgebühr. Unterdessen montiert Ricardo seinen Außenbordmotor ans Boot, schleppt Benzinkanister herbei, und wir warten auf die restlichen Teilnehmer der Expedition, die nach und nach aus ihren Hotels eintreffen. Jeder, der vorbeigeht, stellt dieselbe sinnlose Frage: Fahren Sie hinaus aufs Riff? – als ob man irgendwo anders hinfahren könnte!

Wir sind schneller draußen, als ich gedacht habe, vom Ufer aus erscheint die Entfernung größer als sie in Wirklichkeit ist. Durch das kristallklare Wasser kann man hinunterschauen bis auf den Meeresgrund, wo es einstweilen noch wenig zu sehen gibt, außer einigen großen, braunen Seesternen eigentlich gar nichts. Dann sind wir über dem Riff. Die Masken werden angelegt und wir platschen, mehr oder weniger elegant, ins Wasser. Erster Eindruck: nicht ganz so bunt wie auf den Postkarten! Die Korallen haben überwiegend einen bläulich-braunen Ton, manche die Form riesiger menschlicher Gehirne, andere ragen fächerförmig aus den bizarren Festungsmauern des Riffs hervor. Die Oberfläche all dieser Gebilde ist mit einer glitschigen Schicht überzogen. Ich bin enttäuscht: Zunächst sehe ich nur ganz winzige Fischlein, die eilig den Schutz tiefer Spalten suchen. Ich schwimme mit meinem Schnorchel weiter in das Riff hinein und komme mir vor wie ein Hubschrauber zwischen unwegsamen Bergen, allerdings fühle ich mich hier im nicht allzu warmen

Wasser bedeutend sicherer. Seltsame Gedanken in einer seltsamen Welt. Endlich begegne ich einem blauschillernden Doktorfisch, einem Männchen, wie ich aus Fachbüchern weiß. Das unscheinbare Weibchen, das eigentlich auch da sein sollte, kann ich nicht entdecken.

Tiefer im Wirrwarr der Korallen schwimmen etliche größere Fische, manche einzeln, manche in Schwärmen. Die meisten nehmen von meiner Anwesenheit keine Notiz, andere bequemen sich erst zu flüchten, wenn ich ganz nah herangekommen bin. Bei einer unvorsichtigen Wendung ziehe ich mir an einer Koralle eine Schramme zu. Der Korallenschleim klebte noch an der Wunde, als ich schon wieder zu Hause im Hotel war, und es dauerte nahezu zwei Wochen, ehe die Kratzer dank beharrlicher Behandlung mit diversen Salben heilten.

Beim Auftauchen bemerke ich, daß ich ziemlich weit vom Boot abgekommen bin, was mich aber nicht weiter beunruhigt. Haie gibt es nur auf der anderen Seite der Korallenmauer zum offenen Meer hin. So steht es jedenfalls in den Büchern und Reiseführern, und ich hoffe, daß sich die Tiere daran halten.

Allmählich ist mir kalt und ich nehme Kurs auf das Boot. Die Luftunterfläche, die ich aus der Tiefe betrachte, glänzt wie Quecksilber. Beinahe ramme ich einen Mitpassagier, das Blickfeld der Maske ist begrenzt. In der Sonne wärme ich mich auf. Ein paar junge Damen haben sich noch nicht sattgesehen an den Wundern des Meeres. Wir warten auf sie, und wir fahren nach Hause, das heißt, ins Hotel.

Von der Familie der Haie habe ich auf Caye Corker übrigens nur einen winzigen Vertreter gesehen, einen „Nurse Shark". Ein Amerikaner hatte das unglückliche Tier mit einer Harpune getötet und wußte hinterher nicht, was er damit anfangen sollte. Die vorher behauptet hatten, man könne Nurse Shark essen, behaupteten jetzt das Gegenteil. Ziemlich ratlos stand der weiße Mann mit seinem toten Hai an der Landebrücke. Er warf die Beute schließlich dort ins Wasser, wo sie mehrere Tage lang von den Touristen betrachtet werden konnte, ehe sie irgendwie verschwand.

Abschied von der Insel

Als erster stehe ich morgens früh auf und trinke eine Tasse lauwarmen Kaffee aus der Thermosflasche, die noch vom Vorabend auf der Anrichte im Hintergrund des Flurs steht. Ich muß noch erwähnen, daß man im „Tropical Paradise" nach herkömmlichem Verfahren aufgeschütteten Kaffee trinken kann, worauf eine extra angebrachte Tafel aufmerksam macht. Seine Qualität ist zwar für meine Begriffe miserabel, aber immer noch besser als die des entsetzlichen Extraktkaffees, der sonst überall im Land angeboten wird.

Ich gehe hinaus auf die Veranda, setze mich in einen der hölzernen Kolonialstühle und warte auf die Sonne des jungen Tages. Bald zeigt sich im Osten das erste, schwachrote Leuchten am noch nächtlichen Himmel. Wie üblich bei solchen Gelegenheiten ziehe ich die Bilanz des Vortages: Hat es sich gelohnt oder nicht? Waren die Ausgaben gerechtfertigt? Was werde ich darüber schreiben? Natürlich plane ich auch den heutigen Tag. Als das Rot im Osten hell leuchtet, schicke ich meine guten Wünsche für heute ab, für meine Kinder drüben in Europa, für einige Menschen, an deren Wohlergehen mir gelegen ist, und anschließend eine stattliche Anzahl von Flüchen auf meine Feinde: Gras soll wachsen auf ihren Gräbern und so weiter. Ich zähle zu jener Art Menschen des zwanzigsten Jahrhunderts, die noch gewisse alte Vorstellungen bewahrt haben.

Als es hell wird, sehe ich meinen Fragenkatalog durch, ein kleines Taschenbuch, in dem ich, fortlaufend numeriert, von zu Hause mitgebrachte Fragen und solche, die sich auf meiner Reise bisher ergaben, eingetragen habe. Wie viele davon werde ich heute beantworten können? Die ersten, noch schläfrigen Hotelgäste erscheinen, schauen nach dem Wetter und erkundigen sich gegenseitig, wie man in der letzten Nacht geschlafen habe. Die meisten sind zufrieden, wegen des leichten Windes flogen nur wenige Moskitos. Endlich gibt es Frühstück, wenn auch kein allzu gutes, so doch ein reichliches. Am Nachbartisch nimmt ein junger Mann Platz. Er schreibt eifrig und kommt aus den Vereinigten Staaten, nennt sich jedoch Brasilianer. Sein Portugiesisch ist schlecht, es stellt sich heraus, daß der Mann zwar in Rio de Janeiro geboren wurde, aber schon im Kindesalter mit seinen Eltern in die USA ging. Augenblicklich schreibt er an einer Novelle, wie man sehen kann, ziemlich eifrig. Ein anderer Hotelgast, der die kurze Gesprächsszene beobachtet hat, meint später, viel werde bei der Arbeit nicht herauskommen, denn der junge Dichter sei meistens benebelt. Marihuana, well, das müsse ja jeder selbst wissen.

Ein paar junge Leute betrachten interessiert alte Magazine aus Ricardos „Bibliothek". Ricardo schläft manchmal auf dem schmalen Bett, das im Flur des Hotels steht. An dessen Fußende hat er seine Besitztümer aufgestapelt, darunter auch Bücher und Zeitschriften, die Hotelgäste zurückließen, vor allem Stapel von Illustrierten und Comic-Heften. Besondere Beachtung findet ein Sexmagazin voller farbenprächtiger Abbildungen, die gebührend gewürdigt werden.

Nach dem Morgenbad im Meer entschließe ich mich, Mister Marsh zu besuchen. Ich bereite mein Tonaufnahmegerät vor und teste die Batterien. Ricardo schaut zu und möchte ebenfalls interviewt werden. Aus Höflichkeit lasse ich ihn erzählen. Zunächst schimpft er fürchterlich über die bösen Briten der alten Zeit und über die Schlacht am St. Georges Caye, die es seiner Meinung nach gar nicht gegeben hat. Danach erzählt er von versunkenen Piratenschiffen, in deren Wracks heute noch enorme Goldschätze draußen zwischen den Riffen liegen. Eine Reihe von alten Kanonen und Ankern habe man inzwischen herausgeholt, das Gold liege indessen noch dort. Wie ich später erfuhr, wurde tatsächlich ein alter Anker aus dem Meer geborgen. Er steht heute als Denkmal glorreicher Vergangenheit vor dem Luxushotel „Fort George". Versunkene Piratenschiffe kann es überall in der Karibischen See geben. Über die in Belizener Gewässern ist allerdings nicht das mindeste bekannt, denn sonst wären sicher längst ausländische Bergungsunternehmen erschienen. Es wird also immer noch phantasiert in Sachen Seeräubergold.

Ich besuche Mr. Marsh, der mit seinen vierundneunzig Jahren einer der ältesten Inselbewohner ist. Eigentlich ist er spanischer Abkunft und heißt Marcel Alamina. Ich muß lange suchen, ehe ich das Haus des Mr. Marsh am anderen Ende der Insel gefunden habe. Er lebt hier mit zweien seiner Töchter. Früher war er selbständiger Fischer und machte gute Geschäfte. Einer Genossenschaft ist er nie beigetreten, weil er seine Unabhängigkeit über alles liebt. Damals, als das Touristengeschäft noch nicht in Gang gekommen war, verdienten die Inselbewohner ihr Geld ausschließlich mit der Fischerei. Man hatte sein gutes Auskommen damit.

An die ewige Gefahr der Wirbelstürme hätten sich die Menschen von Caye Corker gewöhnt, ein paarmal schon gingen sämtliche Häuser in Trümmer. Nun, antworte ich ihm, wir in Europa lebten auch nicht viel sicherer, und wir wüßten nicht einmal, in welchen Monaten wir mit Katastrophen zu rechnen hätten.

Mister Marsh hat viel zu erzählen über die Vergangenheit der Insel und des Landes. Es wäre sicher nützlich, alles auf Tonband aufzunehmen, damit das Wissen des alten Herrn für die Geschichtsforschung der Zukunft konserviert würde. Ich mache ein paar Probeaufnahmen, stelle aber fest, daß ich sie ohne Hilfe niemals niederschreiben könnte. Der alte Mann spricht leise, und ich verstehe schon ihm gegenübersitzend nicht alles. Für diese unkonventionelle und dennoch effektive historische Forschung haben unsere Ministerien meist kein Geld. Die alten Leute sterben, ohne ihre unersetzlichen Kenntnisse weitergegeben zu haben, das mündlich überlieferte Wissen geht verloren. Als ich merke, daß Mr. Marsh müde wird, verabschiede ich mich. Wir werden uns später noch einmal treffen, vielleicht.

Am Nachmittag gehe ich schwimmen und beobachte die braunen Pelikane, die ganz ungeniert in der Nähe der Menschen umherfliegen und Fische fangen. In der Dämmerung gehe ich noch einmal ans Meer. Ich werde bald wieder aufbrechen, erst einmal nach Belize City, wo ich weitere Pläne schmieden will. Etwas oberhalb der Polizeistation ist eine ruhige Stelle, von der aus man weit über die See schauen kann. Der untergehenden Sonne schicke ich wiederum meine Flüche nach, und als das Sternbild des großen Besens, Orion, hell leuchtend am mittlerweile tiefschwarzen Himmel erscheint, spreche ich für heute die letzten guten Wünsche aus.

Chetumal, die Stadt der Träume

Wer ein Buch über Belize schreiben will, der muß auch Chetumal kennenlernen, obwohl diese Stadt eigentlich in Mexiko liegt. Die Tochter des Nachtwächters vom mexikanischen Konsulat belehrt mich darüber, im überlegenen Ton einer Wissenden gegenüber einem Gringo.

Die Omnibusfahrt Richtung Norden bietet keine besonderen, neuen Eindrücke. Über die Brücke des Rio Hondo, der die Grenze zum Nachbarland bildet, müssen wir zu Fuß gehen, hinüber zum Gebäude der mexikanischen Einwanderungsbehörde, wo die Paßkontrolle stattfinden soll. Die Angelegenheit verzögert sich, weil der für uns zuständige Beamte seinen Schreibtisch verrücken muß. Durch ein Loch in der Decke war ihm nämlich Wasser genau in den Kragen hineingetropft. Wir lachen, und nur unser Fahrer ist wütend über die entstehende Verspätung.

Ich lerne zwei junge deutsche Lehrerinnen kennen, die eine Rundreise durch die Länder Amerikas machen, weil das sozusagen zu ihrer Berufsvorbereitung gehört. Ihre zukünftigen Schülerinnen werden den Erzählungen von Abenteuern in fernen, fremden Ländern andächtig lauschen. Abenteuer haben die beiden tatsächlich erlebt, unten in Dangriga, wo zahlreiche Garifuna männlichen Geschlechts, darunter auch ein Dreizehnjähriger, von den weißen Besucherinnen unbedingt Bestimmtes lernen wollten.

Gutes Mittagessen gibt es, wenn auch in kleinen Portionen, zu einem angemessenen Preis im Marktrestaurant, und wenn eine der Unternehmerinnen ihre Tische nicht voll besetzt hat, mischt sie sich einfach unter das Menschengewühl und spricht potentielle Gäste direkt an. Ihre Aktivitäten sind, wie wir beobachten können, meist von Erfolg gekrönt.

Bald nach dem Essen verabschieden sich die beiden Touristinnen und ziehen weiter. Ich sehe mich nach einem Hotel um.

Gleich gegenüber dem Markt gibt es eines, das den hochtrabenden Namen „Brasilia" trägt. In Erinnerung an die inzwischen schon nicht mehr ganz neue Hauptstadt meines alten Gastlandes Brasilien trete ich ein, ungeachtet des Umstandes, daß es sich für mexikanische Verhältnisse um ein viertklassiges Haus handelt. Die unfreundliche Empfangsdame informiert mich auf meine Frage hin darüber, daß man mit Brasilien oder Brasilia nichts zu tun habe, sondern diesen Namen nur deshalb gewählt hätte, weil er irgendwie attraktiv sei. Der Preis für die Übernachtung ist nicht hoch, das Bett in meinem einfachen Zimmer gut, und, es kommt mir vor wie ein Wunder, man kann das Fenster offenlassen, ohne daß irgendwelche Stechmücken hineinfliegen. Wie kalt es nachts in Chetumal werden kann, bekomme ich bitter zu spüren, und ich bin glücklich, wenigstens meine Steppjacke zum Zudecken dabei zu haben.

Am nächsten Morgen wird mir Mexiko sympathisch. Weil meine Uhr falsch geht, erscheine ich bereits um fünf Uhr früh auf dem Markt, wo schon lebhafter Betrieb herrscht. Ich genieße ein preiswertes und gutes Frühstück mit Rühreiern und Schinken, nur meine Hoffnung auf guten mexikanischen Kaffee wird enttäuscht. Man serviert mir heißes Wasser und ein Glas Extraktkaffee, aus dem ich mir allerdings so viel herausholen kann, wie ich will. Ich sitze an meinem Eisentisch und gehe meiner Lieblingsbeschäftigung nach: Ich beobachte die Menschen um mich herum. Die üblichen Paare – weißes Mädchen, schwarzer Boy – sind auch hier reichlich vertreten. Eine resolute Schwedin vom Nachbartisch spricht mich an und wünscht einige Informationen über Belize, die ich ihr auch geben kann. Der dazugehörige Schwarze lächelt freundlich-ergeben und sagt wenig. Ich habe die beiden übrigens später oft wiedergetroffen. Ich hätte gern gewußt, ob das Schleppen des schweren Gepäcks seine Haupt- oder seine Nebenaufgabe war.

Entgegen den Schilderungen in Reisebüchern über Mexiko, die ich zu Hause gelesen hatte, tragen die Polizisten keine Revolver und benehmen sich friedlich. Sie frühstücken neben mir und gehen dann ihrer Wege.

Die Marktstände und Läden der Stadt sind voller Waren, sämtlich zu niedrigen Preisen. Es gibt alles, was das Herz eines Belizeners freut, angefangen von bunten Hemden und Damenkleidern bis zu Transistorradios und Uhren verschiedener Preislagen. Ich brauche eine bestimmte Sorte von Trockenbatterien, die ich schließlich auftreiben kann – in einer Apotheke. Ein plötzlicher Regen zwingt mich, in ein Marktrestaurant zu flüchten, in dem gerade unter Geschrei und Gekicher eine Mäusejagd im Gange ist. Als die Maus endgültig entkommen ist, werden die Gäste wieder bedient. Erstaunlicherweise ist kein Geschirr zu Bruch gegangen.

Die Mädchen, die hier arbeiten, stammen alle aus Belize, aus Corozal oder Umgebung. Zu Hause haben sie keine Arbeit gefunden. Die Löhne sind hier zwar sehr niedrig, aber wenn man sich ausrechnet, was man alles mit dem wenigen Geld kaufen kann, dann lohnt es sich doch.

Was ich vermisse, sind Erzeugnisse der Indianer. Es gibt weder deren schön gewebte Stoffe noch Keramik, weder Holzschnitzereien noch Schmuck. Überall sieht man dagegen hochkulturellen Kitsch, vor allem aus Kunststoff.

Auch mein Besuch auf dem zweiten Markt der Stadt ist in dieser Hinsicht eine Enttäuschung. Hier entdecke ich dafür ein Obergeschoß mit guten Restaurants, wo auch die Portionen größer sind. Ich erlaube mir ein Schweinekotelett und trinke Coca-Cola. Ausnahmsweise sehe ich hier auch weiß-weiße Paare, die gemeinsam an ihren Traglasten schleppen.

Ich mache mich auf zum anderen Ende der Stadt, den Regierungspalast zu besichtigen. Das Wetter ist ausgezeichnet, ich kann fotografieren. Der Wachtposten trägt einen veralteten US-Karabiner und unterhält sich angelegentlich mit einer dunklen Schönheit. Die Parkanlagen vor dem Palast, Richtung Meer, sind bestens gepflegt. Im

Straßenbild erscheinen Mexikaner mit breiten Hüten, die genauso aussehen wie unsere Klischeevorstellung von ihnen.

Meine weiteren Erkundungen setze ich, betreut und geführt von Señorita Susanna, fort. Zunächst einmal nimmt sie mich abends mit in das Gemeindezentrum von Chetumal, in ein imposantes Amphitheater mit großer Bühne. Kinder mit prächtigen und sicher kostbaren Kostümen führen Tänze auf, hawaiianische. Anschließend gibt es noch ein Märchenspiel mit Hasen und Bienen, wobei ich allerdings den Zusammenhang nicht verstehe. Musik spielt, und gelegentlich sieht man die Betreuer der jugendlichen Schauspieler umherflitzen. Die Zuschauer sind andächtig und spenden reichlich Beifall. Ich traue meinen Augen nicht und fühle mich in eine völlig fremde Welt versetzt: Ich bin aus Europa nach Mittelamerika gereist, um ein Buch über Belize zu schreiben, und sitze jetzt in einer mexikanischen Stadt, um mir hawaiianische Tänze anzusehen. Merkwürdig.

Susanna führt mich in den Garten hinter dem Hotel „Continental", wo man die besten Hamburger am Platze essen kann, und es gibt, ich kann es kaum glauben, richtigen Bohnenkaffee. Dieser wird eigens vom Kellner aus der Hotelküche geholt.

Susanna erzählt mir, daß für die Mexikaner Belize ein fernes, wildes Land ist, wo es nur Reis und Bohnen zu essen gibt. Aus Orange Walk und Corozal kommen die Dienstmädchen. Irgendwo weiter im Süden liegen die Städte Belmopan und Belize City, und irgendwo sind Berge, noch weiter weg. Ihre erdkundlichen Kenntnisse sind ein wenig nebelhaft, doch meine Kenntnisse über Mexiko sind auch bescheiden. Ich weiß nur wenig in Sachen Montezuma gegen Cortez und Benito Juárez gegen Maximilian, weiland Kaiser von Gottes Gnaden, der erschossen wurde. Susanna erzählt eine Menge von Kriegen und Revolutionen und zeigt mir als besondere Attraktion das Foto einer uralten mexikanischen Generalin. Liebevoll wird die Großmutter in Generalsuniform von Verwandten gestützt, und dahinter steht, offensichtlich der Adjutant, ein kräftig gebauter Oberst. Die Dame hatte, als sie noch jung und schön war, während einer Revolution besonders gut geschossen und durch ihr mutiges Beispiel die männlichen Revolutionäre zu besonderer Tapferkeit angespornt. Sie wurde einhundertzehn Jahre alt. Die Mexikaner, oder jedenfalls die Anhänger ihrer siegreichen Partei, wahren noch heute ihr ehrendes Andenken.

Kurz vor meiner Abreise habe ich Gelegenheit, mit einem Journalisten zu sprechen, der sich hier gut auskennt. Er erzählt mir, daß Chetumal vom ganzjährigen Touristenstrom enorm profitiere. Alle Reisenden, die weiter nach Süden wollen, machen hier Rast und letzte Einkäufe, ehe sie möglichst schnell durch das teure Belize hindurch in andere Länder mit günstigeren Währungsverhältnissen weiterreisen. Sehr bitter für die Belizener, die von einem Aufbau ihrer Tourismusindustrie träumen!

Punta Gorda, die Stadt im Süden

Es ist die bedeutendste Stadt im Süden. Hier enden die Omnibuslinien, und hier ist das wirtschaftliche Zentrum des Distrikts Toledo. Das feindliche Guatemala ist ganz erpicht auf den Besitz der Stadt, deren Bewohner jedoch Belizener bleiben möchten – mit Ausnahme einer kleinen Minderheit: Mr. Vernon mit seiner Toledo-Partei, die für einen Anschluß des südlichen Landesteiles an Guatemala eintritt. Offenbar genießen Vernon und seine Anhänger im Land Narrenfreiheit. Wie die Dinge stehen, erfahre ich zufällig bei meinem Aufenthalt in Punta Gorda, beim

Abendessen im chinesischen Restaurant. Außer mir sitzen ein paar junge Schweizer, zwei niederländische angehende Journalisten, die eben von der Fachschule kommen, und ein jovial dreinschauender schwarzer Gentleman – wie sich herausstellt, ein Funktionär der Vernon-Partei – im Lokal. Bereitwillig erzählt er von seiner politischen Arbeit und eilt sogar in sein Büro nebenan, um für jeden von uns ein Paket Informationsmaterial über seine Partei zu holen.

Einer der jungen Leute fragt ihn, ob seine Partei denn gewinnen werde? Im Brustton der Überzeugung antwortet er: „Aber nein, wir werden nie gewinnen! 98 Prozent der Bevölkerung sind strikt gegen uns", worauf sämtliche Zuhörer erst einmal sprachlos sind. Freimütig verkündet der Funktionär, daß seine Partei nur leben könne, weil sie von Guatemala gut bezahlt werde. Parteichef Vernon höchstpersönlich gehe jeden Monat einmal über die Grenze, um das Geld zu holen, mit dem er zu Hause alle Kosten bestreite. Es sei ja schließlich teuer, eine Partei zu führen, ein Büro zu unterhalten, Drucksachen herzustellen, und auch die Mitglieder müßten ja noch etwas abbekommen. Ich kann mich des Eindrucks nicht erwehren, daß unser Freund mit dem gegenwärtigen Zustand sehr zufrieden ist und nicht im Traum daran denkt, einen ohnehin unmöglichen Sieg seiner Partei herbeizuführen.

Das Erlebnis im chinesischen Restaurant von Punta Gorda wird mir unvergeßlich in Erinnerung bleiben: Zum ersten Mal in meinem Leben höre ich einen Politiker, der hundertprozentig die Wahrheit spricht.

Das Leben der Stadt spielt sich vornehmlich auf der Hauptstraße ab, die parallel zum Meeresufer verläuft. Die Markthalle ist klein, man kann hier Fische kaufen, die gleich vom Anlegeplatz unten am Strand heraufgebracht werden. Manche Fischer sparen sich die Mühe des Schleppens und beliefern ihre Kunden gleich frisch aus den

Booten. Zweimal in der Woche ist großer Markttag. Die Bauern aus der Umgebung bringen ihre Produkte auf jenen fürchterlich rumpelnden Lastwagen, die hier die einzigen Verkehrsmittel sind.

Ich gehe am Strand entlang in Richtung Süden. Das Gebäude der hiesigen Fischereigenossenschaft ist ziemlich klein und im übrigen geschlossen. Davor hocken ein paar Männer auf dem Boden und zerteilen eine unglückliche Seeschildkröte, die sie im Meer gefangen haben. Ich erreiche einen Platz, auf dem Betonbänke stehen, die zum Teil „vandalisiert" sind. Auf jeder Bank steht geschrieben, welcher ehrenwerte Bürger sie einst zum Wohl der Allgemeinheit gestiftet hat. Noch weiter südlich stehen die katholische Kirche und ein ziemlich großes Pfarrhaus. Es sind die schönsten Gebäude der Stadt, was mir ein alter Mann ausdrücklich bestätigt. Die Katholiken sind hier ein bedeutender Wirtschaftsfaktor. Neben ihrem starken wirtschaftlichen Engagement managen sie die Schulen. Der Staat allein wäre gar nicht in der Lage, sie zu betreiben.

Ich stelle fest, daß die Menschen aus Punta Gorda durchaus nicht alle Garifuna sind, wie gelegentlich in Reiseberichten behauptet wird. Als erstes fallen die Chinesen ins Auge, denen große Handelshäuser und Restaurants gehören. In ihrer alten Heimat waren sie ausschließlich Bauern. Hier in der Fremde haben sie sich, von wenigen Ausnahmen abgesehen, auf den gewinnbringenden Handel verlegt. Nur ein oder zwei chinesische Farmer soll es in der Gegend geben.

An den Markttagen erscheinen viele Maya-Indianer aus den Bergen im Straßenbild. Die Frauen erkennt man schon von weitem an ihren traditionellen Kostümen.

Es gibt eine Bar in Punta Gorda, in der man fast immer Amerikaner antrifft, die hier ihre Geschäfte abwickeln. Sie trinken Rum, mit oder ohne Coca-Cola, und reden stundenlang. Nur einen lerne ich etwas näher kennen. Er besitzt in der Nähe ein Stück Land, mit dem er eigentlich nichts anfangen kann. Er bezahlt einen Wächter, der mit seiner Familie auf dem Gelände wohnt und für den eigenen Bedarf einen kleinen Landbau betreibt. Vielleicht könne man später einmal etwas mit dem Besitz anfangen. Einstweilen diene er nur als Legitimation, jedes Jahr einmal aus den Staaten hinunter nach Belize zu kommen, nur so zum Vergnügen. Vergeblich frage ich mich, welcher Art wohl dieses Vergnügen sein könnte.

Auf dem Mäuerchen vor dem Eingang des Polizeigebäudes sehe ich Reste einer wohl mehr symbolischen Sandsackbarrikade, einziges Indiz einer beinahe schon nicht mehr ganz ernstgenommenen Bedrohung durch den kriegerischen Nachbarn Guatemala.

Am Anfang waren die Maya . . .

„Anthros" und andere -logen

Seit geraumer Zeit schon ist Belize eines der gelobten Länder für Anthropologen, Soziologen, Archäologen, Linguisten, zuweilen auch für Zoologen, Botaniker, Meereskundler und andere. Sie strömen, vornehmlich aus englischsprachigen Ländern, in hellen Scharen ins Land. In der Mehrzahl handelt es sich um junge Amerikaner und Kanadier, die nach erfolgreichem Hochschulstudium eine Magister- oder Doktorarbeit schreiben wollen, um ihre akademische Laufbahn zu begründen. Belize ist attraktiv, denn das Land ist wenig bekannt, und die „Feldforscher" brauchen nicht erst eine fremde Sprache zu erlernen. Manche von ihnen bleiben nur so lange, wie es zum Sammeln ihrer Unterlagen unbedingt nötig ist, und verschwinden danach für immer. Andere begeistern sich für das Land und seine Möglichkeiten und kehren, wenn immer sich ihnen Gelegenheit bietet, zurück. Zu letzteren gehören dem Vernehmen nach besonders Zoologen verschiedenster Interessengebiete, vor allem aber Käfersammler und die Erforscher der Meerestiere. Ein Angehöriger der Zunft der Meereskundler hatte allerdings Pech, so wird mir erzählt. Vor lauter Begeisterung über einige Kleintiere, die er mit einem Netz einfing, übersah er einen großen Haifisch. Er verlor ein Bein und sehr viel Blut. In beklagenswertem Zustand wurde er zurück in die Vereinigten Staaten geflogen. Zwei Jahre später sah man ihn wieder. Diesmal stand er mit einer Prothese aus rostfreiem Stahl in belizenischem Gewässer.

Die Zoologen aus Nordamerika seien besonders reichlich mit Geldmitteln versehen, höre ich. Manche erschienen jedes Jahr einmal in einem Luxushotel an der Küste, um die Meeresfauna zu erforschen. Ob sie sich vielleicht in Wirklichkeit nicht nur erholen wollen, interessiert niemand. Es sind freundliche Besucher, die viel Geld ins Land bringen.

In Belize City muß ich mir Klagen über Anthropologen und Soziologen anhören, und es wird sogar behauptet, daß die Bevölkerung des Landes solch lästiger Besucher überdrüssig geworden sei. Diese ewigen Fragen nach wirtschaftlichen und sozialen Verhältnissen, nach Lebensweise und Landwirtschaft, nach Familienbeziehungen, Kinderzahl und Religion – man habe inzwischen wirklich genug davon. Ich mache mir Notizen und verspreche, darüber in meinem Buch zu schreiben, als Beitrag zur Abwendung weiterer akademischer Invasoren. Der Unmut wird jedoch rasch noch eingeschränkt: Eigentlich seien es nur einzelne, die grundsätzlich etwas gegen ausländische „Konkurrenten" hätten. Ich gehe der Sache nach und werde darauf aufmerksam gemacht, daß die Regierung von Belize ein neues Gesetz über die Kontrolle fremder Forschungsarbeiten im Lande vorbereite, auf Betreiben der eigenen Wissenschaftler. Es gehe nicht an, daß jeder, der behaupte, Soziologe oder Linguist zu sein, nach eigenem Gutdünken im Land herumreise und forsche. Alle Bereiche der Forschung müßten so kontrolliert werden wie bisher die Archäologie. Wer graben will, braucht eine Genehmigung. Er wird überwacht und darf keine Bodenfunde ohne besondere Erlaubnis außer Landes bringen. Auch die Ausfuhr von modernen Ethnographica müsse kontrollpflichtig sein. Meine Gesprächspartner erwarten, denke ich, einen Widerspruch, der nicht kommt, denn ich habe keinerlei Einwände. Es ist Sache der Belizener, Gesetze zu machen, und die fremden Forscher müssen sich daran halten – oder dem Land fernbleiben. Ein Freund verweist mich auf eine Veröffentlichung von 1980 in dem mittlerweile nicht mehr existenten Magazin „Bruckdown". Ausgerechnet ein Ausländer, nämlich der nordamerikanische Anthropologe Rick Wilk, der selbst im Land gearbeitet hat, belehrt darin die Belizener, welche Forderungen sie an die Leute seines Schlages zu stellen hätten.

Bei meinen Reisen durch das Land muß ich feststellen, daß die Garifuna und die Maya, also gerade diejenigen, die schon seit Jahrzehnten Hauptziel der Forscherinvasion sind, den neugierigen Besuchern aus wirtschaftlichen Gründen und – wie ich hervorheben muß – vielfach auch aus Begeisterung für die Sache wohlwollend gegenüberstehen.

In Dangriga lerne ich zum Beispiel Mister Roman Zuniga kennen. Er erlaubt mir ausdrücklich, seinen Namen zu veröffentlichen und in meinem Buch über seine Tätigkeit zu berichten. Mr. Zuniga gibt schon seit vielen Jahren ausländischen Forschern Unterricht in der Garifuna-Sprache und kann auf eine stattliche Anzahl von Schülern zurückblicken. Seine Stundenhonorare paßt er im Interesse der Sache den finanziellen Verhältnissen der Hörer an. Ich kann mich selbst davon überzeugen, daß Professor Zuniga seinen Unterricht systematisch und mit modernen Mitteln hält. Am Schluß der Stunde spricht er die jeweilige Lektion auf Tonband, damit seine Schüler Gelegenheit haben, die geschriebenen Texte beliebig oft im Originalton und in der richtigen Aussprache anzuhören.

Nicht weniger stolz auf seine ehemaligen Hörer ist ein Garifuna, der auch als Trommler für die großen Zeremonien berühmt ist. Seine Frau holt anläßlich meines Besuches ein ganzes Bündel von wissenschaftlichen Arbeiten, an deren Zustandekommen der Herr des Hauses als gut bezahlter Experte wesentlichen Anteil gehabt hat.

Auch ein junger Kommunalpolitiker zeigt sich mir gegenüber aufgeschlossen für Besuche von Völkerkundlern, Sprachforschern und Wissenschaftlern aller Art. Ihre Arbeit sei von großem Nutzen für die Erhaltung der

Garifuna-Kultur und verdiene, auch in anderen Ländern bekannt zu werden.

In den Bergdörfern der Maya lerne ich Menschen kennen, die bereits über umfangreiche Erfahrungen im Umgang mit fremden Soziologen verfügen. Zwei verlangen von mir zunächst die Versicherung, daß ich nicht von der Regierung geschickt sei. Sie wollen feste Abmachungen mit mir treffen für eine zügige Arbeit über einen genau festzulegenden Zeitraum. Ein Maya-Experte gibt mir gleich Tips für die Gliederung meiner Arbeit, im jovialen Ton eines wohlwollenden Professors, der seinem Schüler Ratschläge erteilt.

Sowohl bei den Garifuna als auch bei den Maya höre ich anerkennende Äußerungen über die Arbeit früherer Forscher, denen man die Erhaltung wertvollen Wissens der Vorfahren verdanke. Was keiner der Älteren heute mehr erzählen kann, weil alles längst in Vergessenheit geraten ist, kann man in den Büchern dieser Forscher nachlesen, und die Kinder können daraus lernen. Obwohl ich mich bemühe, allen Problemstellungen gegenüber weitgehende Neutralität zu bewahren, gebe ich in diesem Fall meiner Freude über das wiedererwachte Geschichtsbewußtsein Ausdruck.

Ein paar Belizener erzählen mir auch hinter vorgehaltener Hand, man wisse sehr gut, daß gewisse Anthropologen und Soziologen vom CIA angeworben seien und für diesen fleißig Nachrichten sammelten. Entsprechendes habe ich schon in anderen Teilen der Welt gehört, und ich zeige keinerlei Erstaunen, sondern erkundige mich lediglich, ob denn diese „CIA-Anthros" wenigstens gut bezahlten? Keiner meiner Freunde hat mit dieser Frage gerechnet, und ich bekomme auch keine brauchbaren Antworten. Ich kann nicht einmal herausfinden, ob diese Besucher geschätzt oder als Spitzel verabscheut werden. Möglicherweise wird dieses Problem eben erst durch meine Frage relevant. Ich unterlasse es also nachzubohren, denn in diesen Bereichen empfiehlt sich ja im allgemeinen Zurückhaltung, überall auf der Welt.

Weiße und schwarze Archäologie

Ungern gibt man heute in Belize zu, daß die internationale Bedeutung des Landes als Hort großartiger Zeugnisse der Maya-Kultur auf die Aktivität eines privaten Interessenten und Sammlers zurückgeht, der außerdem als Außenseiter galt: Dr. Gann. Er war eigentlich als Arzt im Dienst der Kolonialverwaltung und nutzte seinen langjährigen Aufenthalt im Land zum Forschen. Er wühlte allerorten, und seine Spuren sind noch heute in vielen Ruinenstätten des Gebietes zu sehen. Manchmal benutzte er sogar Sprengstoff. Sein Verfahren der Ausgrabung war aus heutiger, wissenschaftlicher Sicht so schlecht wie das unseres Heinrich Schliemann, der zwar Troja entdeckte, dort aber mit seinen Grabungen nach Schätzen den akademischen Forschern unserer Zeit die Möglichkeit einer Arbeit mit modernen Methoden raubte.

Ein ehrendes Andenken wird Dr. Gann also nicht zuteil. Man räumt gerade noch ein, daß durch seine begeisterten Veröffentlichungen in England und anderswo das Interesse für die Archäologie von Belize erstmals geweckt wurde, woraufhin dann auch das Britische Museum und andere renommierte Institute wissenschaftliche Expeditionen ausschickten. Schon bald übernahmen Kanada und die USA die führende Rolle. Über eine deutsche Beteiligung erfahre ich nur wenig. Ein Doktor sei einmal für ein paar Jahre dagewesen, um dann zu einer anderen Stiftung abzuwandern, sagt mir der Bürochef des Prime Ministers.

Einige Male gingen archäologische Entdeckungen in

Belize durch die Weltpresse, zum Beispiel, als man in Altun Ha das „Grab des Sonnengottes" entdeckte. Es war das Grab eines alten Mannes, wohl eines Priesters höheren Ranges, denn neben anderen, weniger bedeutenden Grabbeigaben hatte man ihm die größte Jadefigur, die bis heute gefunden wurde, mit in die Erde gegeben.

Die begeisterten kanadischen Wissenschaftler fanden heraus, daß es sich um den Kopf des Sonnengottes handelte. Man fotografierte und zeichnete das wertvolle Fundstück, schrieb Abhandlungen darüber und druckte zwei Arten von bunten Postkarten, die seit jener Zeit überall in Belize angeboten und von Touristen gern gekauft werden.

Abgüsse in Kunststoff, die das Touristenbüro, der Prime Minister und einige andere wichtige Stellen bzw. Personen bekamen, erwiesen sich leider als nicht farbecht. Man amüsiert sich in Belize darüber. Mir fällt es schwer, diese Art Humor zu verstehen.

Das Original wird als nationaler Schatz in der Royal Bank of Canada aufbewahrt, und nur privilegierte Besucher haben die seltene Gelegenheit, es zu besichtigen. Die anderen können eine der erwähnten Kunststoffkopien im Flur des Gebäudes der Archäologischen Kommission in Belmopan bewundern.

Als Belize selbständig geworden war, fühlten sich die Kanadier berufen, einheimische Archäologen heranzubilden. Es wurde einiges getan innerhalb dieses Programmes, und es wurde, sozusagen als gedrucktes Zeugnis, eine knappe Darstellung der Maya-Geschichte und der archäologischen Forschung im Lande herausgegeben.

Ich bemühe mich sehr um ein Exemplar, erhalte aber vom archäologischen Kommissar einen abschlägigen Bescheid: Es seien nur zwölf Hefte gedruckt worden. Ich gebe auf, denn die Anfertigung von Kopien ist in Belmopan problematisch.

Die zahllosen Maya-Funde, laut Gesetz Staatseigentum, nehmen viel Platz in Anspruch. Immer werden einige Bestände von den Hurrikans vernichtet. Einem der letzten fielen eine Reihe schöner Keramiken und anderer Funde, die im Bliss-Institut von Belize City ausgestellt waren, zum Opfer. Zwei große Steinskulpturen und eine leere Vitrine blieben übrig. Der große Traum der Belizener ist ein eigenes Nationalmuseum in Belmopan, wo man alle Schätze der Vergangenheit ausstellen und den hoffentlich scharenweise herbeiströmenden Touristen zeigen könnte. Dazu später.

Über die offizielle, die „weiße Archäologie" von Belize, gibt es so viele amerikanische und kanadische Arbeiten, daß ich nicht näher darauf eingehen brauche. Einige wichtige Veröffentlichungen sind für die nähere Zukunft zu erwarten, denn gerade sind über genügend Mittel verfügende Forscher dabei, im Gebiet von Orange Walk nach den ältesten Maya zu suchen. Dem Vernehmen nach verzeichnen sie überwältigende Erfolge und können beweisen, daß die Maya noch bedeutend älter sind als bisher angenommen.

Wenig wird über die „schwarze Archälogie" in Belize gesprochen und noch weniger geschrieben. Ein paar Artikel in der nationalen Presse treten für härteres Vorgehen gegen illegale Ausgrabungen und gegen den Verkauf von Bodenfunden an Ausländer ein. Nach meinen Erkundigungen gibt es Fälle – oder hat es Fälle gegeben –, in denen Interessenten ohne Grabungserlaubnis Grabungen illegal, mit Hilfe Einheimischer, ausgeführt haben.

Ob die „schwarze Archäologie" auch wissenschaftlichen Zwecken dient oder nur als geldbringende Schatzsucherei anzusehen ist, kann ich nicht mit Sicherheit sagen. Manchmal hatte ich den Eindruck, daß mich meine Informanten für vergleichbare Unternehmungen begeistern wollten.

Gegraben wird an zahlreichen Stellen, und zwar von Leuten, die die Fundplätze vielleicht besser kennen als die Archäologen. Jadefiguren und Töpferei, besonders bemalte Gefäße, werden von Ausländern, angeblich auch von einigen Belizenern zu horrenden Preisen angekauft. Kleine Gegenstände sind auf Grund von Exportschwierigkeiten eher gefragt als große. Wer erwischt wird, muß seine Sachen abgeben und wird mit einer hohen Geldstrafe belegt. Die Gesetze sind streng, einigen Kritikern zufolge noch nicht streng genug. Angeblich gibt es Privilegierte, die man stillschweigend mit ihren illegal beschafften Jadefigürchen ziehen läßt.

Einige Belizener, mit denen ich darüber spreche, sind über die Gesetzgebung nicht glücklich. Bodenfunde sind Reichtümer, die genutzt werden müssen, so wie Erdöl, Gold oder Uran, das man leider nirgendwo finden könne. Mit ihren Gesetzen nehme die Regierung ihren Bürgern die Möglichkeit, etwas zu verdienen, und im übrigen würden viele Touristen abgeschreckt. Die führen dahin, wo sie sich gefahrlos mit Souvenirs eindecken könnten. Ach, wenn doch endlich die Opposition ans Ruder käme! Ich melde Zweifel daran an, daß eine Opposition die Gesetze ändern würde.

Ein paarmal treffe ich selbst Schwarzhändler, die mir Maya-Bodenfunde verkaufen wollen. Der erste ist ein offensichtlich wohlhabender Typ, der, wie er mir erzählt, nur durch Zufall ein Maya-Grab entdeckt habe, und zwar beim Steineholen. Ganz offen berichtet er mir, daß alle seine Leute die unbewachten Maya-Ruinen in den Wäldern als Steinbrüche benutzen. Warum auch nicht? Bloß wegen der Gesetze? Die Steine gehörten schließlich den eigenen Vorfahren und seien daher Erbgut. Mein Freund lacht. Im Grab hatte außer dem Jade-Artefakt auch ein menschlicher Schädel gelegen. Was er mit diesem angefangen hat, erzählt mit der Nachfahr der alten Maya nicht, vielleicht aus Pietät. Das Stück Jade zeigt er mir und nennt augenblicklich einen sündhaft hohen Preis, den die US-amerikanischen Touristen angeblich jederzeit gern bezahlten. Das Ding sieht aus wie eine Blume und erscheint mir persönlich wenig reizvoll. Ich beglückwünsche den Eigentümer zu seinem kostbaren Schatz. Sicher werde er bald einen reichen Gringo finden, der ihm so viel zahle. Im übrigen: Vielleicht könnten wir ins Geschäft kommen? Bei mir zu Hause, so erzähle ich ihm, würden derartige Dinge heute schon ganz wunderbar echt aus Kunststoffmasse hergestellt. Man könne sie kaum von echter Jade unterscheiden. Zuerst stutzt mein Partner, dann scheint er sich für die Sache zu interessieren: Ich möge doch einmal ein Muster mitbringen, was ich gern verspreche.

Mehrfach höre ich, daß Einkäufer aus Guatemala Bodenfunde aus Belize in aller Stille über die Grenze schafften. Regelrechte Großhändler gebe es in Guatemala, und einige der Reichen sammelten selbst. Ihre Häuser seien inzwischen richtige Museen. Manche hätten sogar große Steinfiguren abgeschleppt.

Ob es in Belize auch private Sammler gebe? frage ich. Ja, die gebe es. Einige davon hielten ihre Schätze verborgen, andere wiederum könnten sich leisten, sie manchmal fremden Besuchern zu zeigen, weil für sie die Gesetze nicht so streng gehandhabt würden – auf Grund von Beziehungen zur Regierung. Ich versichere meinem Gesprächspartner, daß ich nicht beabsichtige, mit den Sammlern Kontakt aufzunehmen, und noch weniger wolle ich für eine gütige Vermittlung Geld bezahlen.

In Altun Ha

Dona Barbara, die Kräuterkundige, will mich mitnehmen nach Altun Ha. Sie wohnt ganz in der Nähe, und ich kann auf ihrer Farm übernachten. Wir treffen uns am Markt von Belize City. Das Lastauto, das heute vorwiegend Passagiere befördert, hat seinen Standort ganz in der Nähe. Weil ich rechtzeitig zur Stelle bin, bekomme ich einen guten Platz, einen auf dem ersten Brett vorn, von dem aus ich über das Führerhaus hinwegsehen und die Landschaft betrachten kann. Obendrein bläst mir frischer Wind ins Gesicht, ein seltener Genuß im belizenischen Klima. Wieder einmal werden mir alle Knochen durchgeschüttelt. Glückerweise hält der „Truck" gleich vor Dona Barbaras Farm, und wir brauchen unser Gepäck nicht weit zu schleppen.

Das Gelände der Farm ist eingezäunt. Von etlichen alten Bäumen, die vor dem Haus stehen, hängen Dutzende von Plastik-Bojen herab. Dona Barbaras Lebensgefährte war früher einmal Fischer und brachte solche Bojen von den Riffen mit, wo sie sich zu Hunderten finden. Günstige Meeresströmungen treiben sie aus den weit entfernten Fischereigebieten heran. Bojen aus Aluminiumguß sind besonders begehrt. Man sägt sie auf und benutzt sie als Kochkessel. Es müssen enorm viele Bojen bei der Fischerei auf hoher See verlorengehen, denn man sieht sie überall im Land als Gebrauchsgegenstände, Kinderspielzeug oder auch, wie hier, als Baumschmuck.

Zum Mittagessen gibt es bei Dona Barbara eine vegetarische Platte, ausreichend für eine kinderreiche Familie. Danach darf ich mich im Gästezimmer ausruhen. Das Bett hat sogar ein Moskitonetz, das allerdings für meine Körpergröße etwas zu klein ist. Bücher, Zeitschriften und geographische Magazine beweisen, daß hier gelegentlich Gäste mit landeskundlichen Interessen übernachtet haben.

Unsere Abendunterhaltung ist anregend, wird aber leider sehr von Moskitos gestört. Man kann nur ruhig im Sessel sitzen, wenn man direkt vor den Füßen eine brennende Spirale aufstellt.

Durch Zufall wurde Altun Ha von dem Bauern entdeckt, dem das Land gehörte. Er fand eine kleine Jadefigur und gab sie, wie es das Gesetz vorschreibt, beim archäologischen Dienst des Landes ab. Die Altertumsforscher gerieten darob in Begeisterung und durchsuchten das Gebiet. Sie entdeckten, daß unter den Hügeln auf dem Grundtück des Farmers Pyramiden und Reste alter Tempel verborgen waren. Die Sache nahm ihren gewöhnlichen Lauf. Das Land wurde enteignet, der Bauer bekam neues. Die Ruinen wurden ausgegraben, und eine ganze Kompanie von Archäologen bemühte sich, dem Boden die Geheimnisse der alten Maya zu entreißen und zerbrochene Tontöpfe wieder zusammenzukleben.

Ein gebildeter Herr aus der Nachbarschaft kommt zu Besuch, und bald sprechen wir wieder einmal von den Amerikanern, die vor allem deshalb relativ beliebt sind, weil sie Geld ins Land bringen. Der Herr schneidet die Frage der strategischen Bedeutung Belizes an: Diese ließe sich doch gut an die Amerikaner vermarkten. Mit Raketen könnten sie von hier aus ganz Zentralamerika unter Kontrolle halten. Zurückschießen könne ja wohl niemand, weil keiner Raketen besitze.

Das könnte sich allerdings einmal ändern, denke ich im Stillen.

Am nächsten Morgen sehr zeitig, nach einem viel zu üppigen Frühstück, brechen Dona Barbara und ich in Richtung Altun Ha auf. Ich habe zu viel Ginga-Tee getrunken und gerate arg ins Schwitzen. Zunächst gehen wir auf einer asphaltierten Straße, die ausnahmsweise in gutem Zustand ist, und biegen dann in eine landesübliche Straße mit Löchern und Geröll ein. Glücklicherweise ist der Himmel noch bedeckt. Ungefähr anderthalb Stunden wandern wir, um am Eingang des Ruinengebietes anzukommen. Hier steht ein „modernes" Haus, in dem der staatlich angestellte Wächter wohnt. Er kommt hinter uns her, kassiert einen Dollar Eintritt gegen Quittung und zeigt sich dafür mit allerhand Erklärungen erkenntlich.

Mitten auf dem freien Platz zwischen den Pyramiden stehen eine Hütte mit Bank und Tisch und einige Räucherfässer. Man kann trockene Blätter hineinpacken und anzünden. Der aufsteigende weiße Qualm vertreibt wenigstens einigermaßen die Wolken von Moskitos, die sich auf uns unglückliche Besucher stürzen.

Ich trage mich ins reichlich aufgeweichte Gästebuch ein. Vor mir waren schon einige andere Gäste aus West-Germany da.

Es war im Jahre 1956, als man Altun Ha entdeckte. Die Ausgrabungen wurden zügig vorangetrieben, und sobald die steinernen Zeugen einer großen Vergangenheit von der dicken Schicht der darübergewachsenen Pflanzendecke befreit waren, begann deren Zerstörung durch das verderbliche Tropenklima. Die Steine wurden in der Sonne heiß, kühlten in der Nacht wieder ab, und es entstanden Risse in der Oberfläche und Abblätterungen. Obendrein machte sich schon bald das „schwarze Moos" bemerkbar.

Ich kratze mit dem Fingernagel an der Oberfläche einiger Steine. Sie ist weich und bröckelt. Schutzmaßnahmen wären dringend notwendig, um die Baudenkmäler der versunkenen Kultur für die Nachwelt und die zahlenden Touristen zu erhalten. An einigen Stufen hat man versucht, eine Zementschicht aufzutragen. Ideal ist diese Lösung nicht, und schön sieht sie auch nicht gerade aus, abgesehen davon, daß abzuwarten bleibt, wie lange sie hält. Es muß dringend etwas geschehen, das meint auch der Ruinenwächter. Aber alle möglichen Maßnahmen sind teuer.

Die Maya-Herrscher lösten das Problem in alter Zeit

ganz anders: Sie ließen die Bauwerke jedes Jahr von ihren treuen Untertanen instandsetzen und bemalen. Diese taten es zur größeren Ehre der Götter kostenlos, das heißt, sie mußten es tun. Im übrigen bauten die Maya ihre Tempel und sonstigen Anlagen so oft um, daß gar keine Zeit zum Verwittern war.

Ich klettere auf eine Pyramide hinauf. Sie sieht in natura, mit ihrem „schwarzen Moos", bedeutend unvorteilhafter aus als auf einer Farbtafel, die ich irgendwann einmal in einem Buch bewundert hatte. Ich schaue auf einen Hügel gegenüber, der nur zur Hälfte freigelegt ist. An der rückwärtigen Seite sieht man auf den dichten Filz des Waldes, der die Steinbauten noch völlig schützt. Die Wurzeln der Bäume richten zwar Schäden an, die jedoch im Vergleich zur Verwitterung des freigelegten Gesteins unbedeutend sind.

Der See der Maya von Altun Ha, den wir über einen schmalen Pfad erreichen, hat leider grünveralgtes Wasser. Außerdem sollen Krokodile darin leben. Ein erfrischendes Bad im Zentrum der alten Stadt entfällt.

Unser Wächter zündet eine neue Räucherdose an, weil auch hier Wolken von Moskitos fliegen, und Bremsen, die bei den Mestizen Doktor-Fliegen genannt werden.

In praller Sonne wandern wir zurück zur Farm der Dona Barbara. Völlig verschwitzt kommen wir an. Ins Badezimmer kann ich nur ohne Kleidung hineingehen, die Tür ist zu schmal. Der Erbauer hat nicht mit dickeren Gästen gerechnet.

Ein wenig mißmutig mache ich meine Eintragungen ins Tagebuch. Ein Erlebnis war der Ausflug nach Altun Ha eigentlich nicht, eher ein Routinebesuch, der im Programm nicht fehlen darf. Ich möchte gern einmal eine unberührte Ruinenstadt im Düster des Tropenwaldes aufsuchen, mit moderner technischer Ausrüstung und ohne Touristenführer.

Geschichte der Maya – nur aus Büchern

Ich bin enttäuscht. Auch mit der mündlichen Überlieferung aus der großen Vergangenheit ihres Volkes steht es bei den heute in Belize lebenden Maya nicht zum Besten. Was sie über sich wissen, stammt aus Büchern, aus Schulbüchern jüngerer Vergangenheit und aus Sonderdrucken, die reisende Forscher bei ihnen zurückgelassen haben. Mit Hilfe dieser, beim Feldforscher eigentlich unbeliebten Quellen, und anhand einiger neuerer Presseveröffentlichungen über spektakuläre Forschungsergebnisse kann ich wenigstens den kurzen Überblick vermitteln, den ich selbst daraus gewonnen habe.

Wie jüngste Ausgrabungen beweisen sollen, lebten die Maya in Belize bereits sehr viel früher als noch bis vor kurzem angenommen. Ihre Hochkultur entwickelte sich wahrscheinlich langsam und stetig, und sie überschritt ihren Höhepunkt nicht lange vor Ankunft der Europäer. Was die heutigen Bewunderer der Maya-Kunst meist nicht wissen, ist, daß die Maya ein gut funktionierendes System der Versorgung mit Nahrungsmitteln hatten. Ihre Landwirtschaft stand in hoher Blüte. Sie pflanzten Mais, Manjok, Yams, vermutlich auch Süßkartoffeln und andere Knollenfrüchte, Paprika, Kakao, Bananen und vieles mehr. Allerdings war die Art und Weise, wie sie die Landwirtschaft betrieben, umweltschädigend. Sie rodeten Urwald, brannten ihn nieder, und die Asche der Bäume war der einzige Dünger, den die Erde bekam. War der Boden ausgelaugt, rodeten sie einfach neuen Urwald, während sich die alte Nutzfläche allmählich mit wertloser Steppenvegetation überzog. Möglich, daß die zerstörte Umwelt letztlich der Grund für die große Wanderung nach Norden war.

Wenig vorbildlich gestalteten sich auch ihre sozialen Verhältnisse, besonders in der Blütezeit ihrer Kultur:

Priester und Adel lebten in Luxus und Prachtbauten, auf Kosten des gemeinen Volkes, das schuften durfte. Einen Mittelstand gab es nicht. Die Bauern mußten ein Drittel ihrer Ernte an die Priesterschaft abgeben und ein weiteres Drittel an den Adel. Das restliche Drittel behielten sie selbst. Für ihre Arbeitsleistungen beim Bau von Tempeln und Palästen wurden die Armen wie gesagt nicht bezahlt, es war Götterdienst, zum Vergnügen von deren Vertretern auf Erden. Ob die arme Masse der Maya-Bevölkerung am damals gut florierenden Handel nennenswert beteiligt war, muß offenbleiben.

Ein geeintes Maya-Reich gab es nie, immer nur eine Anzahl von Maya-Staaten mit mehr oder weniger mächtigen Herrschern. Für die Geschichte von Belize hatte die Stadt Chetumal, nahe der heutigen Stadt Corozal und nicht zu verwechseln mit dem modernen Einkaufsparadies in Mexiko, die größte Bedeutung. Die Entdeckung der dortigen Fundstätten verdanken wir erwähntem und geschmähtem Forscher Dr. Gann, der seine Ausgrabungen kurz nach der Jahrhundertwende tätigte. Aus historischen Quellen wissen wir, daß die sogenannte spanische Kolonialzeit in Belize ein wenig anders verlief als sonst auf dem amerikanischen Kontinent. Alle Unternehmungen der spanischen Räuberbanden endeten nämlich mit katastrophalen Niederlagen, niemals war es ihnen möglich geworden, auf Belizener Gebiet Fuß zu fassen. Belize war nie ein Teil des spanischen Kolonialreiches, weshalb die Ansprüche der heutigen Guatemalteken, die sich gern als rechtmäßige Erben der Spanier verstehen, mit Recht als völlig unberechtigt abgetan werden.

Der Führer der ersten spanischen Räuberbande, die von Yukantan nach Süden vorstieß – es war in den Jahren 1527 bis 1529 –, hieß Francisco do Montejo. Er segelte an der Küste entlang nach Süden bis etwa in Höhe von Chetumal und sandte eine Landungsmannschaft zu nächtlichem Überfall an Land. Sie nahm einige Indianer gefangen, die vom Räuberchef verhört wurden und von denen er Auskünfte über die Verhältnisse an Land erhielt.

Erst zwei Jahre später sollten die Spanier die gewonnenen Erkenntnisse nutzen. Montejos Stellvertreter, Alonso Dávila, rückte über Land in Belize ein. Sein Ziel war die wohlhabende Stadt Chetumal. Mit spanischem Stolz und in dem Hochgefühl der Überlegenheit ließ er dem dortigen Herrscher Nachankan die Aufforderung zukommen, sich der spanischen Krone zu unterwerfen und zwecks Erhaltung des Friedenszustandes sogleich Tribute zu zahlen. Nachankan antwortete, er wolle keinen Frieden, und die Spanier mögen sich ihre Tribute selber holen. Er könne ihnen Truthähne auf Speer- und Maiskolben auf Pfeilspitzen anbieten. Ob solcher Unbotmäßigkeit erzürnt, rückte Dávila zum Angriff vor – und fand die Stadt Chetumal verlassen. Da ihm der Ort gefiel, und wohl auch hinsichtlich seiner zukünftigen Entwicklung, die ihm aussichtsreich erschien, ließ er sich nieder. Der alte indianische Name wurde durch die stolze spanische Ortsbezeichnung „Villa Real" ersetzt.

Die Freude der Besatzer war allerdings von kurzer Dauer: Jedesmal wenn sie die Stadt verließen, was zur Nahrungsbeschaffung unerläßlich war, hagelte es Pfeile aus dem Hinterhalt. Nachankan organisierte den Widerstand. Andere Maya-Herrscher boten ihm Hilfe an. Von unschätzbarem Wert für die Maya-Verteidiger war die Beratung eines Mannes namens Gonzalo Guerrero, dessen Lebenslauf ein sicher bedeutendes Kapitel in der Geschichte von Belize ist. Er war nämlich, wie J. Eric Thompson zutreffend feststellt, der erste Europäer, der in Belize wohnte und der für sein neues Heimatland kämpfte.

Gonzalo Guerrero war Spanier. Im Jahre 1511 ging sein Schiff auf stürmischer See südlich von Jamaica zu Bruch.

Die dreizehn Überlebenden erreichten nach dreizehn Tagen, vermutlich in beklagenswertem Zustand, die Halbinsel Yucatan, wo sie von den dort lebenden Maya in Empfang genommen wurden. Fünf Spanier fanden unverzüglich als Opfer für die Götter Verwendung. Nach traditionellem Verfahren schnitten ihnen die Priester das Herz aus der Brust. Die übrigen Schiffbrüchigen konnten sich retten, und zwei von ihnen sollten zu geschichtlichen Persönlichkeiten werden, nämlich der schon genannte Guerrero und ein anderer Mann mit dem Namen Geronimo de Aguilar. Cortez hörte von ihnen, als er Yucatan erreichte. Durch Botschafter forderte er sie auf, zu ihm zu kommen. Guerrero lehnte höflich ab, Aguilar ging hin und leistete dem mächtigen Eindringling wertvolle Dienste als Landeskundiger und Dolmetscher – zum Schaden der Maya, die ihn am Leben gelassen hatten. Die Maya werden es vermutlich sehr bedauert haben, den Fremdling nicht auch den Göttern geopfert zu haben.

Bessere Erfahrungen machten sie, wie gesagt, mit Guerrero, der inzwischen völlig integriert war. „Seine Nase und seine Ohren waren durchbohrt, und sein Gesicht und seine Hände waren nach Art der Maya tätowiert. Er hatte eine Maya-Frau und Kinder." So lese ich in den Geschichtsbüchern. Guerrero wurde Militärberater von Nachankan, und man kann ohne Übertreibung sagen, daß seine Ratschläge die Grundlage für dessen überwältigende Erfolge waren. Im Hinblick auf die durch ihre Feuerwaffen und ihre Reitkunst überlegenen Spanier entschloß sich Nachankan, offene Schlachten von vorneherein zu vermeiden und den Feind durch beständigen Kleinkrieg zu zermürben. Guerillataktik würden wir sein Vorgehen heute nennen. Wo immer sich Spanier außerhalb ihrer Befestigungen zeigten, wurden sie überfallen. Nur eine einzige größere Schlacht gab es, aus der die fremden Eroberer als Sieger hervorzugehen glaubten. Nachankan, mutmaßlich begleitet von Guerrero, war jedoch nicht wirklich geflohen. Er hatte sich vielmehr rechtzeitig zurückgezogen, um seine Kriegsführung nach bereits bewährtem Verfahren um so wirksamer fortzusetzen. Die Lage der Spanier im besetzten Chetumal wurde immer aussichtsloser. Sie waren schließlich gezwungen, innerhalb der Stadt Felder anzulegen, und das mit eigenen Händen, denn die wenigen indianischen Diener, die ihnen noch gehorchten, reichten nicht aus, die Arbeit zu bewältigen. Die Kampfkraft sank beständig, der Kleinkrieg forderte immer neue Verluste. Schlecht ging für sie auch ein Zusammenstoß mit zweihundert Maya aus, die mit Kanus auf dem Wasserweg erschienen, um nach erfolgreichem Überfall rasch wieder zu verschwinden – Guerillataktik zu Wasser.

Nach achtzehn Monaten, Ende des Jahres 1532, beschloß Dávila, aus Chetumal abzurücken. Einen Tag lang wurde die Truppe noch von den erfreuten Maya verfolgt, aber dank der Feuerwaffen gelang ihnen die Flucht nach Süden entlang der Meeresküste.

Im Jahre 1545 griffen die Spanier die Maya noch einmal im Norden des heutigen Belize an und taten sich durch ihre barbarischen Grausamkeiten hervor. Nachankan hatte es versäumt, nach seinem Sieg eine schlagkräftige, neue Streitmacht aufzubauen.

Die Geschichte der Kämpfe zwischen Maya und Spaniern ging weiter, doch hier ist nur noch eine Frage von Bedeutung, weil sie immer wieder gestellt wird. Wie kam es, daß die Maya von den schon durch ihre Feuerwaffen überlegenen Spaniern nie unterworfen werden konnten, während das mächtige Reich der Azteken in Mexiko verhältnismäßig rasch erobert werden konnte? Die Frage läßt sich angesichts der damaligen politischen Verhältnisse leicht beantworten: Mexiko wurde von nur einem Herrscher kontrolliert, und als dieser fiel, brach das ganze

1 + 2 Das Regierungsgebäude in Belize City, der „alten Hauptstadt" von Belize – ein Musterbeispiel der kolonialen Holzbauweise. – Das obere Bild zeigt die Frontalansicht, das untere die Seitenansicht.

3 Das Gerichtsgebäude in Belize City – ein prächtiger Steinbau im Stil der späten Kolonialzeit.

4 Oben rechts: Das Regierungsgebäude der Hauptstadt Belmopan. – Hier residiert Prime Minister George Price, seitdem die neue Stadt im Landesinnern aus dem Boden gestampft wurde. Die alte Hauptstadt, die unmittelbar am Meer liegt, kann nicht ausreichend gegen Wirbelstürme gesichert werden. Trotz der Gefahren blieb Belize City die „heimliche Hauptstadt" des Landes.

5 Unten rechts: Ein Luftbild des Wohnviertels von Belmopan. – Die kleinen Häuser wurden zu Billigpreisen im Eiltempo gebaut. Hier wird das Wort vom „Lineal auf der Landkarte" anschaulich.

6 Die Marktstraße von Belize City nach dem Hurrikan „Hattie" 1961. – Trümmer bedecken die Straße. Die Menschen suchen nach dem, was von ihrer Habe übriggeblieben ist.

7 Die Telefonmasten hielten dem Hurrikan nicht stand.

8   Die Feuerwehrstation von Belize City nach dem Hurrikan von 1961. – „Hattie" überzeugte die Behörden letztlich von der Notwendigkeit eines sicheren Verwaltungszentrums.

9   Die Holzkonstruktionen waren dem Sturm nicht gewachsen. Manche Häuser wurden sogar von den Fundamenten gerissen. Bis heute baut man sie nach jeder Katastrophe wieder auf.

10 Luftbild des Kurortes San Pedro auf Ambergris Caye, dem „nobelsten" aller Cayes. – Nicht alle Häuser werden von Reichen bewohnt.

11 Oben rechts: Eine der ganz freigelegten Tempelpyramiden von Altun Ha im Distrikt Belize. – Durch Zufall wurden die Ruinen 1956 von dem Bauern entdeckt, dem das Land gehörte. Sobald die steinernen Zeugen einer versunkenen, großen Kultur von der dichten Pflanzendecke befreit waren, begann deren Zerstörung durch das verderbliche Tropenklima. Schon ist sichtbar, wie das „schwarze Moos" den Kalkstein angreift.

12 Unten rechts: Teile der Maya-Ruine Lubatan im Distrikt Toledo. – Viele der gewaltigen Maya-Bauwerke schlummern noch unentdeckt im Urwald. Für Ausgrabungen in größerem Umfang und die dringend notwendigen Schutzmaßnahmen fehlt das Geld.

13 Garifuna-Damen bei der Bereitung von Manjok. – Die Manjokknollen werden zu Brei gerieben, der dann nach uraltem Verfahren im Preßschlauch von seinem giftigen Saft befreit und zu festen Zylindern geformt wird – eine geniale Erfindung der Ur-Kariben. Erst durch sie wurde es möglich, die giftige Knolle zu einem wertvollen Nahrungsmittel zu verarbeiten.

Staatswesen zusammen. Bei den Maya gab es dagegen nie eine Zentralregierung oder einen obersten Herrscher. Jeder Stadtstaat war unabhängig und wurde von eigenen Fürsten, wohl unter jeweils verschiedenem Einfluß der Priesterschaft, regiert. Unter den einzelnen „Fürstentümern" gab es sowohl Bündnisse als auch Fehden, wirtschaftliche Rivalitäten oder auch Zusammenarbeit – etwa wie unter den deutschsprachigen Staaten Europas in der Zeit vor 1871. Dieses System hatte für die Verteidigung des Gesamtgebietes einen großen Vorteil: Die Niederlage eines Maya-Staates hatte für die anderen keine unmittelbare Bedeutung. Entweder sie kämpften oder sie blieben in Abwehrbereitschaft. Nachteile brachte das System, weil Verteidigungsbündnisse immer erst ausgehandelt und vorbereitet werden mußten. Die Maya versäumten es, sofort bei Erscheinen der überlegenen Fremden eine große Verteidigungsbereitschaft unter einheitlichem Kommando zu bilden, wobei eine Beibehaltung der einzelnen Heere hätte garantiert werden können. Eine alte Feindschaft zwischen zwei Maya-Staaten verhalf den Spaniern schließlich sogar zu einem Sieg.

Die ersten Versuche der Spanier, das Maya-Land zu erobern, waren, wie wir gesehen haben, gescheitert. Dafür hinterließen sie, als sie abzogen, den Maya eine Reihe von bösartigen Krankheiten, gegen die diese keine natürlichen Abwehrstoffe hatten. Es kam zu Epidemien und Massen von Seuchentoten. Die eigenen Heilmethoden versagten, und die Priesterschaft scheint mit ihren Gebeten und Beschwörungen recht erfolglos geblieben zu sein. Das Unglück nahm seinen Lauf und führte zu jenen Ereignissen, die wir als Abschluß dieses Kapitels der Geschichte von Belize betrachten müssen: Der Chef der Xiu-Dynastie wollte im Jahre 1536 den letzten Versuch starten, der verheerenden Seuche wenigstens durch göttliche Hilfe beizukommen. Er unternahm eine Wallfahrt zur heiligen

Cenote in Chitzen Itza. Der Weg dahin führte durch das Reich der Cocoms, die bereitwillig, wie sich später herausstellte aber in heimtückischer Absicht, ihre Zustimmung zur Durchreise gaben. Die Cocoms erinnerten sich nämlich daran, daß ihre Familie zur Zeit der Großväter von den damaligen Xiu aus ihrer Vormachtstellung innerhalb eines Bündnisses verdrängt worden war. Jetzt nutzten sie die Gelegenheit zur Rache: Die Pilger wurden zu einem Gastmahl eingeladen und vergiftet. Daraufhin sannen wiederum die Freunde der Xiu auf Rache. Sie verbündeten sich mit den nur allzu bereiten Spaniern. Die Allianz war erfolgreich. Viele der nördlichen Maya mußten sich bis ins starke Chetumal zurückziehen. Von dort wurden die Abwehrkämpfe organisiert, die Belize vor dem spanischen Joch bewahrten und die ihm noch heute nach internationalem Recht Schutz gegen die Ansprüche der Nachkommen jener spanischen Mordbrenner bieten.

Der Maya-Traditionalist

Die neuesten Informationen klingen vielversprechend: In den Bergen gebe es eine Gruppe von Maya-Indianern, die auf ihre ethnische Identität noch Wert legten. Es wird ihnen sogar unterstellt, daß sie nur nach außen Christen seien, in Wirklichkeit aber treue Anhänger ihrer alten Religion. Meine Neugier ist verständlicherweise groß, und ich versuche, zugunsten meiner Begeisterungsfähigkeit mein Mißtrauen bezüglich des Wahrheitsgehaltes der Auskünfte zu verdrängen.

Der Chef der Traditionalisten ist ein noch junger Mann. Er wohnt in einem einfachen Haus mit Palmblätterdach und Bretterwänden, hat eine nette Frau, eine ganze Schar von Kindern und er empfängt mich höflich, fast freundlich. An der Wand des Wohnraums kleben ein paar leicht verschmutzte Plakate der panamerikanischen Indianerbewegung, die in den Vereinigten Staaten und in Kanada ihren Ausgang nahm und nun allmählich auch Mittel- und Südamerika erfaßt.

Im Gespräch erhalte ich weitere Auskünfte, teils bereitwillig, teils muß ich sie vorsichtig erfragen. Der junge Mann hat eine Anzahl von Maya-Indianern zu einer Gemeinschaft zusammengeschlossen mit dem Ziel, die Interessen des eigenen Volkes gegenüber dem immer stärker werdenden Druck von außen wahrzunehmen. Politisch legt man Wert auf Neutralität, jedenfalls im Hinblick auf die Parteipolitik Belizes. Ob die tatsächliche Sympathie mehr zur Oppositionspartei neigt, weil alle Mißhelligkeiten der letzten Zeit der Regierungspartei angelastet werden, kann ich nicht mit Sicherheit feststellen. Überflüssig zu sagen, daß die Oppositionspartei, der ohnehin viele Maya angehören oder wohlgesonnen zu sein scheinen, die Entwicklung für ihre Zwecke zu nutzen trachtet.

Die Traditionalisten würden gern das alte Maya-Land im Süden von Belize, in der heutigen Provinz Toledo, ganz allein bewohnen, wie in Zeiten britischer Kolonialherrschaft. Im Reservat wären sie weitgehend autonom, vor allem im Bereich der Landwirtschaft mit Brandrodungen, die, wie erwähnt, Umweltschäden verursachen und von den meisten Beobachtern als katastrophal bezeichnet werden. Die Regierung plant daher, Bodeneigentum einzuführen. Die Pflanzer wären dann gezwungen, ihr Ackerland nach ganz anderen Methoden zu bewirtschaften, unter anderem müßten sie die Äcker düngen. Weil es Mehrarbeit bedeutet, ist davon niemand begeistert.

Auch was die Schulen angeht, haben die Taditionalisten besondere Wünsche. Sie fordern Maya-Lehrer für Maya-Kinder. Eine ganze Reihe von Mitgliedern der eigenen Volksgruppe mit entsprechender Ausbildung arbeiten anderswo im Land, wären aber jederzeit bereit, den Maya-Unterricht zu übernehmen. Der Regierung wird vorgeworfen, immer nur fremde Lehrer ins Gebiet der Maya zu schicken, vornehmlich Garifuna. Dies sei eine Maßnahme der Integration, mit der die Regierung aus den untereinander verschiedenen Volksgruppen ein einziges Volk von Belizenern machen wolle. Ich denke an vergleichbare Entwicklungen in Europa, wo man auch immer wieder einmal erfolglos versucht, Vielfalt in eine starke Einigkeit zu pressen.

Ich muß hier erwähnen, daß es andere Maya gibt, die mit den Garifuna-Lehrern sehr zufrieden sind. Gelobt wird deren Fleiß und vor allem ihre Fähigkeit, fremde Sprachen, darunter die beiden Maya-Sprachen Kechi und Mopan, schnell zu erlernen.

Was die Pflege der alten Religion der Maya angeht, so vernehme ich nur Enttäuschendes. Mein Traditionalist kennt zwar die Namen der Götter und Geister − ich selbst habe sie aus Büchern − , aber sie scheinen für ihn keine besondere Bedeutung zu haben. Von sich aus unterscheidet er zwischen denen, die er aus der mündlichen Überlieferung kennt und anderen, über die er nur in wissenschaftlichen Werken fremder Völkerkundler gelesen hat.

Ich bekomme eine Tasse Maya-Kaffee aus selbst geernteten und aufbereiteten Kaffeebohnen. Er schmeckt mir besser als der fürchterliche Extraktkaffee, hält aber einen Vergleich mit den Sorten aus Guatemala oder Costa Rica auch nicht aus.

Ziemlich schnell bemerke ich, daß sich die Abneigung der Traditionalisten oder ihres Anführers eigentlich nicht gegen die christliche Fremdreligion im allgemeinen richtet, sondern vornehmlich gegen die römisch-katholische Kirche − oder vielleicht auch nur gegen einzelne ihrer Repräsentanten. Gelobt wird der Pfarrer einer erst kürzlich aus den USA gekommenen christlichen Kirche, der sich große Verdienste erworben habe – meiner unausgesprochenen Vermutung nach durch finanzielle Zuwendungen. Das alte Brauchtum der Maya wollen die Traditionalisten selbstverständlich pflegen. Mit echter Bekümmernis teilt mir mein Freund mit, seine Leute könnten derzeitig keinen Hirschtanz veranstalten, weil die dazugehörigen Kostüme bei einem Brand vernichtet worden seien. Er braucht nun dringend Geld, zum Beispiel deutsches Entwicklungshilfegeld, um seine Stammeskünstler mit dem Anfertigen von neuen Ornaten beauftragen zu können. Besonders das Schnitzen der Masken sei eine langwierige und daher kostspielige Angelegenheit. Meine Frage, ob die Künstler seines Volkes nicht vielleicht aus Begeisterung für die eigene Kultur ausnahmsweise einmal gratis arbeiten würden, wird glattweg verneint: Nein, ohne Bezahlung arbeite niemand! Ich lasse durchblicken, daß die Bundesrepublik Deutschland bestimmte Vorstellungen von Eigeninitiative und Eigenleistung habe und ihr Geld sicher lieber in anderen Entwicklungsprojekten anlegen wolle.

In einem entfernten Bergdorf soll es noch Masken für den alten Teufelstanz der Maya geben, höre ich. Weil ich Interesse zeige, erbietet sich der Chef der Traditionalisten, mich hinzubringen. Die Fahrt in einem geländegängigen Auto müsse ich bezahlen, und für die Vorführung der seltenen Teufelsmasken sowie für die Genehmigung, diese zu fotografieren, seien zwanzig Dollar zu entrichten. Ich erlaube mir, herzlich zu lachen, und zeige meinem Gesprächspartner Fotos der phantastisch schönen Tamoko-Kostüme meiner Aparai-Wayana-Indianer in Südamerika. Sieh mal an, da gibt es im Urwald am oberen Fluß Paru viel schönere Masken! Sofort entwickelt sich ein Gespräch über meine frühere Tätigkeit bei den „gelben Kariben" auf dem großen Kontinent im Süden, über deren

Musik und Tänze, und natürlich auch über die Arbeiten, die ich dort über viele Jahre hinweg verrichtete. Der Maya-Chef begeistert sich schließlich für die Aparai und meint, im Auftrag der bekanntlich gut zahlenden Vereinten Nationen würde auch er gern dorthin fahren.

Schließlich erörtern wir noch die Möglichkeit von Tonaufnahmen, und der Chef stimmt mir zu, daß es wünschenswert wäre, mündlich überliefertes Wissen der Vorfahren für die Nachkommen zu konservieren. Zwar seien bereits viele alte Erzähler verstorben, aber es gebe doch einige alte Leute, mit denen ich womöglich genauso arbeiten könnte wie ehedem mit meinen Erzählern der „gelben Kariben". Sehr nützlich wäre es, wenn man dereinst ein Archiv von Tonaufnahmen und eine Bibliothek zugehöriger Niederschriften und Bearbeitungen habe. Doch wiederum stellt sich schnell heraus, daß mein Freund eine Eigenbeteiligung an dem Projekt nicht ins Auge faßt. Er meint nur, ich solle meinen Erzählern Rum verabreichen, das löse die Zunge und sei auf jeden Fall statthaft und auch angebracht. Eine Bezahlung nach Stunden oder Leistung würden die alten Leute womöglich nicht annehmen. Die jüngere Generation habe in bezug auf das Annehmen von Geld keinerlei Bedenken. Die Helfer bei der Niederschrift könnten ohne weiteres mit Entwicklungsgeldern bezahlt werden. Fünfzehn Dollar pro Tag seien angemessen, meint der Häuptling.

Er nennt einen Preis, der, wie ich später herausfand, doppelt so hoch ist wie der Lohn, den ein Maurer in Belize verdient. Geistige Arbeit wird bei den Maya-Traditionalisten demnach wohl hoch in Rechnung gestellt.

Den Exporthandel mit Bodenfunden schätzt der Chef genausowenig wie die durch die Regierung gesetzlich geschaffene Ablieferungspflicht an den Archäologischen Dienst in Belmopan. Die Schätze der Erde seien nämlich das Erbe der Vorfahren, das den Maya allein gehöre, und keine Regierung der Welt habe das Recht, sich diese anzueignen oder den Findern abzunehmen. Viele Bewohner der Bergdörfer bewahrten ausgegrabene Figuren als kostbares Besitztum verborgen auf, geschützt vor fremden Augen.

Ich unterlasse es, weitere Fragen zu stellen, und überlege auf dem Hintergrund unseres bisherigen Gesprächs, ob die so dick aufgetragene Wertschätzung für das Erbe der Ahnen echt ist, oder ob man sie nicht als Vorbereitung für spätere Forderungen nach „Eintrittsgeld" zur Besichtigung werten könnte.

Als ich nach Abschluß des Interviews im Wald auf einem umgefallenen Baum sitze und mir Notizen über das denkwürdige Gespräch mache, frage ich mich, was wohl meine späteren Leser zu diesen Ausführungen sagen werden: Ein Maya, der für die Herstellung von Maskenkostümen zu den traditionellen Tänzen seines Volkes fremdes Geld haben will und der für das Betrachten von Teufelsmasken Bezahlung verlangt, der paßt so gar nicht in jenes idealisierende Klischee, das von Karl May und anderen in die Vorstellungswelt des deutschen Lesers eingepflanzt wurde.

Das Tanzfest der Maya

Es geht alles ziemlich schnell. Jemand erzählt mir, daß die Maya in San Antonio ein „traditionelles" Tanzfest veranstalten werden, und ich entschließe mich im Handumdrehen hinzufahren, und gleich am nächsten Morgen trete ich die Reise in den Süden an, mit einem Omnibus. Von Punta Gorda aus, der Endstation der Buslinie, muß ich mit einem gecharterten Kleinlaster fahren. Ich teile die Kosten mit einer Maya-Lady, die gerade von einer Einkaufsreise aus Chetumal heimkehrt.

Weil das Hotel des Mister Ball geschlossen ist – die Familie hat sich bereits zum Ort des Tanzfestes begeben –, suche ich mit einiger Mühe eine andere Herberge.

Bei Pater Cayetano erfahre ich Näheres: Das große Fest findet im Nachbarort San Pedro Colombia statt, zur Feier des Palmsonntags. Veranstalter ist die katholische Kirche, die offenbar im Leben der Maya-Indianer unserer Zeit eine weitgehende Regie führt. Weil Feste immer eine große Anziehungskraft auf Menschen ausüben, organisiert die römisch-katholische Kirche die Veranstaltungen bereits seit sieben Jahren, mit stetig wachsendem Erfolg. Das traditionelle Brauchtum – oder das, was davon übriggeblieben ist – wird in den Dienst der eigenen Werbung gestellt.

Pater Cayetano nimmt mich freundlicherweise in seinem Auto mit hinauf nach San Pedro Colombia, wo ich gleich eine Abendmesse erleben darf. Mit Marimba und Geigen wird Musik gemacht. Ein älterer Indianer beräuchert den Altar und dessen Umgebung so intensiv mit brennendem Copal-Harz, wie seine Vorfahren dies vor den Altären der alten Götter getan haben. Dolmetscher beider Maya-Sprachen sorgen dafür, daß alle Anwesenden den Ablauf der heiligen Messe verfolgen und die Ausführungen des Priesters verstehen können. Einige Kinder haben sich neben die Kirchenbänke gelegt und sind eingeschlafen. Man läßt sie in Ruhe.

Als der Gottesdienst zu Ende ist, verziehen sich die Teilnehmer nach und nach. Wer keine Unterkunft findet, übernachtet im Schulgebäude, das eigens für diesen Zweck freigegeben ist. Man liegt auf zusammengeschobenen Bänken oder auf dem Fußboden. Ich selbst ziehe es vor, im Freien zu schlafen, auf der Wiese vor der Kirche. Glücklicherweise regnet es nicht.

Am nächsten Morgen, zum Auftakt des eigentlichen

Festtages, findet eine endlos dauernde Messe statt, mit Musik und Copal-Rauch, mit Dolmetschern und Gedränge. Danach wälzt sich der Strom der Zuschauer, die aus allen Nachbarorten herbeigeeilt sind, zum Fußballplatz. Es ist so heiß, daß es mir schwerfällt, Fotos zu machen, und ich habe Mühe, meine Kamera mit den hitzeempfindlichen Farbfilmen vor direkter Sonnenbestrahlung zu schützen.

Tänzer und Musikanten sind aus Guatemala herübergekommen, weil es auf Belizener Gebiet keine mehr gibt. Jemand bemerkt, die Leute müßten wohl etwas verdienen, denn sie hätten sicher viel Geld für ihre Kostüme ausgegeben. Tatsächlich sind die Ornate großzügig und phantasievoll mit Spiegeln und Silberlitzen versehen. Von altherkömmlichen Werkstoffen kann ich nichts mehr entdecken. Die sind sicher längst vergessen.

Zwei verschiedene Tänze werden aufgeführt, der Hirschtanz und der Cortez-Tanz, der an den Tod des Maya-Königs Pasch Balon erinnern soll. Der König wurde von den spanischen Eroberern umgebracht, weil er die Taufe abgelehnt hatte.

Schon so viele akademische Forscher haben über das Zeremoniell der Maya-Tänze geschrieben, daß neue Feststellungen im Dienste der Wissenschaft nicht unbedingt notwendig sind. Ich nutze die Gelegenheit, um unbemerkt eine Serie von Nahaufnahmen der gestickten Bänder auf den Kostümen festlich gekleideter Maya-Damen zu schießen. Es sind sehr viel schönere Muster als ich sie auf den für den Verkauf an reiche Fremde hergestellten Kleidern gesehen habe. Besonders schön sind die Tierfiguren, die vielleicht tatsächlich aus alter Zeit stammen und von der Mutter auf die Tochter weitergegeben wurden.

Die meisten Kostüme stellen Spießhirsche dar, einwandfrei erkennbar an den Geweihen, die auf die Masken, besser gesagt auf die hölzernen Köpfe der Kostüme, aufgesetzt sind. Andere Kostüme stellen Spinnenaffen oder Brüllaffen dar, und eine besondere Rolle spielt offensichtlich der Jaguar. Ein Jäger mit Schießgewehr, begleitet von Jagdhunden, und eine Dame ergänzen die Gesellschaft. Die Marimbamusik ist eintönig, jedenfalls für meine Ohren. Auf das Musikinstrument ist der Name der Fazenda in Guatemala aufgemalt. Alles scheint gut organisiert zu sein.

Die Tänzer machen Pause, und ich habe Gelegenheit, mir ihre Kostüme genauer anzusehen. Sie liegen sorgfältig ausgebreitet auf den Bänken des Schulhauses. Besonders interessant sind die Köpfe, anscheinend von einem einzigen Künstler angefertigt. Jemand weist mich darauf hin, daß sie überaus wertvoll seien, und es sei nicht einfach, solche für ein Museum meines Heimatlandes zu bekommen. Man könne es nur gegen angemessene Bezahlung, eine Vermittlungsgebühr eingeschlossen, arrangieren. Die Summe, die genannt wird, übersteigt meine Erwartungen und die Möglichkeiten bundesdeutscher Museen bei weitem.

Ich sehe mir die Masken noch genauer an und verblüffe den geschäftstüchtigen Maya mit der Bemerkung, daß wir derartiges bedeutend billiger selbst herstellen könnten, und außerdem würde ich die Bemalung der Gesichter etwas anders gestalten. Der Mann verschwindet ebenso schnell, wie er gekommen ist. Er legt keinen Wert mehr auf eine Unterhaltung über den Handelswert „traditioneller" Masken. Er gehört nicht einmal, wie ich auf meine Frage hin erfahre, zu den Tänzern.

Ein zweiter Gottesdienst findet in der Kapelle statt. Ich beobachte, wie viele Teilnehmer Kerzen vor dem Altar aufstellen. Einer kniet nieder und betet, wohl für des Himmels Hilfe in irdischen Angelegenheiten.

Das Mittagessen für Gemeindemitglieder und die zahlreichen Gäste wird kostenlos in zwei Häusern des Dorfes ausgeteilt, in dem einen Schweinefleisch, in dem anderen Rindfleisch. Dazu gibt es Kakao aus Eimern und Maisfladen. Ich begnüge mich mit einem Becher Kakao und einem Fladen, denn es ist mir unmöglich, mich länger in Hitze und Gedränge aufzuhalten. Im Schatten der Kirche schlafe ich schließlich ein. Gegen 16 Uhr weckt mich Pater Cayetano, weil jetzt der Tanz weitergeht. Die Lichtverhältnisse sind gut, ich kann schöne Aufnahmen machen. Ein Vertreter der Regierungspartei schreitet würdevoll umher und wünscht, zusammen mit einigen Maskentänzern fotografiert zu werden. Er versteht sich auf Publicity. Der Jaguar geht mit einem Beutel herum und sammelt unter Vollführung komischer Bewegungen Geld. Als ich ihm eine Dollarnote hineinstecke, kniet er nieder, macht eine Verbeugung und zeigt gen Himmel. „Der Jaguar betet für dich", erklärt mir die Gattin des Parteivertreters. Nun, schaden können die Gebete eines Jaguars ja nie!

Der Tanz geht ins Lustige und Groteske über. Der Affe nimmt die Dame mit, der Jäger stößt ihm dafür die Flinte in den Rücken und nimmt ihm die Dame wieder ab. Plötzlich springt der Jaguar aus dem Tanzfeld und ahmt mich nach, den Mann mit der Kamera, der bald steht, bald kniet und überall herumläuft. Die Zuschauer lachen. Etwas verstört wirken einige Weiße, die ebenfalls fotografieren. Sie kommen aus Australien und sind auf einer Weltreise.

Mehrere Einheimische fragen mich, wie mir ihre „traditionellen" Tänze gefielen? Ich bestätige, daß alles wunderschön sei, und verbeiße mir die Bemerkung, daß ich noch lieber Maya-Tänze ohne Fremdmanagement erleben würde.

Am Rand des Fußballplatzes findet die Palmweihe statt. Ein kleiner Tisch mit Palmblattbündeln wird aufgestellt, und die Patres, einer in weiß, der andere in rot, wickeln ihre Zeremonie ab. Leider kann ich nicht fotografieren, die Szene ist zu eng. Eine Prozession findet statt, vom Fußballplatz zurück zur Kirche. Einer der Patres bittet mich, ihn vom Hügel herunter zu fotografieren, und zwar genau dann, wenn er an der Spitze der Prozession die Straße hinaufkomme. Wieder habe ich Mühe, meine Kamera im Schatten zu halten. Statt meiner schwarzen Umhängetasche hätte ich eine aus Aluminium mitbringen sollen.

Die Menschenmasse, die sich in der Prozession gemessen vorwärts bewegt, ist wirklich eindrucksvoll. Ich schätze sie auf etwa 1500 Personen, vielleicht sogar mehr. 400 davon sind die Einwohner des Dorfes San Pedro Colombia.

Ich bewundere das Geschick der katholischen Kirche: Die Zeremonien der alten Kultur liefern die Kulisse für eigene Kulthandlungen und werten diese in den Augen der Beteiligten gewaltig auf. An der Stelle der ehedem einflußreichen Maya-Priester schreiten heute die Nachfolger Jesu Christi.

Pater Cayetano gibt mir einige historische Informationen. Nicht immer in den letzten sieben Jahren lief alles so gut wie heute. Mittlerweile habe sich alles eingespielt, und es komme wohl auch Geld ein. Die Vertreter der anderen christlichen Religionen konnten den katholischen Aktivitäten bisher noch nichts entgegensetzen. Jemand meint, die Amerikaner seien grundsätzlich gegen fröhliche Tänze. Sie legten, nicht immer mit Erfolg, größten Wert darauf, ihre Gläubigen von solchen fernzuhalten. Dafür bezahlten die verschiedenen amerikanischen Kirchen ihre Anhänger besser, während die Bezahlung der Katholiken armselig sein soll. Nur die unmittelbar Bediensteten bekämen Geld und zudem recht wenig. Man erklärt mir, daß die Katholiken eigentlich alles duldeten, mit Ausnahme des Rums. Bei einem katholisch organisierten Fest dürfe nicht getrunken werden. Schon lange vor dem Fest würden die Patres mit heftigen Worten Gegenpropaganda machen. Meine Gesprächspartner zeigen sich erstaunt, daß ich diese Art der Einflußnahme ausnahmsweise gut finde. Ich mag nun einmal keine Betrunkenen in der Kirche. Ich entdecke bei diesem Fest auch nur zwei Männer, die sich irgendwo am Rande des Geschehens betrunken haben. Glücklicherweise bleiben sie auch am Rande liegen. Einer von ihnen behelligt mich mit Fragen und bettelt. Ich kann ihn nicht verstehen und antworte der Einfachheit halber in der Aparai-Sprache. Die versteht er nicht, und er läßt mich in Ruhe. Spät am Abend hält ein Pater eine Besprechung mit den Tänzern aus Guatemala ab. Wahrscheinlich geht es um künftige Zusammenarbeit anläßlich von Festtagen der katholischen Kirche.

Tief in der Nacht fahren wir zurück nach San Antonio. Ich werde vor meinem Hotel abgesetzt, und dort bleibe ich auch stehen. Das Haus ist dunkel. Einer meiner Begleiter erklärt mir, der Chef des Hauses sei nicht da, wahrscheinlich werde er auch nicht kommen. Sicher habe er so viel Rum getrunken, daß er sein Auto nicht mehr steuern könne. Ich werde in ein anderes Hotel geleitet, das eigentlich geschlossen ist. Man baut nämlich gerade in Beton und hat die Zimmer des alten Holzhauses zum großen Teil ausgeräumt. Trotzdem bekomme ich noch ein Zimmer, ohne Wasser und ohne Licht. Eine Toilette ist vorhanden, unten am Hang. Die Treppe dorthin endet allerdings vorher in den Felsen, und wer nicht höllisch aufpaßt, kommt schneller unten an, als ihm lieb ist. Im Laden des Hoteliers kaufe ich eine Dose Büchsenmilch, ein Paket Salzkekse und ein Paket Streichhölzer. Ein Kerzenstummel ist im Service eingeschlossen. Erfreulicherweise ist das Bett gut, und der Wind bläst so stark, daß die Moskitos nicht aktiv werden können. Das Unternehmen Maya-Tanz ist beendet.

Ob ich wohl auch einmal richtige Indiantertänze zu

sehen bekomme? Alle Auskünfte, die ich noch zu diesem Thema einholte, waren fadenscheinig. Nie war festzustellen, ob die Tänze für zahlende Auftraggeber veranstaltet wurden, oder ob es sich um Aufführungen echter Traditionalisten handelte. Einig waren sich alle Gesprächspartner in dem Punkt, daß viele der alten Tänze einschließlich der dazugehörigen Kostüme in Vergessenheit geraten seien. Man wisse so gut wie nichts mehr darüber. Bekannt sei ein Tanz mit dem Namen Moros, eine Erinnerung an den ersten Kontakt zwischen den Maya und den Spaniern. Häufig veranstaltet werde der Cortez-Tanz. In der guatemaltekischen Provinz Peten gebe es den Affentanz, der sowohl zum Vergnügen der Maya als auch für zahlende Fremde gezeigt würde. Ein Geheimnis scheint den Geister- oder Teufelstanz Kissin zu umwittern. Die Masken seien besonders schön und würden nie einem Fremden gezeigt, es sei denn, er zahle dafür.

Die Heiligen von San Antonio

Wie folgt habe es sich zugetragen: Eine größere Gruppe von Maya-Indianern im Gebiet Guatemalas hatte genug davon, von der Regierung drangsaliert zu werden. Man wollte keine Steuern zahlen, und die jungen Männer hatten keine Lust, Soldat zu werden. Kurzerhand wanderten sie über die Grenze nach Britisch Honduras, wo sie weitgehend in Ruhe gelassen wurden. Mittelpunkt ihres neuen Siedlungsgebietes wurde der Ort San Antonio. Die Landschaft, bewaldetes Hügelland, war sehr schön, doch man hatte trotzdem kein Glück. Die neuen Pflanzungen gediehen nicht. Die Maya beratschlagten und kamen zu dem Schluß, daß ihnen der Schutz ihrer „Santos", ihrer Heiligenfiguren, fehle, die sie in der Kirche ihres alten Wohnortes San Luis in Guatemala zurückgelassen hatten.

Die Männer entschlossen sich, die Figuren zu holen und in der neuen Kirche aufzustellen. Die Aktion fand heimlich statt, bei Nacht, während ihre dortigen Volksgenossen friedlich schliefen. Das Öffnen der Kirchentür bereitete keine Schwierigkeiten, und die Eindringlinge entkamen mit ihrer wertvollen Beute unbehelligt über die Grenze nach Britisch Honduras. Man wird sich im klaren darüber gewesen sein, daß die bestohlenen Nachbarn, die nun ihrerseits den Schutz der mächtigen „Santos" verloren hatten, nicht untätig bleiben würden. Daher schrieben die Leute von San Antonio einen wohlgesetzten Brief an den Britischen Gouverneur in Belize City, machten auf die von den guatemaltekischen Maya drohende Gefahr aufmerksam und baten ergebenst um geeignete Bewaffnung. Kaum zu glauben, aber der Gouverneur gab dem Ersuchen statt und schickte eine Anzahl alter Gewehre nebst Schießpulver und Blei, um Kugeln daraus zu gießen. Wenig später war San Antonio bereit, jeden Angriff der Vettern aus Guatemala mit Waffengewalt zurückzuweisen. Es traf sich nun ungünstig, daß die Rächer gerade zu einem Zeitpunkt erschienen, als die Männer draußen in ihren Rodungen ihrer landwirtschaftlichen Arbeit nachgingen. Ohne Zögern griffen die beherzten Frauen zu den Waffen und eröffneten das Feuer. Tatsächlich konnten sie die Angreifer aufhalten, und etliche von ihnen wurden sogar gefangengenommen. Man entließ sie nicht eher in die Freiheit, bis sie feierlich gelobten, nie wieder zu erscheinen.

Die gestohlenen „Santos" erfüllten brav ihre Pflicht. Die Pflanzungen von San Antonio gediehen, und dann brannte die Kirche ab. Die Heiligen verbrannten zu Asche. Von Künstlern ließ man neue Figuren zum Ersatz anfertigen, die bis heute für fromme Beter und neugierige Touristen in der ebenfalls neuen, in Stein gebauten Kirche des Dorfes aufgestellt sind. Von den alten gibt es nur ein weniger gelungenes Foto. Darauf sieht man eine betrübt dreinschauende weibliche Figur mit langem Kleid, daneben einen schön gekleideten Mann mit keck aufgesetztem Heiligenschein, dazu drei kleine Figuren mit Talaren und Königskronen, die die Heiligen Drei Könige darstellen könnten.

Ich frage mich, wie das Ereignis um die Heiligenfiguren von San Antonio historisch zu interpretieren ist. Handelt es sich um ein letztes Aufflammen kriegerischen Geistes der Vergangenheit oder nur um eine Verzweiflungstat aus religiösen Vorstellungen heraus? Die Verteidigung der wenigen Heiligenfiguren muß ja so wichtig gewesen sein, daß selbst die Frauen spontan zu den Waffen griffen. Jedenfalls machte man nach der Klärung des Heiligenproblems keine weiteren Anstrengungen in der Frage der Selbstverteidigung und verließ sich auf die Sicherheit, die die Kolonialmacht garantierte. Nicht ganz zu Recht: Gewisse britische Kreise spielten durchaus mit dem Gedanken, die leidigen Querelen mit dem Nachbarland Guatemala durch Abtretung der Südprovinz von Belize kostensparend aus der Welt zu schaffen. Die Maya von Toledo wären wieder in den Machtbereich jener guatemaltekischen Oberschicht geraten, vor deren Urgroßeltern sie einst geflohen waren.

Ich habe immer einen kleinen Spickzettel mit den Namen der Maya-Kriegsgötter bei mir, abgeschrieben aus dem Buch des Forschers J. Eric Thompson über die Geschichte und die Religion der Maya. Bei passenden Gelegenheiten frage ich die Maya, ob sie mir zu diesen etwas erzählen können. Das ist nie der Fall. Weder Cit Chac Coh, der „Vater großer Puma", noch Ah Chuy Kah sind auch nur dem Namen nach bekannt. Eine Figur von Ah Chuy Kah wurde bei festlichen Gelegenheiten von vier Maya-Hauptleuten getragen, in einer Art Prozession. Die Itza hatten zwei Kriegsgötter mit den Namen Pakok und

Hex Chun Chan, denen sie vor Beginn eines jeden Krieges Copal-Rauch zum Opfer brachten. Möglicherweise handelte es sich bei den beiden Göttern um die Geister verstorbener Ahnen, die sich in vergangenen Kriegen einmal hervorgetan hatten. Ich würde etwas darum geben, wenn mir wenigstens ein einziger Maya etwas mehr über die Kriegsgötter alter Zeit erzählen könnte, als in den Büchern meiner Vorgänger geschrieben steht. Meine Fragenliste endet mit der Nennung des Ah Hulneb, dem Kriegsgott von Kozumel, der stets mit dem Speer in der Hand abgebildet wurde, und Pic Toc, dessen Heiligtum in Itzamal stand, und mit Kakupacat, der im Gefecht zu seinem Schutz einen Feuerschild trug. Nichts von alldem ist meinen Maya-Freunden in Erinnerung. Mein Interesse an diesen Fragen stößt auf wenig Resonanz. Niemand spricht es aus, doch es ist deutlich, daß sich die Interessen der Maya heute auf andere Bereiche der Gegenwart richten, vor allem auf die Frage ausländischer Entwicklungsgelder.

Indianer und Engländer

Mehrere meiner Maya-Gesprächspartner erzählen mir begeistert von dem englischen Beamten, von dem sie in den letzten Jahrzehnten der Kolonialherrschaft betreut wurden. Der Verbindungsbeamte scheint die Angelegenheiten der Maya beim Gouverneur zu deren vollster Zufriedenheit geregelt zu haben. Obendrein heiratete der beliebte Mann eine Maya-Indianerin, und dem Vernehmen nach blieb er auch nach der Unabhängigkeit als Farmer im Land. Die Beziehungen zwischen den Maya und ihren Kolonialherren vor der Entsendung des Verbindungsbeamten waren zwar nicht schlecht, aber auch keineswegs nur erfreulich. Spärlich waren damals die Kontakte zwischen Hauptstadt und Bewohnern des Berglandes und den Engländern in ihrer Hauptstadt an der Küste. Spätes Lob ernten die Briten von einem Maya, der mir von den Schulneubauten im Gebiet seines Volkes erzählt. Einen Teil der Kosten trägt heute die katholische Kirche, einen Teil die Regierung in Belmopan, aber auch die Eltern müssen ihren Anteil entrichten, zumindest in Form von Arbeitsleistung. Früher hätten die Briten alles bezahlt, und das sei natürlich angenehmer gewesen. Ausdrücklich gelobt werden auch die Ärzte, die von der Kolonialmacht zu den Maya geschickt wurden, und die Arzneimittel, die sie mitbrachten.

Was vorher gewesen sei? Mein Freund denkt kurz nach – und verweist mich dann auf die Bücher, in denen ich alles nachlesen könne. Er erinnere sich noch, daß die Briten für die Verteidigung von San Antonio Gewehre und Pulver geschickt hätten. Auch die Indianerabkömmlinge des nördlichen Belize, die ich später besuchte, konnten mir nicht viel über ihre eigene Geschichte erzählen. Dort wurde ich auf eine Inschrift des Denkmals von Orange Walk Town verwiesen und, von einem schon betagten Indianer, auf das Buch von Narda Dobson, in dem die Ereignisse der Vergangenheit „wirklich gut" beschrieben seien. Es blieb mir also nur übrig, verschiedene geschichtliche Arbeiten heranzuziehen, und aus diesen ergibt sich folgendes Bild: Zunächst gab es eine Zeit der kleinen Kämpfe und der gegenseitigen Überfälle. Die Baymen, von denen noch zu reden sein wird, überfielen indianische Dörfer. Mit Erfolg raubten sie Frauen, hatten aber keinen Erfolg mit ihren Versuchen, gefangene Indianer als Sklaven für sich arbeiten zu lassen. Die Indianer ihrerseits griffen immer wieder englische Stützpunkte und Arbeitskolonnen in den Wäldern an, wobei es offen bleiben muß, ob es sich dabei mehr um Vergeltungsaktionen oder um Raubüberfälle handelte. Vielleicht lag die Wahrheit in der

Mitte, und man verknüpfte das Emotionale mit dem Nützlichen.

Danach scheint es eine Zeit der Ruhe gegeben zu haben, ehe in den sechziger Jahren des 19. Jahrhunderts die „Indianerkriege" im Norden von Belize ausbrachen, wobei Indianer aus Mexiko die Engländer behelligten. Eine Rolle als historische Persönlichkeit spielte nur der Häuptling der Icaiche-Maya, Marcos Canul, der bei einem seiner Angriffe so schwer verwundet wurde, daß er bald darauf starb. In älteren historischen Schriften wird Marcos Canul als blutrünstiger Kriegshäuptling eines Volkes von primitiven Wilden geschildert. Geschichtsforscher jüngerer Zeit urteilen anders und rechnen auf, was die Weißen den Icaiche-Indianern vorher angetan hatten. Ferner erkennen sie an, daß Marcos Canul in der Zeit, als er die Stadt Orange Walk besetzt hielt, deren Einwohner in Ruhe ließ. Angegriffen wurden nur das befestigte Haus eines Waffenhändlers, der die Feinde der Icaiche beliefert hatte, und die Briten, die zuvor ein Dorf der Icaiche zerstört hatten.

Über all diese Ereignisse schreiben eifrige Akademiker immer neue Abhandlungen, wie das auch in anderen Ländern der Erde üblich ist. Ungewöhnlich ist nur das Interesse, daß die Belizener, auch einfache Leute, diesen Arbeiten entgegenbringen.

Weil ich gerade in die Betrachtung kriegerischer Handlungen abgeglitten bin, will ich noch ein Ereignis nicht unerwähnt lassen: Anfang 1867 kam der Gouverneur von Jamaica persönlich in die Kolonie, um die Ordnung im Land wiederherzustellen. Er brachte Hilfstruppen mit und einen größeren Bestand an Ausrüstung, unter anderem ein „Raketenrohr", mit dem Brandmunition verschossen werden konnte. Die neue Waffe wurde erstmals am 9. Februar 1867 bei einem Agriff auf das Dorf San Pedro eingesetzt. Es war das erste Mal in der Geschichte, daß auf dem amerikanischen Kontinent mit Raketen geschossen wurde. Nach der Zeit der „großen" Kriege kam dann eine Zeit der Ruhe, die schließlich in die letzte Periode der britischen Kolonialherrschaft überging, in die Zeit des Wohlwollens, und daran erinnern sich die mittlerweile zu Staatsbürgern der jungen Nation Belize gewordenen Indianer, wie wir gesehen haben, mit Wehmut, besonders dann, wenn man von ihnen Leistungen verlangt, die früher vom Kolonialherrn erbracht wurden.

Altes und Neues im Leben der Maya

Nach dem Verfall der Maya-Staaten hatten die Geknechteten Gelegenheit, für sich selbst zu arbeiten. Das System ihrer Landwirtschaft heißt in der eigenen Sprache „Kol", in Büchern wird es meist als „Milpa" bezeichnet. Gemeint ist die schon beschriebene Art der Rodung und anschließenden Nutzung des Bodens mit ihren verheerenden Auswirkungen auf die Umwelt, wie sie heute immer noch praktiziert wird. In der Nähe ihrer Wohnungen legen die Maya auch kleinere Rodungen an. Hier pflanzen sie Fruchtbäume, die, so lange es geht, erhalten werden. Das Anlegen neuer Rodungen geschieht fast immer in Nachbarschaftshilfe, nach vorher getroffenen Abmachungen. Der Herr der Rodung gibt zu Beginn der Arbeit ein nächtliches Fest mit Musik, vielen Getränken und gutem Essen.

Noch in jüngerer Vergangenheit gehörte es zum guten Ton, seine eigenen Pflanzungen zu besitzen. Die ersten Abweichler waren diejenigen, die herausgefunden hatten, daß sie als Holzfäller in fremden Diensten schnell gutes Geld verdienen konnten. Mit diesem Geld konnten sie leicht das Futter, vor allem Mais, für ihre Tiere von den

Nachbarn kaufen. Anfänglich billigte man die Lebensweise der Abweichler nicht, dann aber setzten sie sich durch, denn sie waren schon bald verhältnismäßig wohlhabend, und immer mehr junge Leute folgten ihrem Beispiel. Aus dem Kreis dieser Maya kamen auch die ersten Maya-Händler, die ihre Geschäfte in ihren eigenen Dörfern aufbauten und an Einfluß gewannen. Auch diese Volksgenossen schätzte man nicht, gewöhnte sich aber an sie. Manchmal erwies es sich ja als nützlich, bestimmte Waren nicht im weiter entfernten Punta Gorda einkaufen zu müssen, sondern im Dorf erwerben zu können, zum Beispiel Getränke wie Coca-Cola, Fanta und natürlich Rum.

Ihren Mitmenschen an Gerissenheit überlegen, war es auch nicht weiter verwunderlich, daß die meisten Händler sich in der Politik engagierten, und zwar auf der Seite, von der sie die meisten Vorteile erhofften. Auch das wurde von vielen nicht gern gesehen, aber was hätte man dagegen unternehmen können?

Schon der Maya-Traditionalist hatte mir von den Plänen der Regierung erzählt, die Versorgungsweise gänzlich zu ändern. Neben der gefürchteten Mehrarbeit sehen die Maya eine weitere Gefahr: Wenn einzelne Maya ihren neuen Grundbesitz verkauften, dann hätte man bald überall im eigenen Gebiet mit Fremden zu rechnen, mit Mennoniten, Amerikanern, wer weiß mit wem sonst noch. Auf diese Weise würde die „Integration" der Maya, die ja von manchen Leuten in Belmopan gewünscht wird, ganz von selbst passieren.

Offenbar leben die Maya noch in einer relativ geschlossenen Gesellschaft. Sie fühlen sich in fremder Umgebung nicht wohl. Wenige verschmelzen mit Mitgliedern anderer Bevölkerungsgruppen, nur einzelne gehen ins Ausland. Gleich zweimal wird mir die Geschichte vom Maya-Jungen in Kanada erzählt: Eine von dort stammende Indianerin hatte ihn bei einer Reise nach Belize aufgelesen und liebgewonnen. Sie nahm in kurzerhand mit. Doch je länger er in Kanada lebte, desto trauriger wurde der Junge. Er saß herum und tat nur, was die der Erzählung nach sehr dynamische Squaw im auftrug. Niemand hörte je wieder von ihm.

Eine Dienststelle der Vereinten Nationen, die etwas für die Entwicklung des Landes tun will, entdeckte auf der Suche nach entsprechenden Möglichkeiten den Marktwert des Maya-Kunstgewerbes, genauer gesagt, den der Stickereiarbeiten, wie sie die Frauen der Maya zum Schmuck ihrer Kleider anfertigen. Gemeint sind die unterschiedlich breiten Bänder mit meist schwarz oder tiefblau, seltener mehrfarbig gestickten Mustern. Mit diesen soll nun Geld, vornehmlich US-Dollars, zur Hebung des Lebensstandards verdient werden. Bald kam man darauf, daß auch die Maya-Kleider als solche, die weißen Blusen und die bunten Röcke, für reiche Ausländerinnen aus der Ersten Welt attraktiv sein könnten. Die Export-Röcke mußten allerdings unter UN-Anleitung etwas kürzer gemacht werden, weil man in den fremden Ländern mit harter Währung andere Modevorstellungen hat als in den Bergen Mittelamerikas. Das Projekt kam ins Rollen. Als Managerin fungierte Miss Evarista Cho, eine damals noch ausnahmsweise unverheiratete Maya-Dame aus San Antonio, die mit Hilfe der Unicef-Vertreterin in Belize City eine Produktions- und Verkaufsorganisation aufbaute.

Die Maya-Frauen sticken und nähen fleißig. Jedem fertigen Kleid wird ein gedrucktes Gütezeugnis beigegeben. Darauf ist zu lesen, daß es sich um ein garantiert traditionelles Maya-Kostüm handelt, und der Name der Herstellerin wird jeweils handschriftlich in die Begleiturkunde eingetragen.

Auch an die Maya-Töpferei erinnerte man sich. Umfragen ergaben, daß nur noch einzelne Maya-Frauen in der Lage waren, die Keramiken anzufertigen. Die ersten Muster, die zustandekamen, entsprachen hinsichtlich ihrer Form und Güte allerdings eher den Tontöpfen südamerikanischer Waldmenschen unterster Kulturstufe als denen der alten Maya Mittelamerikas. Nichtsdestoweniger versprach man sich etwas von dem Geschäft, und immer noch versucht man, es auszubauen.

Mir erscheint es fraglich, ob Verkauf und Export dieser „neuen Maya-Keramik" in größerem Umfang möglich sein wird. Potentielle Käufer sind eigentlich nur Museen, die einige Exemplare als Zeugnisse des Verfalls einer alten Kultur benötigen.

Wenn das Geschäft nicht so gut floriert, wie die Promotoren gehofft hatten, liegt das auch an der Konkurrenz aus Guatemala. Die dortigen Indianerfrauen verstehen sich nämlich noch heute darauf, prächtige Stoffe mit bunten Mustern herzustellen, die denen der alten Maya nicht nachstehen und darüber hinaus preiswerter sind. Würde in Guatemala eine ähnliche Organisation entstehen wie in Belize, wäre diese Konkurrenz nicht mehr einzuholen. Schon heute fahren Touristen aus Belize kurzfristig über die Grenze, um in Guatemala einzukaufen. Ob moderne Mayakostüme in den reichen Ländern der Erde so modern werden, daß eine Massenanfertigung durch fremde Industrienationen lukrativ werden könnte? Ich halte diese Gefahr für die landeseigenen Produktionsstätten für sehr unwahrscheinlich.

Eine andere Gefährdung des Gemeinschaftslebens der Maya sieht man darin, daß die Frauen neue Erwerbsmöglichkeiten entdeckt haben. Sie verfügen über eigenes Geld, es schwindet ihre traditionelle Abhängigkeit von den Männern, die Familienoberhäupter verlieren ihre überragende Stellung als Gebieter. Unmittelbare Nutznießer einer solchen Entwicklung werden die Soziologen sein, die sicher scharenweise anreisen werden, um wissenschaftliche Abhandlungen über den „Einfluß von Entwicklungshilfemaßnahmen auf Familien- und Dorfleben der Maya-Indianer im Süden von Belize, vormals Britisch Honduras" zu verfassen.

Geschichte und Identität der Garifuna

Da ich fast drei Jahrzehnte meines Lebens unter „gelben Kariben" Südamerikas verbracht habe, bin ich natürlich besonders interessiert, die „schwarzen Kariben", die Garifuna oder Garinagu von Belize, kennenzulernen, die vor allem in Dangriga-Town und dem Dorf Hopkins anzutreffen sind. Einschlägiger Literatur zufolge sollen sie als Nachkommen von Inselkariben und entflohenen Negersklaven bis in unsere Zeit die Kultur ihrer indianischen Vorfahren bewahrt haben. In einigen Veröffentlichungen werden die Garifuna sogar als „Amerindians", als Ureinwohner Amerikas, bezeichnet.

Zunächst einmal bin ich bei der Ankunft in Dangriga-Town überrascht: Die Menschen weisen samt und sonders rein afrikanische Rassemerkmale auf. Manche haben eine bedeutend schwärzere Hautfarbe als die Boni und die Juka in den Wäldern Guayanas.

Meine Hoffnung, bei den Belizener Garifuna Wahrer mündlich überlieferten, alten Wissens anzutreffen, erfüllt sich leider nicht. Die Erinnerung geht, wie mir erklärt wird, nur noch bis in die Zeit der Ankunft der Vorfahren auf dem mittelamerikanischen Festland, das heißt bis zum Beginn des 19. Jahrhunderts, und was heute darüber erzählt werde, sei längst mit Bücherwissen vermischt. Fremde Medien sind also die maßgeblichen Träger einer Wiederbelebung des Geschichtsbewußtseins und damit der nationalen Identität der Garifuna. Von ihnen selbst wird diese Tatsache vorbehaltlos anerkannt, gelegentlich sogar mit einem Anflug von Dankbarkeit gegenüber fremden Forschern, wie man es sicher nicht oft bei Völkern der Dritten Welt beobachten kann.

Außer der beliebten Darstellung des Forschers Douglas Taylor gibt es eine Geschichte der Garifuna, die von einem Angehörigen des Volkes selbst geschrieben wurde, in der eigenen Sprache und in Englisch. Verfasser ist der junge Oberlehrer des Dorfes Hopkins, das etwas südlich von Dangriga liegt. Mr. Fabian Cayetano, ein Bruder des schon genannten Paters Cayetano, liest mir freundlicherweise selbst seine Texte aus dem handschriftlichen Manuskript vor und gibt dabei auch die historischen Werke an, die er benutzt hat.

Auffällig ist das Interesse, das selbst einfache Leute an der Vergangenheit ihres Volkes, den Kriegen und Wanderungen ihrer indianischen Vorfahren, zeigen. Sie sind geradezu begeistert, wenn ich ihnen Fotos von jenen „gelben Kariben" des Südkontinents zeige, mit denen ich lebte und bei denen meine kleine Tochter aufgewachsen ist. Dutzende von Fragen muß ich beantworten. Staunend stelle ich fest, daß sich die Garifuna selbst nicht als Mischvolk betrachten, sondern als „schwarze Kariben", die sich von den gelben nur durch die Hautfarbe unterscheiden. Die Sprachunterschiede seien erst in jüngerer Zeit entstanden. Ehemals hätten alle Kariben, so meint man, die gleiche Sprache gesprochen. Wir suchen gemeinsam nach noch vorhandenen Ähnlichkeiten, und jedesmal, wenn wir ein Wort finden, gibt es lauten Jubel.

Mein geschichtliches Wissen hört ungefähr da auf, wo das meiner Gesprächspartner anfängt. Von den alten Erzählern der Aparai-Wayana weiß ich, daß die Vorfahren aus einem Land südlich des Amazonas nach Norden gekommen waren, daß sie sich dort mit anderen Volksgruppen vermischt hatten, um schließlich weiter zu wandern, hinein nach Guayana. Die Geschichte der Garifuna setzt ein, als die Kariben von der südamerikanischen Küste hinüberfuhren auf die Inseln, wo sie zunächst mit den Ureinwohnern und später mit den europäischen Seefahrern, den Spaniern, Franzosen und den Engländern Krieg führten.

Irgendwoher holt jemand ein Heft der National Studies, jener Zeitschrift, die von Jesuiten in Belize City herausgegeben wird. Nicht nur ausländische Forscher, sondern auch Einheimische entnehmen daraus das Wissen, das ihnen die mündliche Überlieferung vorenthalten hat. Eine ganze Seite über „Bedeutende Daten über den Ursprung der Kariben" steht zu meiner Information zur Verfügung.

Im Jahre 1625 hatten die Kämpfe zwischen den Inselbewohnern und den ersten Europäern begonnen. Zehn Jahre später, 1635, fand das historische Ereignis statt, das man als die Geburtsstunde des Volkes der Garifuna bezeichnen darf: Zwei spanische Lastschiffe voller schwarzer Sklaven erlitten vor der Insel St. Vincent Schiffbruch. Die Sklaven konnten sich befreien und flüchteten an Land, wo sie bei den Kariben Zuflucht fanden.

Bald schon sah man auf der Insel die ersten schwarz-roten Mischlingsbabies, zuerst wenige, dann immer mehr, und es entstand ein Volk von „schwarzen Kariben", die gemäß den Büchern und auch nach Angaben ihrer Nachkommen die Kultur der indianischen Vorfahren übernahmen.

Ich mache mir Gedanken über die Ereignisse auf St. Vincent. Alle „gelben Kariben", die ich in Südamerika kennenlernte, konnten Schwarze nicht leiden. Besonders die Frauen fanden sie häßlich und abstoßend. Zumindest die Wayana am Alitani, ehedem ein recht kriegerisches Volk, waren den benachbarten, als unabhängiger Stamm lebenden Schwarzen psychisch so sehr unterlegen, daß sie in ihre Abhängigkeit gerieten. Wie kam es also dazu, daß die Inselkariben gleich zwei Schiffsladungen von Schwarzen integrierten? Empfanden sie anders als ihre auf dem Festland lebenden Vettern oder waren sie den afrikanischen Ankömmlingen ebenfalls unterlegen, so daß sie an keine Abwehr dachten? Eine Frage, die wahrscheinlich nie zu klären sein wird.

Das Ereignis von St. Vincent spielt in der Geschichtsauffassung der heutigen belizenischen Garifuna eine völlig untergeordnete Rolle. Ich frage, ob es noch bekannt sei, aus welchem Teil Afrikas die schwarzen Vorfahren gekommen seien, und denke dabei an die gerade erhobene Forderung der kreolischen Bevölkerung, afrikanische Geschichte im Schulunterricht zu lehren. Meine Garifuna-Partner wissen nichts darüber und messen der Frage kaum Bedeutung bei. Ihrem Volk seien ja nur ein paar afrikanische Sklaven beigemischt worden.

Wenigstens kurz will ich die weitere Geschichte der Garifuna erläutern. Ich entnehme mein Wissen einem ganzen Bündel von „Quellenmaterial", das mir meine Gastgeber geliehen haben, und ich nutze zur Niederschrift die zweitägige Ruhepause, die ich in Hopkins wegen einer Beinverletzung, die noch nicht ganz ausgeheilt ist, einlegen muß.

Wie schon gesagt lieferten die Inselkariben den ankommenden Europäern heftige Gefechte. Es mag durchaus zutreffen, daß gelegentlich Christenmenschen in Stücke zerteilt, sorgfältig gebraten und geräuchert und von den „Wilden" verspeist wurden. Zeitweise waren die Beziehungen zwischen Europäern und Einheimischen besser, weil sich letztere durch Versprechungen und wohl auch durch Geschenke einwickeln ließen.

1660 versprachen die Franzosen und Engländer den Kariben die Inseln Dominica und St. Vincent für immer, aber schon acht Jahre später gelang es den Engländern, auch dort die Oberherrschaft zu gewinnen. Auch die innere Entwicklung nahm einen keineswegs erfreulichen Verlauf: Um das Jahr 1700 waren die Schwarzen und ihre Mischlinge auf der Insel St. Vincent so stark geworden, daß sie die unvermischten „gelben Kariben" zu Landabtretungen zwingen konnten. Über Jahrzehnte hinweg gingen in blutigem Hin und Her die Auseinandersetzungen zwischen Indianern, Mischlingen, Engländern und Franzosen weiter. Die schwarz-roten Mischlinge wurden immer zahlreicher, die gelben Kariben immer weniger. Die „Black Caribs" waren die Stärkeren, und unter ihrem Führer Joseph Chatoyer lieferten sie den Briten über geraume Zeit hinweg Gefechte, ehe sie endlich unterlagen. Kaum hatten die Engländer auf St. Vincent die Oberhand gewonnen, wünschten sie nichts sehnlicher, als die schwarze Gefahr für immer zu bannen. Kurzerhand organisierten sie eine Zwangsaussiedlung. Männer, Frauen und Kinder wurden auf Schiffe verfrachtet und auf der Insel Roatan vor der Küste von Honduras ausgesetzt.

Es gelang den Kariben, mit den Festland-Spaniern gute Beziehungen anzuknüpfen. Immer mehr Menschen setzten auf das Festland über und siedelten an der Küste von Honduras, wo ihre Nachkommen heute noch leben. Ein großer Fehler war es, sich später in die politischen Wirren ihres Gastlandes einzumischen, nämlich zugunsten der letztlich unterliegenden Partei. Viele von ihnen mußten eilends fliehen. Über See rückten sie nach Norden aus, auf die britische Kolonie zu. Der Anführer der Flüchtlinge, der heute als eine Art Nationalheld gefeiert wird, hieß Aleyo Beni. Der Tag der Landung wird in Belize jedes Jahr gefeiert, am 19. November. Das Komitee zur Vorbereitung der Festlichkeiten, das schon seit geraumer Zeit besteht, gab sich Anfang 1983 als „Garifuna-Kulturbund" einen festen Status.

Bleibt zu erwähnen, daß die Garifuna aus ihren „politischen Erfahrungen" keine Lehre zogen. In jüngerer Vergangenheit ließen sich Garifuna in politische Querelen Guatemalas hineinziehen, und wieder waren sie schließlich auf der Seite der Verlierer. Die Männer, die gefangengenommen wurden, mußten ihre eigenen Gräber schaufeln, ehe sie ermordet wurden. Frauen und Kinder flohen in überfüllten Booten auf britisches Gebiet, wo sie freundlich aufgenommen wurden.

Garifuna und Engländer

Was ich von den von mir befragten Garifuna selbst über ihr Verhältnis zur ehemaligen Kolonialmacht und zu deren Vertretern im Land erfahre, steht in auffallendem Gegensatz zu dem, was ich in gedruckten Quellen darüber gefunden hatte. Mir erzählen meine Gesprächspartner, sie seien im allgemeinen mit den Briten recht zufrieden gewesen. Sie hätten für Ordnung gesorgt und gute Ärzte ins Land gebracht. Von Schikanen weißer Kolonialfunktionäre sei nichts bekannt.

Die knappen Stellungnahmen zur Rolle der noch im Land weilenden britischen Streitkräfte sind nüchtern und durchaus zutreffend. Ohne diese Soldaten und ihre Flugzeuge hätte man die Guatemalteken längst im Land, und niemand läßt einen Zweifel darüber aufkommen, daß die Gefahr auch heute noch eine furchtbare ist.

Ich hatte gelesen, daß die Briten der Ankunft der Garifuna zu Beginn des 19. Jahrhunderts mit gemischten Gefühlen entgegensahen. Zwar kamen mit ihnen zusätzliche Arbeitskräfte, die man zum eigenen Nutzen einsetzen konnte, doch eine so starke, in sich geschlossene Bevölkerungsgruppe konnte auch Probleme mit sich bringen. Daher starteten die Briten bei ihren eigenen Schwarzen eine Schreckenspropaganda, in der sie die Garifuna als Teufelsdiener, Babyfresser und Zauberer bezeichneten. Auf diese Weise, so behaupten die von mir herangezogenen Historiker in ihren Werken, säten die Kolonialherren jene Zwietracht, deren Nachwirkungen man noch heute zwischen Garifuna und Kreolen spürt. Möglich, daß fremde Agitation bei der Entwicklung des Verhältnisses der beiden Bevölkerungsgruppen zueinander eine Rolle gespielt hat. Ob die Dinge ohne Einmischung Dritter wesentlich anders verlaufen wären, wage ich zu bezweifeln.

Die jüngsten Bestrebungen, alle Bevölkerungsgruppen des Landes zu einem einzigen Volk von Belizenern zu vereinigen, lehnten alle Garifuna, die ich dazu befragte, mit Entrüstung ab. Sie legen auf die Erhaltung ihrer Identität und Selbständigkeit größten Wert und bestehen auch auf ihrer eigenen Sprache im Schulunterricht.

Ein paarmal lese ich, schon die Engländer hätten versucht, die Garifuna in eine Einheitsbevölkerung ihrer Kolonie zu „integrieren". Selbst haben die Garifuna davon offenbar nichts gespürt. Die Briten legten Wert darauf, daß ihre Sprache allen Bewohnern von Britisch Honduras geläufig war, und damit hatte es sich.

Gab es Engländer, die besondere Freunde der Garifuna waren? Meine Frage wird zunächst nicht verstanden. Nein, eigentlich nicht. Die Antwort kommt zögernd. Es fällt eine Bemerkung, die zwar nicht ganz zu meiner Frage paßt, aber dennoch interessant ist: Die weißen Mädchen, die sich für junge Garifuna-Männer interessieren, seien keine Engländerinnen, sie stammten aus anderen Nationen.

Jedenfalls steht fest: Nirgendwo anders, nicht in Honduras und schon gar nicht in Guatemala, hätten es die Garifuna jemals besser gehabt als bei den Briten. Nur am Anfang, damals auf St. Vincent, hatte es Krach gegeben.

Alte Kunst – neu für den Export

Auf der Suche nach Zeugnissen der materiellen Kultur der Garifuna lande ich vor dem langgestreckten Gebäude der Kunstgenossenschaft in Dangriga. Sie ist vor einigen Jahren gegründet worden, funktioniert aber immer noch nicht. Ich treffe auf den Manager, und von ihm erfahre ich Näheres.

Die Genossenschaft hat sich zur Aufgabe gemacht, das traditionelle Kunstgewerbe der Garifuna wiederzubeleben und die mit modernen technischen Hilfsmitteln in großer Stückzahl herzustellenden Erzeugnisse zu vermarkten. Als Abnehmer werden Touristen, in zweiter Linie der ausländische Kunstgewerbehandel ins Auge gefaßt. Das große Geschäft läuft unterdessen nicht an, weil nur vereinzelt Maschinen zur Verfügung stehen. Die Mitglieder der Genossenschaft, die in der Werkstatt arbeiten sollen, zeigen offensichtlich keine nennenswerte Initiative. Es fehle ihnen außerdem, wie ich höre, an Anleitung. Wieder einmal bin ich überrascht: Wozu brauchen sie Anleitung, wenn sie Erzeugnisse ihrer eigenen materiellen Kultur herstellen sollen? Es stellt sich heraus, daß der Manager selbst noch keine Vorstellung davon hat, welche Dinge man zum Verkauf in größeren Stückzahlen herstellen könnte. Geschäfte in bescheidenem Umfang haben bisher nur die Holzschnitzer gemacht, mit Figuren aus Edelhölzern, die von Touristen und Seeleuten gern gekauft werden. Meist sind es Nachbildungen von Haien oder auch schön polierten Segelbooten verschiedener Größe. Eine originelle Schöpfung entdeckte ich später in einer Eisdiele in Belize City: drei holzgeschnitzte Harrier-Flugzeuge.

Die Preise, die der Manager für die Garifuna-Kunstwerke ansetzt, scheinen mir untragbar im Hinblick auf einen Export in größeren Mengen. Ich werde darauf aufmerksam gemacht, daß man das Holz teuer bezahlen müsse. Mein Vorschlag, sich selbst welches aus dem Urwald zu holen, löst Verwunderung aus. Bäume fällen gehört natürlich nicht zum Berufsbild des Künstlers!

Der Spazierstock des Managers erinnert mich in der Form an die Stabkeule, wie sie bei einigen Stämmen der „gelben Kariben" im westlichen Amazonien benutzt wird. Ja, auch solche Stöcke wolle man in der Werkstatt der Genossenschaft herstellen, zum Preis von zwanzig Belize-Dollars. Ich bin sprachlos.

Als besonders kostbares Kunsterzeugnis stellt mir der Manager eine kleine Figur vor, etwa zwanzig Zentimeter hoch und aus dunklem Holz gefertigt. An der Form kann man erkennen, daß sie vornehmlich mit einer Raspel und nur am Kopfteil mit einem Schnitzmesser gearbeitet ist. Die Figur stellt einen „Chief" dar. Nähere Erklärungen zur Bedeutung der Figur bleiben aus, ihr Wert wird mit 200 Belize-Dollars veranschlagt. Solche Figuren würden von Fremden und Bediensteten der großen Banken gern gekauft, sagt mein Manager. Ich kann es nicht ganz glauben.

Mein Vorschlag, Stechpaddel nach Art der alten Kariben für den Export oder auch vielleicht für den eigenen Gebrauch herzustellen, findet Beachtung, nur liegen unsere Preisvorstellungen wieder einmal weit auseinander. Die Summe von acht Dollars, die ich auf dem Markt von Belize City für ein recht gut geschnitztes Paddel bezahlt habe, erscheint meinem Gesprächspartner zu niedrig, selbst – oder gerade – bei maschineller Herstellung. Erst einmal müßten doch die teuren Bretter beschafft werden!

Sonstige Holzerzeugnisse? Nein, die gebe es nicht mehr. Keine geschnitzten Sitzbänkchen, keine einfachen Sitzbänkchen, höchstens noch hölzerne Mörser. Zu meiner Freude höre ich, daß diese genauso hergestellt werden wie bei den „gelben Kariben" auf dem südamerikanischen

Kontinent. Mit Axt und Haumesser fertigt man den Holzkörper aus einem Abschnitt Baumstamm an, und dann wird der Hohlraum mit glühender Holzkohle hineingebrannt. Besondere Verzierungen oder Bemalungen tragen die Mörser der Garifuna nicht, jedenfalls heute nicht mehr. Ob es früher einmal schönere gab, ist nicht bekannt.

Ich erzähle dem Manager, daß die Aparai-Indianer gelegentlich schöne Mörser für reiche amerikanische Besucher angefertigt hätten. Meine Bemerkung stößt auf wenig Gegenliebe, denn die Herstellung von Mörsern macht sehr viel Arbeit.

Mehr Anklang findet mein Vorschlag, Flachkeulen nach Art der „gelben Kariben" herzustellen. Mit Säge, Hobel, Raspel und ein wenig Nachhilfe mit dem Schnitzmesser könnten die notwendigen Arbeitsgänge rasch und billig abgewickelt werden. Da an der Küste überall Feuersteine herumliegen, wäre es ein Leichtes, die Schlagkanten dieser Keulen auch mit „Zähnen" zu versehen. Ja, auch das würde Mehrarbeit bedeuten, die sich aber vielleicht lohne.

Ich besuche in Dangriga einen Künstler, dessen Flechtwerkarbeiten mir mit lebhaften Worten angepriesen worden waren. Meine Hoffnung auf reizvolle Muster mit mythischer Bedeutung erfüllt sich bedauerlicherweise nicht. Der Mann stellt Körbe und Tragetaschen her, die in Belize für den Alltagsgebrauch gekauft werden, für die sich aber ein europäischer oder amerikanischer Kunde kaum je begeistern dürfte. Wenn die Preise des Künstlers nicht so hoch gewesen wären, hätte ich einige seiner Werke als Musterbeispiele für den Verfall einer alten Kunst erworben.

Der Flechtwerkmeister stellt übrigens auch, nach altem afrikanischem Muster, Trommeln her. Sie sind aus zylindrischen Baumstammabschnitten gefertigt. Das Trommelfell ist aus Hirschhaut und mit Hilfe von blauen und roten Kunststoffkordeln gespannt. Der Preis der Trommel liegt etwa vierzig Prozent höher als der eines entsprechenden, industriell gefertigten Erzeugnisses in einem bundesdeutschen Musikalien-Geschäft.

In der kühlen Halle des chinesischen Restaurants „Silver Garden", das in Dangriga mein Stammlokal werden sollte, schreibe ich den ersten Bericht zur materiellen Kultur der Garifuna in Belize gleich nieder. Interessant, aber traurig. Ob es gelingen könnte, die alten Künste neu zu beleben? Die Garifuna müßten mehr Eigeninitiative entwickeln, den Traum vom Riesengewinn aufgeben und sich dazu bequemen, Bäume zu fällen. Kunstgewerbliche Entwicklungshilfe? Wünschenswert und möglich, wenn es die Garifuna selbst wollen, wenn sie bereit sind, mitzumachen.

Das Dorf Hopkins hält dann doch noch eine echte Überraschung für mich bereit: Die dortigen Garifuna verstehen sich immer noch auf die Herstellung von Reiben unter Verwendung von Steinsplittern. Es gibt Spezialistinnen, die sie zum Verkauf an ihre Landsleute oder an die immer zahlreicher erscheinenden Anthropologen herstellen. Reiben für den praktischen Gebrauch werden mit Feuersteinsplittern versehen, die für den Exportmarkt mit den leichter herzustellenden Splittern aus Quarz.

Kurz will ich noch auf die Vorgeschichte meiner Forschungen eingehen: Während meiner Aufenthalte im Urwaldgebiet des nördlichen Amazonien erfuhr ich sowohl von den Aparai-Wayana als auch von den Tülijo-Nachbarn, daß ihre Vorfahren zur Verarbeitung von Manjok und auch für die Verarbeitung anderer Nahrungsmittel wie zum Beispiel Kastanien (= Para-Nüsse) Reiben mit eingesetzten steinernen Zähnen benutzt hätten. Diese waren aber bereits seit einigen Generationen nicht mehr in Gebrauch. Man verwendete inzwischen Reiben aus Blech, deren „Zähne" durch Löcher entstehen, die mit einem Nagel von der Gegenseite eingeschlagen werden. Es kostete mich einige Mühe und drei anstrengende Reisen, ehe ich wenigstens einige Muster der alten Steinreiben für meine private Sammlung erwerben konnte. Ein kleines Exemplar erhielt ich von den Tülijo, ein wunderschönes großes durch Zwischenhändler vom entfernt in den Bergen lebenden Stamm der Scharuma, und bei den Hirschkarjana am Fluß Nhamunda konnte ich schließlich sehen, wie das Gerät von einer Frau hergestellt wurde – im wesentlichen genau so, wie ich es jetzt bei den schwarzen Kariben, den Garifuna, wieder erlebe.

Die Lady, die in Hopkins Steinreiben produziert – es soll nicht die einzige Spezialistin sein –, wohnt am Südende des Dorfes. Sie ist Hebamme und steht in dem Ruf, eine gefährliche Hexe zu sein. Manchmal veranstaltet sie Tanzfeste, und dem Vernehmen nach hat sie eine Menge Kunden, die ihre Kenntnisse im Fach der Zauberei zur Heilung von Krankheiten, vielleicht auch für andere Zwecke, in Anspruch nehmen. Ich trage daher bei meinem offiziellen Besuch, den ich vorher angemeldet habe, die Zauberkette der Aparai, um mich sozusagen als Kollege auszuweisen.

Tatsächlich haben wir sofort einen guten Kontakt. Sie bietet mir eine Hängematte an, und ich darf zuschauen, wie eine Reibe entsteht.

Die erforderlichen Holzbretter, in die die Steinsplitter eingesetzt werden, lassen die Künstlerinnen heute von Schreinern herstellen. Manchmal veranlassen die Kunden dies selbst, wodurch der Geschäftsgang vereinfacht wird. Meine Freundin verarbeitet gerade Quarzbrocken nach einem besonderen Verfahren zu „Zähnen": Sie wickelt den Quarzbrocken in ein altes Tuch und legt ihn in einen steinernen Mörser. Dann schlägt sie mit einem Hammer zu, so lange, bis der Brocken ganz zerkleinert ist. Das mittlerweile zerfetzte Tuch verhindert, daß Steinsplitter wegfliegen, womöglich ins eigene Auge. Der Inhalt des Steinmörsers wird auf ein Sieb geschüttet, und der feine Quarzstaub fällt durch. Die groben Splitter bleiben übrig, und man kann die geeigneten heraussuchen.

Das Einsetzen der „Zähne" geht rasch. Zuerst werden in gemessenem Abstand voneinander Löcher in die Oberfläche des Bretts gehauen, mit einem Stahlnagel und einem Hammer als Werkzeug. In jedes Loch wird mit einem leichten Hammerschlag ein Steinsplitter so tief hineingetrieben, daß er fest sitzt. Es fällt mir auf, daß manche Quarzzähne dabei absplittern, was nicht wünschenswert sein kann. Ich frage die Künstlerin, warum sie statt des brüchigen Quarzes nicht den härteren Feuerstein verwende. Sie antwortet, daß der amerikanische Kunde ausdrücklich den schönen weißen Quarz bestellt habe. Ich merke, daß die Sache einen Haken hat und erwähne ganz beiläufig, daß ich persönlich nur an Reiben mit Feuersteinzähnen interessiert sei. Deren Herstellung würde zwar mehr Zeit und Sorgfalt in Anspruch nehmen, dafür hielten sie aber länger, bedeutend länger sogar, wie mir die Leute im oberen Dorf erzählten. Dort gibt es Reiben, die schon seit drei Generationen in Gebrauch sind und wahrscheinlich noch eine vierte überleben werden.

Aus Gründen, die mir nicht erklärt werden, repariert man abgenutzte Reiben so lange, wie es die Beschaffenheit des Holzes zuläßt. Erst wenn das Holz allzu sehr zerfasert ist, wird die Rückseite der Reibe mit neuen Zähnen versehen und kann noch einmal jahrzehntelang zur Verarbeitung von Manjokknollen benutzt werden.

Obwohl die Preise der Lady unverschämt hoch sind, erstehe ich eine kleine und eine große Reibe als Sammlungsstücke, um sie mit denen zu vergleichen, die ich von den Indianern Südamerikas gekauft hatte.

Die übrigen Gerätschaften zur Aufbereitung von Manjok lerne ich auf einem Platz der Frauen mitten im Dorf Hopkins kennen. Die Arbeitsstätte liegt unter Bäumen und ist zur See hin durch einen Halbkreis einfacher Windschirme aus Palmwedeln und Wellblechplatten geschützt. Hier arbeiten immer mehrere Frauen zusammen. Die Manjokknollen werden zu Brei gerieben, der dann nach uraltem Verfahren im Preßschlauch von seinem giftigen Saft befreit und zu festen Zylindern geformt wird. Der Preßschlauch ist übrigens eine geniale Erfindung der Ur-Kariben. Erst durch ihn wurde es möglich, die giftige Knolle zu einem wertvollen Nahrungsmittel zu verarbeiten. Von all dem und von den betreffenden Urerzählungen ihrer „gelben" Vettern im Dschungel Brasiliens wissen die Garifuna nichts mehr – oder wenn man so will: noch nichts.

Ich komme gerade dazu, wie eine ganze Staffel von Frauen Manjokfladen herstellt. Sie haben die gepreßten Zylinder bereits in Sieben zerkleinert und backen daraus jetzt die gleichen runden Fladen, wie es die „gelben Kariben" Südamerikas tun. Die Röstplatten stehen auf einem Ring von Steinen und sind nicht mehr aus Ton, sondern aus Eisenblech. Zum Umwenden nimmt die jeweils beflissenste Lady einen Holzspatel, den manche Stämme der Südamerika-Kariben heute schon nicht mehr kennen.

Ich setze mich, weil die Damen über meinen Besuch und über mein Interesse offensichtlich erfreut sind, auf einen freien Stuhl, und bald kommt eine angeregte Unterhaltung in Gang. Wir tauschen die Namen der einzelnen Gegenstände, die von den Frauen benutzt werden, in Garifuna- und Aparai-Sprache aus. Leider gibt es keine Übereinstimmungen mehr, obwohl das Verfahren selbst völlig gleich ist. Der einzige Unterschied: Die Flade wird auf der Röstplatte, ehe sie erhärtet, mit einer Kante des Wendespatels in rechteckige Flächen unterteilt. „Sollbruchrillen" nennt man die entstehenden Furchen fachtechnisch. Mit schönen Worten lobe ich die Steinreiben, deren Herstellung meine Kariben vom Südkontinent längst verlernt haben.

Auf die anderen Gerätschaften gehe ich nicht ein, denn sie legen hinsichtlich ihrer Fertigungsqualität kein gutes Zeugnis ab.

Ich gestatte mir allerdings die Bemerkung, daß bei den Aparai-Wayana alle Männer Preßschläuche flechten können, und zwar hervorragend. Wer diese Kunst nicht beherrsche, könne nicht heiraten. Großes Gelächter, und einige der Damen lassen erkennen, daß sie an den netten gelben Männern aus dem Urwald nicht uninteressiert wären – zum Flechten von schönen Preßschläuchen natürlich. Wieder großes Gelächter.

Noch lange sitzen wir zusammen und erzählen Geschichten. Ich bekomme Manjokfladen zum Geschenk, genauso wie früher von den Aparai-Wayana-Damen, allerdings weniger. Man gibt mir keine ganze Flade, sondern nur einige abgebrochene Stücke.

Ausgesprochen enttäuschend verlaufen meine Erkundigungen nach den Tanzfesten der Garifuna. Die Damen können mir deren Namen nennen, verweisen mich ansonsten auf wissenschaftliche Veröffentlichungen und die buntgedruckten Postkarten, auf denen man Garifuna-Tänzer in vollem Schmuck prächtig aufgeputzt bewundern könne. Fertige Kostüme besitze im Augenblick niemand. Trotzdem werde ich an einen Gentleman verwiesen, der einige Bestandteile haben soll und notfalls Ausrüstungen für Tänzer herstellen könne, gegen gutes Geld, versteht sich.

Was ich bei diesem Künstler zu sehen bekomme, ist ein trauriger Rest. Im Gerümpel eines kleinen Schuppens findet er eine Maske. Sie ist aus Fliegendraht geformt und schäbig bemalt, mit einer blaß-rosa-weißen Grundierung.

Wie denn die Masken alter Zeit bei den Garifuna ausgesehen hätten? frage ich. Ja, vor dem Zweiten Weltkrieg, da habe es noch schöne Masken gegeben, höre ich. Man habe sie aus einem Fachgeschäft in Deutschland bezogen, doch durch den Krieg seien die erfreulichen Geschäftsbeziehungen leider abgerissen . . .

Das Tanzkostüm selbst, wie er mir anhand einiger verblichener Fotos zeigt, besteht aus Tuch, manchmal bunt gescheckt zusammengestellt, manchmal mit X-förmigem Muster über Brust und Rücken – aufgenähte Streifen aus rotem Stoff, wobei es sich um eine Erinnerung an die in gleicher Form getragenen Ketten oder Baumwollstränge der alten Kariben handeln dürfte.

Die Garifuna-Tänzer tragen Beinrasseln, die nicht aus Nußschalen, sondern aus Muscheln gemacht sind. Die handwerkliche Ausführung der Muster, die ich zu sehen bekomme, ist so schlecht, daß ich mich bereit erkläre, nach gelb-karibischem Vorbild ein Exemplar zur Anschauung herzustellen – wozu es leider nicht mehr kam, weil meine Garifuna-Freunde zu faul waren, draußen von den Riffen genügend Muschelschalen zu holen.

Vom uralten karibischen Kostüm sind eigentlich nur die Papageienfedern auf dem „Hut" übriggeblieben. Die Garifuna klagen darüber, daß es sehr schwierig sei, die Federn zu beschaffen. Anstrengende Jagdzüge in den Urwald müsse man unternehmen, und das tue niemand gern. Ich unterlasse eine Bemerkung über den Jagdeifer der Vorfahren, denn ich selbst erinnere mich nicht gerade gern an entsprechende Unternehmungen in den Urwäldern Amazoniens, die zur Beschaffung von Papageienschwänzen für unsere dortigen Tanzfeste und meiner Sammlung dienen sollten. Fast überflüssig zu sagen, daß der Garifuna-Künstler nicht bereit ist, Masken und Kostüme nach uraltem Vorbild ohne Bezahlung herzustellen.

Ich erinnere mich daran, daß die alten Kariben sich

großartig darauf verstanden, Kanus zu bauen. Sie waren hervorragende Seefahrer, denn sonst hätten sie trotz günstiger Meeresströmungen niemals vom südamerikanischen Festland hinüber auf die westindischen Inseln gelangen können.

Ganz so seetüchtig sind die heute lebenden Nachkommen nicht, doch sie fertigen immer noch schöne Einbaumkanus an, zuweilen von beachtenswerter Größe. Die Wasserfahrzeuge entsprechen in ihrer Form nicht mehr denen der alten Insel-Kariben, die wir aus frühen Darstellungen europäischer Reisender kennen, sondern sie sind unseren Booten nachgeahmt und bieten die Möglichkeit zum Anbringen von Außenbordmotoren, ohne die man heute nicht mehr auskommen könnte. Nur Spezialisten stellen noch Einbaumkanus her, und ihr Preis ist entsprechend hoch, was ich übrigens beiläufig in einem Gespräch über das geplante Nationalmuseum von Belize in Belmopan erfuhr. Man rechnet natürlich mit einer besonderen Garifuna-Halle, in der ein großes Kanu nicht fehlen darf, doch wiederum vermisse ich die Bereitschaft, ein solch repräsentatives Zeugnis ihrer alten Kultur aus eigener Initiative in das Museum einzubringen.

Meine Erkundigungen über die Fischerei der Garifuna führen zu kläglichen Ergebnissen. Sie arbeiten mit Netzen, Angelhaken und Leinen fremder Herkunft. Niemand weiß mehr, wie früher Fische gefangen wurden. Nach Bogen und Dreizackpfeilen hatten offensichtlich vor mir schon eine Reihe von Feldforschern vergeblich gefragt. Lediglich Handharpunen seien noch in Gebrauch.

Ich werde an einen Fischer verwiesen, der mich vielleicht auch einmal mitnehmen würde, hinaus auf die Riffe und Inseln.

Tatsächlich nimmt mich der Herr freundlich auf. Er zeigt mir seine Harpune, deren Eisenspitze einfach in eine passende Buchse des Schaftkopfes gesteckt ist. Zum

Vergleich mit entsprechenden Erzeugnissen aus Südamerika hätte ich die Spitze gern gekauft. Der werte Herr macht mir einen Preis von sechzig Dollar, für die er sich zwei neue anschaffen könne. Ich danke ihm für sein großzügiges Entgegenkommen und lasse ihn wissen, daß ich solche Spitzen auch selber machen könne, zu Hause, in einer Schlosserwerkstatt. Beim nächsten Besuch würde ich eine mitbringen, nur so zum Vorzeigen.

Noch bin ich mit meiner Suche nach altem karibischem Kulturgut nicht zu Ende. In Douglas Taylors Buch über die Kariben ist eine Kiepe mit gemusterter Rückenfläche abgebildet. Man kann sicher davon ausgehen, daß sie zu Taylors Zeiten auf der Insel Dominica ein schönes Stück gewesen sein muß, denn sonst hätte er sie nicht für wert befunden, sie in seinem Buch abzubilden. Vergleicht man diese Kiepe, besonders ihre Muster, mit einer jüngeren vom Südkontinent, kommt sie sehr schlecht weg. Während sich die Flechtkunst bei den gelben Kariben Südamerikas noch erhalten hat, ging sie wohl bei den Insel-Kariben spätestens während der beiden ersten Jahrzehnte unseres Jahrhunderts verloren.

Bei den schwarzen Kariben Mittelamerikas muß die Abwärtsentwicklung noch früher eingesetzt haben, denn niemand erinnert sich heute noch daran, daß die Vorfahren einmal gemustertes Flechtwerk besessen haben. Nur zwei meiner Gesprächspartner haben davon gehört, daß es irgendwo im Süden, vielleicht bei den Garifuna in Honduras, schwarz-weiß gemusterte Körbe dieser Art gebe. Leider habe ich kein Anschauungsmaterial vom Flechtwerk der gelben Kariben bei mir. Ich kann daher meinen Garifuna nur erklären, wie diese und die gelben Vorfahren auf den westindischen Inseln es machen bzw. machten. Wir kennen davon eine Reihe sehr schöner Abbildungen in uralten Büchern, die ich gelegentlich in Paris gesehen habe. Einige der Motive – Jaguar, große Raupe, Wasserkrabbe und noch ein paar andere – male ich aus dem Gedächtnis mit Faserschreiber auf Papier. Gerne würde man die alte Kunst wieder lernen. Vielleicht sollte man die Vettern in Brasilien besuchen? Der Vorschlag findet allgemeine Zustimmung, und es fallen wieder einige heitere Bemerkungen darüber, was man wohl sonst noch alles bei den Urwaldbewohnern lernen könne.

Die Kontakte mit den anderen Karibengruppen wieder aufzunehmen, ist der Traum vieler Belizener Garifuna, wenigstens zu denen an der honduranischen Küste, auf Dominica und auf der alten Heimatinsel St. Vincent, auf der nur noch ein paar Kariben leben sollen.

Es gab einmal ein großes Treffen der Kariben auf Barbados, die „Carifesta '81", die für zwei Besuchergruppen zum denkwürdigen Ereignis wurde: für die Abordnung der Garifuna aus Belize und für die von der Insel Dominica angereisten letzten Inselkariben. Sie fanden bald heraus, daß es auch heute noch viele kulturelle Gemeinsamkeiten zwischen den Gruppen gibt. Was die Inselkariben besonders verwunderte: Die Vettern vom zentralamerikanischen Festland sprechen noch die alte Sprache, die sie von St. Vincent mitgenommen hatten, während sie selbst französisches Créol sprechen und nichts von der alten Sprache bewahrt haben. Auch ihre Lebensformen sind mittlerweile sehr voneinander verschieden. Die Belizener Kariben haben sich über ein weites Gebiet ausgebreitet und haben kein Stammesoberhaupt mehr, während die Kariben auf Dominica ihr „Carib Territory", also ihr festes Territorium, bewohnen und von einem Stammeschef, Hilary Fredrick, geführt werden. Ihre traditionalistische Bewegung ist stark, stärker als die der Kariben von Belize. Die Belizener Vettern hatten schon früher an ähnlichen Veranstaltungen auf Kuba und Jamaica teilgenommen, für die Abordnung dominikanischer Kariben war es die erste Auslandsunternehmung dieser

Art. Das Wiedersehen zwischen den verwandten Bevölkerungsgruppen nach 200 Jahren führte zu der Vereinbarung, künftig im Rahmen eines Austauschprogramms zusammenzuarbeiten. Man darf hoffen, daß dieser Plan verwirklicht werden kann. Man sollte einmal ein großes Treffen aller Kariben veranstalten, nur müßte sich dafür ein Geldgeber finden. Daß man die südamerikanischen, „gelben Kariben" der allzu großen Unterschiede wegen wohl nicht hinzunehmen könnte, behalte ich diskret für mich.

Zauberei

Weil es immer nützlich ist zu wissen, nach welchen Verfahren die Fachleute des eingeborenen Gastvolkes Kranke heilen oder auch mißliebige Zeitgenossen ins Jenseits befördern, interessiert es mich, einiges über die Zauberei der Garifuna zu erfahren, auch, um es mit dem zu vergleichen, was ich früher von meinen Aparai-Wayana-Indianern gelernt hatte.

Meine Erkundigungen, die ich selbstverständlich mit angebrachter Vorsicht einziehe, fördern nichts besonders Erfreuliches zutage. Der Meister des Todeszaubers ist erst vor kurzer Zeit in Punta Gorda verstorben. Es gibt allerdings im Land noch einige „Bujä", die von ihren Landsleuten, seltener von Fremden, konsultiert werden. Meine Informanten freuen sich, daß ich das Wort „Bujä" sofort verstehe. Bei den Kaboklos in Brasilien nennt man sie „Pajä" und bei den Wayana „Püjai".

Die Bujä der Garifuna behandeln Kranke nach vorheriger Befragung der Geister mit reinen Zauberhandlungen oder auch durch Verabreichung von Heilkräutern und Medizinen, die sie daraus herstellen. Ihre Fachkenntnisse auf den Gebieten der Zauberhandlungen und der Benutzung von Heilpflanzen verdanken die Bujä ausschließlich ihren Geistern. Die Bujä vernehmen die Stimmen des Geistes und folgen seinen Anweisungen. Die meisten Erwählten folgen der außernatürlichen Berufung und bringen die so erworbenen Kenntnisse zur Anwendung. Nur in Ausnahmefällen kommt es vor, daß jemand die gebotene Möglichkeit nicht nutzt und der Stimme des Geistes zu entweichen trachtet – was dem Vernehmen nach nie ganz gelingen kann.

Ich höre, daß es in Belize keine mächtigen Bujä mehr gebe, jedenfalls keine so mächtigen wie in früheren Jahrhunderten. Die finde man nur noch bei den isoliert lebenden Gruppen der Garifuna an der Küste von Honduras. Andere widersprechen dieser Ansicht entschieden: Die allergrößte Bujä sei wohl Miss Sarah in Dangriga.

Diese Dame ist auf Grund ihrer Fähigkeiten im ganzen Land hoch angesehen und gefürchtet. Kranke, die sie behandle, würden im allgemeinen gesund. Als einmal eine Patientin gestorben sei, habe dies an einem bedauerlichen Irrtum gelegen. Sie hatte ein pflanzliches Arzneimittel zur äußeren Anwendung eingenommen. Ich versichere meinen Gesprächspartnern, daß solche Pannen auch bei der Behandlung durch akademische Ärzte in Europa oder Nordamerika vorkommen können.

Auch als Wahrsagerin hat Miss Sarah als Mittlerin zwischen den Lebenden und den Geistern der Verstorbenen im Jenseits einen hervorragenden Ruf. Gibt es Schwierigkeiten in einer Familie, wird das darauf zurückgeführt, daß die Ahnen mit ihren Nachkommen auf der Erde unzufrieden sind. Man muß herausfinden, was sie wünschen, und zwar innerhalb einer mehrtägigen Veranstaltung, die „Adugarahani" genannt und von der Bujä geleitet wird. Näheres kann ich nicht herausbringen. Entweder werde ich auf Miss Sarah verwiesen oder auf Veröffentlichungen verschiedener Forscher.

Man vergißt jedoch nicht, mich auf die Wichtigkeit der

Trommeln bei den Kulthandlungen der Garifuna hinzuweisen. Es gebe mehrere Arten, die von Spezialisten geschlagen würden, und es sei unbedingt notwendig, für ein Museum drüben in Germany von jeder wenigstens eine mitzunehmen. Ich zeige mit wohlgesetzten Worten meine Bewunderung für die Trommeln und die Musikkünstler, muß aber doch bezüglich eines Ankaufs einen abschlägigen Bescheid erteilen: Wir sind sparsam geworden in Germany. Ich kann mir nicht verkneifen zu erwähnen, daß wir gerade eine Reihe schöner Trommeln aus Afrika importiert hätten, mit selbst geflochtenen Spannkordeln aus Pflanzenfasern, nicht mit Kunststoffkordeln aus einem chinesischen Laden, und daß sie außerdem wesentlich billiger seien, als die angebotenen Garifuna-Trommeln.

Dreimal wird in Dangriga eine Adugarahani-Zeremonie angekündigt und dreimal wird sie wieder verschoben. Als es endlich so weit ist, bin ich schon nicht mehr in der Stadt, und ich hatte daher meinen Kollegen Dr. Schmidt, einen Philosophen, den ich in Dangriga getroffen hatte und der sich länger als ich dort aufhalten wollte, gebeten, sich die Sache anzusehen.

Schon wieder daheim berichtete er mir ausführlich und geduldig davon, und so kann ich seinen Bericht an dieser Stelle einfügen.

Dr. Schmidt war für eine Stunde am Tag des Höhepunktes, des größten Trubels also, zusammen mit dem Gewerkschaftsführer Pablo Lambei im Tempel. Niemand nahm an dem ungewöhnlichen Besuch Anstoß, so daß er ungehindert beobachten konnte.

Als Tempel diente eine Hütte von ungefähr 20 mal 40 Meter Grundfläche, der Hauptraum war 20 mal 30 Meter groß. Davon abgetrennt waren das Allerheiligste und die Kammer, in der Arzneikräuter – vermutlich auch Zaubermittel und Talismane – hergestellt und schließlich gelagert wurden.

Im Hauptraum standen Sitzbänke entlang der Wände. Unter diesen waren lebende Hähne angebunden, etwa fünfzig. Die Teilnehmer der Zeremonie tanzten in der Mitte des Raumes zu den Klängen der Trommeln. Jeder Tanz dauerte ungefähr zwanzig Minuten. Vorwiegend tanzten Damen in der modernen Tracht der Garifuna, mit Kopftuch und weiten Röcken. Die Musikkapelle bestand aus drei, später vier Trommlern, sämtlich ältere Männer. Sitzend schlugen sie große Baßtrommeln, die sie an Riemen umgehängt hielten. Über den Trommeln hingen an der Decke des Tempels je ein großes Jesus-Bild und rechts und links daneben zwei Gemälde des Malers Benjamin Nicholas. Von der Decke herunter hingen zehn halbe Schweine, die wohl später verspeist werden sollten. Bezahlt wurde die ganze Veranstaltung von einer US-Belizener Familie, aus der ein Mann ebenfalls tanzte.

Die Frauen tanzten zuerst langsam, in Reihen nebeneinander, mit wiegenden Hüften. Viele hielten in der rechten Hand weiße Bänder, die sie auf und ab schwangen. Gegen Ende jedes Tanzes wurde der Trommelrhythmus etwas schneller. Viele Tanzende trugen kleine Rumflaschen mit Wattestöpfchen bei sich, zur gelegentlichen Stärkung.

Miss Sarah saß mittlerweile zusammen mit einigen Gläubigen oder auch engeren Vertrauten im Allerheiligsten. Offenbar sprach sie dabei reichlich dem Rum zu, was später auch deutlich zu erkennen war.

Nach der zweiten Tanzrunde erschien in der Pause der Gewerkschaftsführer und lud den Doktor ein, einen Blick ins Allerheiligste zu werfen. Sechzig oder siebzig Heiligenfiguren standen hier auf einem Podest, vom heiligen Antonius bis zu Franz von Assisi und Christophorus, alles, was in diesem Bereich Rang und Namen hat. Links daneben, kreisförmig aufgestellt, ungefähr einhundertfünfzig kleine Rumflaschen. In der Mitte des Flaschenkreises ein Sandhaufen, auf dessen Spitze eine halbe Kalebasse Cassava-Wein stand.

Der Gewerkschaftsführer, dem dieses Getränk nicht stark genug war, goß noch einen guten Schluck Rum dazu.

Irgendwann sollte mit Hilfe der Bujä Sarah die Ahnenbefragung stattfinden. Inzwischen waren alle Anwesenden vom Geist oder von den Geistern erfüllt und entsprechend aufnahmefähig.

In die Stube der Arznei- und Zaubermittel darf nie ein Fremder hinein. Dort waltet nur die Bujä, ganz allein, nach den Anweisungen, die sie vom Geist erhält. Soweit zum Bericht des Doktor Schmidt.

Alle Garifuna, die ich selbst befrage, halten die Geisterzeremonien für ein Erbe ihrer karibischen, das heißt indianischen Vorfahren. Ich habe dagegen Bedenken, daß überhaupt irgendwelche Bestandteile der Zeremonien indianischer Herkunft sind. Die Trommeln stammen aus Afrika, und was den Einfluß der Geister verstorbener Ahnen auf die lebenden Menschen angeht, so haben jedenfalls meine Aparai-Wayana-Indianer darüber Ansichten, die sehr stark von denen der Garifuna abweichen: Sie betreiben allen möglichen Zauber, um die Wiederkehr der „Schatten" der Toten zu verhindern, denn jene wollen ihre Nachkommen zu ihnen ins Jenseits locken, und dazu müssen diese erst einmal sterben.

Figuren von Göttern, Geistern und Ahnen hat es bei etlichen karibischen Stämmen gegeben. Möglich, daß sie, wie es bei den Maya und anderswo auf der Welt der Fall ist, durch Heiligenfiguren und Jesusbilder ersetzt werden. Nur einmal verrät mir ein Garifuna, der über reichliches Bücherwissen verfügt, die Künstler seines Volkes hätten in alter Zeit auch eigene Figuren hergestellt, sehr schön geschnitzt aus eben jenen Holzarten, die die heutigen Künstler des Landes für die Exportproduktion benutzen.

Es wäre phantastisch, wenn man solche Figuren noch irgendwo aufspüren könnte, möglichst bei einer isoliert lebenden Garifuna-Gruppe, die noch nicht von der sogenannten Zivilisation beeinflußt ist und wo die Zauberer noch keine wissenschaftlichen Aufsätze studieren.

Der Garifuna-Maler

Das Bild beeindruckt mich und enthält eine Reihe von Informationen, die ich suche. Es stellt nämlich einen Tanz der Garifuna dar. Vier erwachsene Männer und ein kleiner Junge in Kostümen mit Masken und einer Art von Federhüten auf dem Kopf tanzen. Im Hintergrund schlagen zwei Männer große Trommeln. Um die Gruppe herum stehen oder bewegen sich Unmaskierte in bürgerlicher Kleidung.

Benjamin Nicholas, der Maler aus Dangriga Town, hat das Bild gemalt. Überflüssig zu sagen, daß ich höchst interessiert bin, den Künstler kennenzulernen.

Eigentlich hatte ich mir vorgestellt, der Maler wohne irgendwo außerhalb, in einer Hütte am Meeresstrand, in einer ruhigen Bucht unter Kokospalmen. Dem ist aber nicht so.

Sein Haus, ein einfacher kleiner Pfahlbau aus Holz, steht mitten in der Stadt Dangriga. Über die schmale Holztreppe steige ich hinauf. Benjamin Nicholas malt gerade an einem riesigen Wandbild, das eine Bank in Belize City bestellt hat. Es enthält einen Überblick über verschiedenste Bereiche des Belizener Lebens, von den archäologischen Ausgrabungen der jüngsten Zeit angefangen bis zu den Touristen auf den Cayes und einer marschierenden Einheit der Verteidigungsstreitmacht. Es ist ein Auftrag, der Geld bringt, das man verdienen muß, um sich wieder eine Zeit freier künstlerischer Arbeit leisten zu können.

Benjamin Nicholas hat eine Zeitlang in den Vereinigten Staaten gelebt und dort unter anderem auch Kunst studiert. Er kehrte zurück und spezialisierte sich auf die Darstellung von Leben und Kultur seines eigenen Volkes. Manchmal hat er viele Kunden, manchmal läuft das Geschäft nur schleppend. Beste Abnehmer sind die Amerikaner, die im allgemeinen auch recht prompt bezahlen. Ein großer Wunsch meines Freundes ist es, auch in anderen Ländern auszustellen, zum Beispiel in der Bundesrepublik Deutschland. Das Projekt müßte erst organisiert und vor allem finanziert werden, und mit großen Verkäufen ist bei der derzeitigen Wirtschaftslage dort nicht zu rechnen.

Ich besuchte Benjamin Nicholas fortan häufiger. Immer, wenn ich in der Nähe war, kehrte ich für ein Stündchen bei ihm ein und erfuhr auf diese Weise allerhand, was mir ohne ihn verborgen geblieben wäre. Er war einer der wenigen Menschen im Land, mit denen ich völlig offen sprechen konnte und der viel Verständnis dafür aufbrachte, daß es dem fremden Beobachter manchmal schwerfällt, die Gegebenheiten in seinem Gastland rasch genug – und vor allem auch richtig – zu erkennen und zu interpretieren.

Geschichte eines Garifuna-Dorfes

Mit einigen Garifuna spreche ich über Möglichkeiten, mündlich überliefertes Wissen für die Nachwelt zu erhalten. Immer mehr alte Leute sterben, ohne ihre Kenntnisse weitergegeben zu haben. Die junge Generation glotzt unterdessen in die Fernsehapparate, besucht die Kinos und berauscht sich an fremder Musik, mit der sie durch Rundfunk und Kassettenrecorder berieselt wird.

Professor Zuniga, der bereits erwähnte Sprachlehrer, erbietet sich, die Geschichte seines Heimatdorfes aus der Erinnerung aufzuschreiben, in englischer Sprache, damit ich sie lesen kann.

Das Dorf, aus dem seine Familie stammt, heißt „Seine Bight" und wurde vor hundert Jahren, zwischen 1880 und 1884, gegründet. Die ersten Siedler kamen aus der heutigen Stadt Dangriga, die früher Stann Creek Town hieß. Ihre Namen und Spitznamen weiß der Professor noch. Sie kamen mit ihren Ehefrauen, mit Kindern, Brüdern und Schwestern. Es ist nicht mehr bekannt, wer der erste war, der sich an der Stelle des heutigen Dorfes niederließ.

Zuerst hat man noch Station gemacht in naheliegenden Orten, die „Alpines" und „Jonathan Posset" hießen. Oft besuchten die Leute aus Dangriga und anderen Siedlungen die Bucht, um zu fischen. Die Fischbestände waren hier nämlich besonders groß, so daß sich ein Fang immer lohnte. Es traf sich günstig, daß das Land um die neue Ortschaft herum für den Anbau von Manjok, verschiedenen Früchten und anderen Nutzpflanzen bestens geeignet war, die Siedler litten keine Not. Obwohl sie die Möglichkeit gehabt hätten, etwas vom Ertrag ihrer Fischerei und ihres Landbaus zu verkaufen, arbeiteten sie nur für die eigene Versorgung. Mehr wollten sie nicht. Ein Wandel dieser alten Lebensform trat erst später ein: Die jungen Leute ließen sich als Arbeiter anwerben. Sie gingen in die Lager der Holzfäller, die in der Nähe die Mahagoniwälder ausbeuteten. Sie kamen nur zu Weihnachten nach Hause, um im Januar wieder zu ihren Arbeitsplätzen zurückzukehren. Andere junge Männer verdienten Geld als Arbeiter auf den Bananenpflanzungen und Kokosplantagen, die reichen Leuten aus Belize City gehörten.

Schließlich blieben fast nur alte Menschen übrig, die in herkömmlicher Weise weiter ihren Landbau und die Fischerei betrieben. Als das Land um das Dorf herum durch lange Nutzung unfruchtbar geworden war, suchten die Bauern im Landesinnern neue Flächen. Die Regierung überließ ihnen am Jenkins Creek ein besonderes Areal, wo sie für Jahre blieben. Während der Trockenzeit wohnten und arbeiteten sie dort draußen, während der Regenzeit gingen sie zurück ins Dorf. Doch den jungen Leuten boten sich immer mehr Arbeitsmöglichkeiten in der Fremde, und die eigene Landwirtschaft nahm immer weiter ab. Bald gab es junge Frauen, die nicht einmal mehr wußten, wie Manjokfladen zubereitet wurden.

Den kurzen Bericht des Professors über Gründung, Aufstieg und Niedergang einer Garifuna-Siedlung hefte ich als Musterbeispiel in mein Ringbuch. Es wäre gut, wenn man noch viele solcher Berichte sammeln könnte.

Der Garifuna-Schweizer

Die dicke Lady kocht für mich. Dabei erzählt sie mir, nicht weit von Hopkins gebe es eine Farm, die von einem Schweizer angelegt worden sei, und da Schweizer eine Art von Deutschen seien, wäre es doch wohl angebracht, ihn zu besuchen. Sie hat recht.

Glücklicherweise kennt sie einen Arbeiter, der jeden Morgen in aller Frühe aus Hopkins in den Wald aufbricht. Er könnte mich mitnehmen. Die Sache wird arrangiert, und eines Tages ziehen wir lange vor Sonnenaufgang in angenehmer Morgenkühle los.

Der Weg führt mitten durch das Sumpfland zwischen dem sandigen Küstenstreifen, auf dem das Dorf liegt, und dem festen Boden des Waldgebietes. Wie mir mein Begleiter versichert, ist dieses Land völlig wertlos. Einmal im Jahr brennt die binsenähnliche Vegetation ab, wobei immer einige Telefonmasten entlang der Straße dem Feuer zum Opfer fallen. Man hat sich daran gewöhnt.

Ob man hier keine Wasserbüffel halten könne, frage ich. Mein Begleiter findet den Gedanken zwar reizvoll, aber wiederum wird die Frage der Finanzierung eines solchen Projekts in die Waagschale geworfen.

Kaum sind wir im Waldgebiet, biegen wir in Richtung Nordwesten ab. Rechts und links vom Weg liegen kleinere Rodungen, die erst im Vorjahr niedergebrannt und gepflanzt worden waren, und schon sind wir beim Schweizer angelangt.

Am Ufer eines kristallklaren Baches hat er ein schönes Wohnhaus und ein landesübliches Küchenhaus errichtet. Begrüßung und ein erster Plausch finden in deutscher Sprache statt, doch das weitere Gespräch führen wir in Englisch, damit sich alle untereinander verstehen. Zu Beginn seiner landwirtschaftlichen Laufbahn hat der Schweizer in Südfrankreich gearbeitet, später in Kanada. Aus erster Ehe mit einer Polin brachte er einen kleinen weißen Sohn mit, der jetzt hier in Belize offensichtlich recht glücklich unter den schwarzen Karibenkindern lebt, die seine zweite Gattin mit in die Ehe brachte.

Das Land ist gut, es läßt sich leben. Die Jagd ergänzt den Küchenzettel. Jagdhunde sind äußerst wertvoll, denn sie bringen häufig Gürteltiere und Leguane nach Hause. Zum reichlichen Morgenfrühstück gibt es dann tatsächlich gekochten Leguan mit viel spanischem Pfeffer und, besonders köstlich, frische Leguaneier, wie ich sie seit meinen glücklichen Tagen in Amazonien nicht mehr gegessen habe.

Doch auch größere Jagdtiere gibt es in der Nähe: zwei Arten von Wildschweinen, Tapire und sogar Jaguare. Offiziell ist die Jagd verboten, aber wenn die Tiere Schäden in der Landwirtschaft verursachen, dürfen sie abgeschossen werden. Gelegentlich werden Rinder von Jaguaren gerissen, und einige Farmer tragen Waffen mit Zielfernrohren bei sich.

Der Schweizer macht Zukunftspläne. Zunächst will er zusammen mit Freunden ein großes Einbaumkanu mit Außenbordmotor anschaffen, womit man in regelmäßigen Zwei-Tages-Ausflügen von Hopkins aus auf die Cayes fahren und Fische fangen könne. Geräuchert und gesalzen soll die Beute, von der man sich wieder eine Zeitlang ernähren könne, mitgenommen, ein möglicher Überschuß kann verkauft werden. Doch Fischereiausflüge sind nicht nur nützlich. Sie bieten auch eine angenehme Abwechslung zum Einerlei des Farmeralltags im Urwald.

Auch am Touristengeschäft will der Eidgenosse verdienen, wenigstens in bescheidenem Umfang. Er beabsichtigt, etwas abseits von seiner Farm, am Ufer des Baches, eine Reihe von Hütten zu errichten, in denen Touristen ihre Ferien stilecht unter Urwaldbedingungen verbringen können – allerdings ohne zur Beschaffung der täglichen Nahrung jagen zu müssen. Essen sollen sie von der Farm bekommen.

Ich rate meinem Freund, neben seinen Touristenhütten saubere Toilettenhäuser zu errichten, für die die Fremden sicher dankbar sein würden. In Hopkins sind derartige Errungenschaften der Neuzeit unbekannt. Dort hat man lediglich am Meeresstrand auf Stegen, die über das Wasser hinausführen, Latrinen gebaut. Es ist wirklich kein Vergnügen, den weiten Weg bis dorthin zurückzulegen.

Ich nütze die Gelegenheit des Besuches noch, um in dem herrlichen Urwaldbach zu baden und meine verschwitzten Kleider darin zu waschen. Bis sie, ausgebreitet auf Sträuchern, am Ufer getrocknet sind, bleibe ich im Wasser.

Alle zusammen gehen wir am Abend nach Hopkins zurück. Ich lade meinen Gastgeber und meinen Pfadfinder, wie es im Land üblich ist, zum Rum trinken ein. Das begehrte Getränk wird von einer schwarzen Lady in kleinen Flachmännern gereicht und dann auch gleich vor deren Haus getrunken, nach Geschmack mit oder ohne Wasser.

Der Schweizer gesteht mir, daß er hin und wieder noch einmal gern in die Heimat fahren möchte. Dort lebt seine alte Mutter, und die Familie hat etwas Landbesitz. Sein restliches Leben und vor allem sein Alter möchte er allerdings hier verbringen, in der Gemeinschaft der Kariben, wo er sich geborgen fühlt. Was seinen kleinen Sohn angeht, so soll dieser später selbst entscheiden, was er machen will. Geld für ein Studium wäre vorhanden. Wenn er studieren will, wird man ihn in die USA oder nach Kanada schicken, und wenn nicht, übernimmt er später einmal die Landwirtschaft, doch bis dahin wird noch einige Zeit vergehen. Einstweilen fühlt sich der Junge hier unter den Garifuna-Kindern sehr wohl. Er spricht ihre Sprache und geht mit ihnen zur Schule. Abwarten, was die Zukunft bringt.

Die Mennoniten

Sie sehen aus wie Darsteller aus einem Bauernfilm über das vergangene Jahrhundert, die ersten Mennoniten, denen ich in Belize begegne. Die Frauen tragen, ungeachtet des tropischen Klimas, lange, dunkle Röcke, düster gemusterte Blusen und meist schwarze Kopftücher. Was auffällt, ist ihre weiße Haut, die so wenig in die Umwelt paßt wie ihre Kleidung und ihr Auftreten. Ein halbnackter Urwaldindianer mit Federschmuck in einem europäischen Winterkurort könnte nicht seltsamer wirken. Weitere Auskünfte ziehe ich vorsichtig ein, da ich den Eindruck gewonnen habe, daß es nicht leicht sein wird, mit diesen Menschen Verbindung aufzunehmen.

In der Sicht meiner verschiedenen Belizener Gesprächspartner sind die Mennoniten eine merkwürdige Art von Zeitgenossen aus Deutschland oder Rußland, die von der Regierung ins Land gelassen werden, um Landwirtschaft zu betreiben. Weil sie sich darauf erwiesenermaßen gut verstehen, können sie Belize durch die Produktion von Nahrungsmitteln nützlich sein. Im Hinblick auf diesen Nutzen gewährt ihnen die Regierung eine Reihe von Privilegien, auf denen sie aus religiösen Gründen bestehen: Sie dürfen ihre eigenen Schulen unterhalten und brauchen keinen Wehrdienst abzuleisten.

In der Tat liefern die Mennoniten dem Land große Mengen an Eiern, Schlachthühnern und vor allem Milch. Sie tragen dadurch spürbar zur Verbesserung der Ernährung bei. Die übrigen landwirtschaftlichen Erzeugnisse, die sie auf den Märkten feilbieten, spielen zwar eine weniger bedeutende, aber doch beachtenswerte Rolle.

Menschliche Beziehungen zwischen den Mennoniten und den Belizenern gibt es so gut wie überhaupt nicht und sind von ersteren auch keinesfalls erwünscht. Man will unter sich bleiben, nach Art der Väter leben und dereinst nach dem Tode selig werden. Die Kontakte beschränken sich auf die Abwicklung von Handelsgeschäften, bei denen einzelne Mennoniten dem Vernehmen nach eine beachtenswerte Gerissenheit an den Tag legen. Mittlerweile nehmen sich die übrigen Belizener vor ihren fremdartigen Geschäftspartnern besonders in acht.

Es gibt eine Gruppe von strenggläubigen Mennoniten, die in einer eigenen Siedlung leben, keine Maschinen benutzen, nur Pferdewagen haben und keine fremden Besucher empfangen. Erheblich zahlreicher sind die gemäßigt-konservativen Vertreter im Westen des Landes und die ein wenig moderner orientierten im Norden, die im Gebiet von Orange Walk siedeln. Daneben betreiben einige Mennoniten, besonders im Süden des Landes,

„Mission". Sie versuchen, die Belizener, wohl hauptsächlich Maya-Indianer, für ihre Religion zu gewinnen. Viele verdächtigen diese Art von Mennoniten anderer Ziele als der Verbreitung ihres Glaubens.

Schon von weitem erkennt man das Mennonitenzentrum in Belize City an der riesigen Radioantenne, wie man sie sonst nur auf den Dächern von wichtigen Behörden und Botschaften sieht. Mein erster Besuch dort ist ein echtes Erlebnis.

Über eine Freitreppe gelange ich hinauf zum ersten Stockwerk, hinein in eine Art Wartesaal. Entlang der Wände sitzen auf Bänken dunkel gekleidete Frauen vorwiegend älterer Jahrgänge, die finster oder teilnahmslos vor sich hinschauen. Einige Jungens sind da, die mit Hosenträgern und Strohhüten den Einheitsmennoniten in Miniausgabe darzustellen scheinen. Im Hintergrund sehe ich zwei junge Frauen, die auf dem für solche Zwecke offenbar eigens hingestellten Bett ihre Babys wickeln.

Nach geraumer Zeit erscheint eine energisch dreinschauende Dame und fragt nach meinem Begehr. Ich erkläre kurz, daß ich ein Buch über Belize und seine Bewohner schriebe und, selbstverständlich nur, wenn es genehm sei, eine Mennonitensiedlung besuchen möchte. Die Dame verschwindet und spricht zu einem Fenster hinaus mit einem Mann, der gerade auf einer Leiter stehend die Außenwand des Hauses leuchtend weiß anmalt. Wie ich später erfuhr, handelte es sich um ihren Gatten, der als „Manager" die Geschicke des Mennonitenzentrums lenkt und gelegentlich auch, wie Idealisten zu tun pflegen, knechtliche Arbeiten übernimmt.

Ich solle unten auf der Straße, so lautet die Auskunft, wo gerade ein Auto geladen werde, mit einem jungen Mann aus der Kolonie „Spanish Lookout" sprechen, was ich unverzüglich tue.

Der junge, blonde Mann läßt sich beim Aufladen der

Kartons nicht stören, hört mir aber zu und antwortet in deutscher Sprache. Von ihm erfahre ich, daß ein Herr Loewen für mich zuständig sei.

Ich schreibe demselben in aller Eile einen Brief, der wenig später beantwortet wird. Ja, mein Besuch sei angenehm. Zusätzlich wird mir mitgeteilt, daß die Bewohner von Spanish Lookout sämtlich Deutsch oder Plattdeutsch sprechen.

Anstandshalber besuche ich den Manager des Mennonitenzentrums noch einmal, und er verkauft mir zwei kleine Broschüren über die Glaubensregeln der Mennoniten und deren wechselvolle Geschichte.

Gegründet wurde die Gemeinschaft von dem Holländer Menno Simons in der Zeit des großen Umbruchs und der Reformation. Die Anhänger gelobten, getreu der Bibel zu leben. Sie wurden von ihren weniger frommen Mitmenschen aber derart daran gehindert, daß sie ihr altes Wohngebiet in Norddeutschland verließen und einstweilen nach Preußen auswanderten. Die Preußen, bedacht auf die Förderung der Landwirtschaft in ihrem unterentwickelten Land, hatten sie eingeladen. Nach einer kurzen Zeit des harmonischen Miteinanders begannen die Reibereien. Die Mennoniten weigerten sich, Soldaten zu werden, und verloren damit natürlich ihr eben noch so großes Ansehen bei der preußischen Obrigkeit.

Gerade zu diesem Zeitpunkt erreichte sie eine Einladung aus dem Osten, von der Kaiserin Katharina der Großen persönlich. Sie bot ihnen reiche Ländereien und versprach obendrein, die heilige Religion der Mennonitensiedler mit starker Hand zu schützen. Immer mehr Siedler zogen nach Rußland. Sie fühlten sich dort sehr wohl, bis zur Revolution, mit der sich vieles änderte. Die Sowjets mochten die christlich-pazifistische Erziehung nicht. Lehrer wurden mit Berufsverbot belegt, und junge Leute, die sich weigerten, in die Rote Armee einzutreten, mußten in uniformierten Ersatzdiensteinheiten arbeiten und Bäume anpflanzen.

Solchermaßen in ihrem Leben beeinträchtigt, hielten die Mennoniten nach einem neuen gelobten Land Ausschau. Sie bekamen Angebote aus Kanada, und bald begann die Auswanderung dorthin. Dort ging für Jahrzehnte alles gut, bis auch die kanadische Regierung versuchte, auf die Mennonitenschulen Einfluß zu nehmen. Obendrein entschlossen sich während des Zweiten Weltkriegs nicht wenige junge Mennoniten dazu, das himmlische Vaterland zu vergessen und erst einmal für das irdische zu den Waffen zu greifen: Sie wurden kanadische Soldaten. Die Mennoniten fühlten sich nun endgültig dazu veranlaßt, wieder auf Wanderschaft zu gehen, diesmal nach Mexiko und Paraguay, später nach Costa Rica und Belize beziehungsweise Britisch Honduras.

Paradies mit kleinen Fehlern

Der Lastwagen, der landwirtschaftliche Erzeugnisse gebracht hat und der nun mit einer Ladung Handelsgüter und technischer Ausrüstung zurückfährt, soll mich mitnehmen.

Irgendwann, kurz vor der Grenze nach Guatemala, biegen wir Richtung Norden ab. Wir passieren ein Lager der britischen Streitkräfte. Durch den Zaun kann ich die Nissenhütten und einige durch Sandsackbarrikaden geschützte Einrichtungen sehen. Ich halte den Mund, denn es würde gegen den guten Ton verstoßen, mit einem Mennoniten über militärische Angelegenheiten zu sprechen.

Inzwischen habe ich schon allerhand über die Gepflogenheiten meiner Gastgeber gelernt: Mennoniten dulden kein Fernsehen und kein Radio in ihren Häusern. Wichtige

Nachrichten, zum Beispiel Sturmwarnungen, übermitteln ihnen wohlwollende Nachbarn. Mennoniten gehen auch nicht ins Kino und haben keine Musikinstrumente. Ihre Lehrer werden aus der Gemeinde gewählt. Besonders ausgebildet sind sie nicht. Nur sieben Monate im Jahr gehen die Kinder zur Schule, ansonsten lernen sie von Kindesbeinen an zu arbeiten, was den Alten wichtiger erscheint.

Nicht mehr in allen Siedlungen werden diese strengen Bräuche beachtet. Es werden bereits moderne Schulen unterhalten, aus denen junge Leute sogar zum Studium in die gefährliche Fremde entsandt werden. Diese kehren später wieder zurück und dienen mit ihrem erweiterten Wissen der Gemeinschaft – oder auch nicht. Im Laufe der letzten Jahrzehnte hat man leider öfter erlebt, daß die jungen Leute „wild" wurden. Einige schieden sogar aus der Gemeinschaft aus, heirateten Belizener Mädchen und gingen ihre eigenen Wege.

Herr Loewen, in dessen Haus ich auch übernachten soll, gibt mir die ersten Informationen über die Siedlung Spanish Lookout. Der Schwerpunkt des Betriebes liegt im Moment auf der Hühnerzucht, die den größten Ertrag bringt. An zweiter Stelle stehen Rinderzucht und Milchproduktion, die in Zukunft noch gesteigert werden soll. Wieder aufgegeben hat man die Schweinezucht, denn mit Schweinefleisch ist nicht viel zu verdienen. Was mich erstaunt: Viele Nahrungsmittel führen die Mennoniten aus weit entfernten Gebieten ein, zum Beispiel aus Mexiko. Dieses Verfahren ist billiger als die Erzeugung an Ort und Stelle. In diesen Dingen wird also weniger nach bäuerlicher Ethik als nach wirtschaftlichem Nutzen geurteilt. Ein großes, freilich nicht allzu modern eingerichtetes Sägewerk liegt zur Zeit meines Besuches still. Hier produziert man sonst Bretter, die zum Hausbau oder zur Herstellung von Möbeln für die Kolonie, manchmal auch zum Verkauf außerhalb verwendet werden. Möbel aus eigenem Holz fertigt ein sehr konservativer Schreiner. Ich darf zwar seine Werkstatt besichtigen und einen fertigen Schaukelstuhl aus seiner Produktion fotografieren, er selbst ist aber nicht bereit, vor der Kamera zu posieren.

Schaukelstühle sind sein Exportschlager. Er stellt sie in Serie her. Die einzelnen Teile werden meist nicht sofort zusammengebaut, sondern raumsparend in Paketen geliefert. Gute Kunden sind die britischen Soldaten aus dem benachbarten Lager. Wenn sie nach ihren sechs Monaten Dienst nach Großbritannien heimkehren, kaufen sie einen Bausatz als Souvenir und lassen ihn daheim von einem Schreiner fachgerecht zusammenbauen.

Ich werde weitergereicht an Mr. Dietrich Dueck, der aus Kanada stammt und im Jahr 1962 nach Belize eingewandert ist. Von ihm erfahre ich all jene Daten, die ein gewissenhafter Berichterstatter aufschreiben muß, um sie seinem geneigten Leser weitergeben zu können: Die Siedlung Spanish Lookout hat derzeit 1300 Einwohner. Sechs Familien sind in letzter Zeit unzufrieden mit den Verhältnissen und klagen über mangelnde Sicherheit. Es habe jüngst eine Reihe von Überfällen und Vergewaltigungen gegeben. Mennoniten verteidigen sich grundsätzlich nicht selbst. Wenn sie nicht beschützt werden, ziehen sie in ein anderes Land. In diesem Fall verkaufen sie, was sie können. Der Rest ihrer Habe bleibt zurück. Was aus den schön gebauten Häusern wird, weiß man noch nicht. Es müßten sich Käufer aus den eigenen Reihen finden, denn an Fremde gibt man innerhalb des Siedlungsgebietes nichts ab, sie würden Veränderungen bringen und möglicherweise einen unerwünschten Einfluß auf die Jugend ausüben.

Das Mittagessen im Familienkreis verläuft genauso, wie es drüben auf einem europäischen Bauernhof verlaufen würde. Unter anderem gibt es eine Art Germknödel mit Käse- oder Marmeladenfüllung.

Die allgemeine politische Lage im Land und auf der Welt spielt gegenüber den Belangen innerhalb der eigenen Kolonie eine untergeordnete Rolle. Krieg wird es nicht geben, solange die britischen Soldaten da sind. Das Rauschgiftproblem sei nur zu lösen, wenn man die Dealer totschieße. Ich wundere mich nicht wenig, diese Feststellungen aus dem Munde eines friedlichen Mennoniten zu hören.

Von besonderem Interesse sind für Mr. Dueck die Verhältnisse in Rußland, weniger in bezug auf die Weltpolitik als auf eine mögliche Veränderung der Situation. Das ehemalige Siedlungsgebiet dort bedeutet den Mennoniten sehr viel. Es ist ihre alte Heimat, und es ist nicht zu verkennen, daß die Mennoniten wieder dahin zurückkehren würden, wenn die Verhältnisse es gestatteten. Einstweilen fahren sie hin und wieder als Touristen hin. Die Reisen werden von einem eigenen Büro organisiert, und die bisherigen Erfahrungen waren durchaus positiv. Es gab nicht einmal Schwierigkeiten, wenn jemand von der vorgeplanten Reiseroute abwich. Auch Besuche bei den wenigen in der Sowjetunion verbliebenen Mennoniten waren bisher erlaubt.

Ich werde durch die Siedlung gefahren, zunächst mit einem Traktor zu den Rindern. Die Wege sind schlammig. Ich bin erleichtert, als ich meine Aufnahmen gemacht habe und wir uns wieder auf normalen Straßen bewegen. Wir fahren an großen Mais- und Bohnenfeldern vorbei. Die Hühnerzentrale ist gerade nicht in Betrieb. Sie macht mit ihren vielfältigen technischen Einrichtungen einen unheimlichen Eindruck. Das Federvieh wird hier massenweise geschlachtet, maschinell gerupft, ausgenommen und zum Einfrieren fertig verpackt. Noch perfektionierter ist die Milchverarbeitung. Die Milch wird sterilisiert und maschinell in Beutel gepackt. Mit eigenen Kühlautos wird sie im Land verteilt.

Modern eingerichtet ist auch die Krankenstation der Siedlung. Einige ausgebildete Pflegerinnen versorgen die Patienten und vor allem die neugeborenen Mennonitenbabies und ihre Mütter. Ärzte gibt es auch hier nicht, nur in den Siedlungen, die junge Leute zum Studieren in die Fremde schicken. Die konservativen Kreise lehnen gelehrte Doktoren und vergleichbare Menschen ab. In einer deutschsprachigen, kanadischen Mennonitenzeitung, die ich später las, führte eine Leserin heftige Klage gegen die immer mehr um sich greifende, abweichende Lebensweise. Man stelle sich vor: Da gebe es sogar Soziologen aus den eigenen Kreisen, die die Gemeinschaft der Mennoniten vom Standpunkt der eitlen Wissenschaft betrachteten!

Die Mehrzahl der Mennoniten scheint an der deutschen Muttersprache festhalten zu wollen. Im Schulunterricht wird Hochdeutsch gelehrt, was mit einigen Schwierigkeiten verbunden ist, denn zu Hause wird ausschließlich Platt gesprochen. Jemand fragt mich, ob es möglich sei, moderne deutsche Schulbücher zu bekommen? Ich empfehle, sich mit der Botschaft auf Jamaica in Verbindung zu setzen, zweifle aber im stillen daran, daß die frommen Mennoniten mit dem Stoff der neuen Schulbücher einverstanden wären.

In einigen gedruckten Quellen über die Mennoniten finde ich noch Erwähnenswertes. Ein echtes Dokument zur Geschichte der Mennonitenkolonien in Belize ist das kleine, ziemlich behelfsmäßig gedruckte Buch von G. S. Koop: „Pionierjahre in Britisch Honduras." In holprigem Deutsch, das bei jedem Germanisten Entsetzen auslösen würde, schildert der Verfasser die Anfänge der neuen Siedlung in Belize, die Abenteuer und die Entbehrungen, die seine Leute durchstehen mußten, und schließlich den langsamen Aufstieg zum bäuerlichen Wohlstand.

In den wenigen Mennonitenzeitungen aus Kanada und den USA lese ich unter anderem einen Artikel, der die Zukunft des deutschsprachigen Unterrichts in Frage stellt. Eine Großmutter meint, daß ihre in Nordamerika aufwachsenden Kinder besser Englisch als Deutsch verstehen und daher auch die Belehrungen über ihre Religion und fromme Lebensart zweckmäßigerweise in dieser ihnen vertrauten Sprache erhalten sollten. In Anbetracht des Verfahrens der Jünger und Apostel Jesu Christi meint sie, ihren Standpunkt rechtfertigen zu können. Einige Mennoniten, die ich daraufhin anspreche, finden zwar etwas Wahres an den Ausführungen der Frau, wollen jedoch grundsätzlich bei der deutschen Sprache bleiben. Es sei immer schon so gewesen in der Gemeinschaft der Mennoniten. Änderungen sind grundsätzlich unerwünscht.

Die Chinesen

Wie in den meisten Ländern des Erdballs gibt es auch in Belize eine beachtliche Anzahl von Chinesen, die es mit Fleiß und Gerissenheit im Laufe der Jahre zu mehr oder weniger großem Wohlstand bringen. Die meisten chinesischen Familien sind kinderreich. Die Sprößlinge werden in landesübliche Schulen geschickt, um möglichst bald im Geschäfts- oder Wirtschaftsbereich der Eltern mithelfen zu können.

Wenn man den Beteuerungen der liebenswürdig erklärenden Gastwirte glauben will, sind einige Gerichte auf der sonst wohlbekannten Speisekarte typisch belizenisch, wozu vor allem die mit Muscheln und Langusten gehören sollen.

Nach meinen bisherigen Erfahrungen ißt man in den chinesischen Restaurants von Belize überall im Land gleichermaßen gut, nur in der Einrichtung der Lokalitäten gibt es, je nach Finanzlage des Eigentümers oder je nach der Zeit, die er schon im Land ist, erhebliche Unterschiede. Ich habe sowohl sehr einfach gehaltene wie auch komfortabel ausgestattete Häuser mit Klimaanlage kennengelernt. In letzteren findet man auch die offenbar in großen Mengen aus China oder Taiwan ausgeführten chinesischen Lampen mit verschnörkelten Gehäusen, roten Quasten und Aufschriften, die niemand lesen kann.

Wohl alle chinesischen Wirte essen mit ihren Familien im Gästeraum des eigenen Restaurants, die älteren Leute mit Stäbchen, die Jungen mit Messer und Gabel. Ich erwähnte schon das „Silver Garden" in Dangriga. Der Inhaber ist erst vor kurzem mit seiner Familie nach Belize eingewandert und hat es offensichtlich noch nicht zu Wohlstand gebracht. Englisch spricht nur die älteste Tochter, die zur Schule geht. Nachmittags und abends hilft sie im Restaurant beim Servieren als Dolmetscherin und beim Addieren der Rechnungen, die an einer besonderen Theke ausgestellt werden. Immer, wenn ich der einzige Gast bin, was leider oft vorkommt, setzt sich das Mädchen zu mir an den Tisch und erzählt vom alten China, von der großen Stadt Schanghai oder auch von den Hoffnungen, die man sich einmal auf eine glückliche Zukunft gemacht hatte. Einmal nimmt sie mich mit zu einem schon älteren chinesischen Kaufmann, der ein großes Geschäft besitzt. Während im Erdgeschoß seine Angestellten den geräumigen Laden betreiben, sitzt er oben in einer schön eingerichteten Wohnung, ganz allein. Seine Frau ist seit längerer Zeit auf Reisen, und seine Kinder sind längst aus dem Haus. Etliche arbeiten in den Vereinigten Staaten. Ein Sohn lebt als Tänzer und Tanzlehrer in Kaiserslautern. Der alte Vater gibt mir seine Adresse, und ich verspreche, ihn bei Gelegenheit einmal zu besuchen.

I „Sub umbra floreo" – das Staatswappen von Belize, das symbolisch auf das Zusammenleben verschiedener Bevölkerungsgruppen und die Bereiche belizenischen Lebens verweist. – Im Mittelpunkt steht der Mahagonibaum, der Britisch Honduras berühmt machte.

II Die historische Kathedrale der Anglikaner in Belize City, deren Bau im Jahre 1812 mit der Arbeitskraft der Sklaven begonnen wurde. – Die Ziegelsteine wurden aus England eingeführt, als Ballast der großen Schiffe, die Edelhölzer abholten.

III Das typische Straßenbild von Belize City.

IV Oben: Das „traditionelle" Tanzfest der Maya, gemanagt von einem Garifuna, dem Jesuitenpater Cayetano. – Tänzer und Kostüme stammen aus Guatemala – und werden gut bezahlt.

V Rechts: Der Hirschtänzer hat seine Maske abgenommen.

VI Die Maya-Pyramide in Altun Ha, im Vordergrund mein kleiner kreolischer Führer. – Die Ruinenstädte der Maya sind eine der wichtigsten touristischen Attraktionen Belizes.

VII Ein geheimnisvolles Steingesicht am Fuße eines Maya-Bauwerks in Altun Ha.

VIII Stolz präsentiert der junge Lehrer des Dorfes Hopkins die von ihm selbst verfaßte Geschichte der Garifuna.

IX Eine Garifuna-Dame beim Herstellen einer Reibe mit steinernen „Zähnen".

X Eine Kreolen-Lady vor ihrer Feuerstelle – Basthüllen von Kokosnüssen dienen gelegentlich als Brennstoff.

XI Die jüngsten Belizener stehen in der Reihe, um ihre Bücher bei Mister Bevans, der unter anderem den fahrenden Bibliothekendienst im Landesinnern begleitet, einzutauschen.

XII Der Treck transportiert Balken und Bretter aus dem Süden nach Belize City. Die Belizener Holzwirtschaft ist immer noch ein bedeutender Wirtschaftsfaktor für Belize. Die Regierung bemüht sich um Förderungsprogramme, trotz der Gefährdung der Wälder durch Hurrikans und Feuer.

XIII Wasserfälle in den westlichen Bergen.

XIV Eine Haltestelle des Überlandbusses auf dem Weg nach Dangriga. – Der Bus ist *das* Verkehrsmittel in Belize – für Touristen und Belizener gleichermaßen abenteuerlich.

XV Tropische Idylle. – „Mein" Pfahlbau am Strand von Hopkins, in dem ich während meines Aufenthaltes dort wohnte.

Eine chinesische Lady nimmt in Ansehen und vielleicht auch in Vermögen mit Abstand die Spitzenstellung unter den Chinesen in Belize ein, wenn ich den bewundernden Erzählungen Glauben schenken darf. Sie sei ganz klein und zart, aber ungemein geschäftstüchtig und ausdauernd. Unter anderem gehöre ihr das zweitbeste Hotel von Belize City, wo der enormen Preise wegen nur wohlhabende Touristen und Politfunktionäre abzusteigen pflegten. Mir genügt es, das Luxushotel der bildschönen Lady von außen zu betrachten.

Die Belizener haben sich an die chinesischen Einwanderer gewöhnt. Sie gehören dazu. Einmal höre ich die anerkennenden Worte, die Chinesen blieben auch, wenn sie reich geworden wären, im Gegensatz zu anderen Fremden im Land. Ein anderer erzählt mir genau das Gegenteil: Wenn sie Geld genug hätten, würden sie zurückgehen nach Hongkong oder sonstwohin. Ich bin den Auskünften nicht weiter nachgegangen, jedenfalls lernen die Kinder der Einwanderer noch, Chinesisch zu sprechen, aber kaum eines lernt die chinesische Schrift. Die Enkelgeneration ist völlig in die englischsprachige Gesellschaft integriert, eine Erfahrung, die sich überall in der Welt bestätigt: Die Chinesen werden reich, legen aber keinen Wert auf eigene Schulen oder die Beibehaltung ihrer Kultur.

Übrigens ist das gesamte Glücksspiel von Belize fest in chinesischer Hand. Es gibt die offizielle, vom Staat lizensierte Lotterie, daneben aber auch eine illegale. Bei diesem sogenannten „Bolido" fließen, wenn man Landesverhältnisse zum Maßstab nimmt, gewaltige Geldmengen. Gelobt wird, daß die Chinesen die ausgelosten Gewinne tatsächlich korrekt auszahlen. Ein angesehener Belizener überzeugt mich, die Lotterie unbedingt in meinem Buch zu erwähnen, denn Bolido sei schließlich etwas sehr Typisches für sein Land.

Die Kreolen

Manche Berichterstatter bezeichnen die Kreolen als „wichtigste Bevölkerungsgruppe" des Landes, mit verschiedenen Begründungen. Manchmal wird ganz einfach gesagt, sie hätten in kolonialen Tagen den Engländern am nächsten gestanden. Andere Beobachter stellen fest, daß die Kreolen in der Stadt Belize politisch das Sagen haben und daß sie allein dadurch auch heute noch im Land tonangebend sind, weitgehend jedenfalls.

Wie dem auch sei, das Lexikon verrät: Kreolen sind in den Überseeländern geborene Kinder von Europäern, also in rassischer Hinsicht Weiße. Im allgemeinen Sprachgebrauch hat die Bezeichnung längst eine andere Bedeutung, nämlich: Mischling weiß-schwarz. Der weiße Anteil ist gegenüber dem Schwarzen im Laufe der Jahrhunderte immer geringer geworden und daher bei vielen Kreolen äußerlich nicht mehr wahrnehmbar.

Die Kreolen von Belize halten sich selbst für die bedeutendste Bevölkerungsgruppe des Landes, sozusagen für „echte" Belizener, im Gegensatz zu den eingeborenen Indianern und den verschiedenen Gruppen von „Zugereisten", angefangen bei den Garifuna über die Chinesen, Libanesen, Mennoniten bis zu den Salvadorianern. Die anderen Bevölkerungsgruppen des Landes halten die Kreolen für überheblich.

Gegen Ende des 18. Jahrhunderts kamen von Süden her, von der Moskitoküste in Nicaragua, britische Siedler ins Land, die selbst bereits mit Indianern vermischt waren und deren mitgebrachte Sklaven zum Teil auch Indianer oder Indianermischlinge waren. Eine Stärkung des afrikanischen Anteils kam erst später wieder durch Einwanderer von den westindischen Inseln zustande.

Die Kreolen kämpfen für die Anerkennung ihrer Sprache, des Créol, das während der Kolonialzeit immer nur mit Mißachtung bedacht worden war. Man bezeichnete es als verderbtes Englisch und versuchte, es vor allem durch den Schulunterricht zu verdrängen. Doch die Kreolen entwickelten eine bewundernswerte Ausdauer in passiver Abwehr aller noch so intensiven Bemühungen um eine sprachliche Integration.

In jüngster Zeit tritt hauptsächlich der Bund der Lehrer dafür ein, daß das Créol zur Unterrichtssprache erklärt wird. Zutreffend führen die Pädagogen an, daß sich die Kinder in Créol ohne weiteres ausdrücken können, während sie mit dem Hochenglisch so große Schwierigkeiten haben, daß sie lieber schweigen, statt aktiv am Unterricht teilzunehmen. Auch viele Lehrer, die ihre eigene kreolische Sprache fließend beherrschen, haben Schwierigkeiten mit dem Hochenglisch, so daß letztlich der Unterricht sowieso in Créol gehalten wird.

Die energisch vorgetragenen Wünsche der Lehrerschaft finden in weiten Kreisen der geistigen Oberschicht Anklang, nur stellte man dabei fest, daß auch die anderen Sprachen Belizes, die verschiedenen Maya-Sprachen, die Garifuna-Sprache und nicht zuletzt auch das Spanische, an den Schulen gelehrt werden müsse, überall dort, wo eine ausreichende Schülerzahl vorhanden sei. Ich kann nicht beurteilen, ob die Kreolen gegen die Ausweitung ihres progressiven Programms Einspruch erheben würden. Mehrfach höre ich allerdings die Vermutung, daß die Kreolen beabsichtigten, an die Stelle der Briten zu treten und ihre eigene Sprache zur dominierenden machen möchten, was mich weniger begeistert.

Ich erkundige mich, glücklicherweise im vorsichtigen Stil einer Routinefrage, was wohl die Kreolen von einer Integration in „ein Volk von Belizenern" halten? Die Entgegnung fällt noch heftiger aus als zuvor bei den Garifuna: Die Idee stamme vom Prime Minister, der auch gern das Wort „Afro-Belizener" gebrauche. Das aber machten die Kreolen nicht mit, denn sie legten großen Wert auf ihre Identität und ihre Sprache. Die sehr erzürnte schwarze Lady erklärt mir mit Nachdruck, man sei zwar sehr stolz auf die afrikanischen Wurzeln und auf die afrikanische Geschichte – von der sie eigentlich nicht viel weiß –, aber die Kreolen seien ein eigenes Volk, das in Belize entstanden sei und das dort einer sehr hoffnungsvollen Zukunft entgegensehe.

Meine übrigen kreolischen Gesprächspartner äußern sich entsprechend und spielen die Integrationsbestrebungen der Regierung herunter. So etwas sei ohnehin nicht denkbar, man lebe gut im neuen Staat zusammen.

Gelegentlich werde ich darauf hingewiesen, wie sehr sich die kreolische Kultur auch bei den anderen Bevölkerungsgruppen des Landes durchsetze, die kreolische Sprache und auch die Lebensform. Nein, ich fände das nicht begrüßenswert: Wer selbst nicht integriert werden will, soll nicht versuchen, andere zu dominieren.

Leider sind die Kreolen keine Ackerbauern, und sie zeigen auch kein Interesse, welche zu werden. Ihre Abneigung gegen körperliche Arbeit stammt, wie manche Beobachter festzustellen glauben, noch von ihren Sklaven-Vorfahren, die für andere schuften mußten. Angestrebt werden Schreibtischtätigkeiten, das heißt ein Leben, wie es die ehemaligen Herren führten. Daher – so behaupten jedenfalls amerikanische Experten – scheinen die Kreolen auch nicht besonders anfällig für den Kommunismus zu sein. Arbeit unter Zwang, so wie sie die Vorfahren für ihre Herren tun mußten und wie es in den kommunistischen Ländern üblich ist, sei bei den Kreolen nicht gefragt.

Mir fehlte die Zeit, diese Frage umfassend zu erforschen, doch es dauerte nicht lange, bis ich entdeckte, daß es unter den Kreolen von Belize zwei politische Gruppierungen gibt, die sowohl in ihrer Sicht auf die Gegenwart als auch in in ihrer Geschichtsauffassung völlig konträre Standpunkte einnehmen. Die einen sind – mit Verlaub – so erzkonservativ, daß ich sie fast als „Anglo-Kreolen" bezeichnen möchte. Die anderen sind, wenn man europäische Maßstäbe anlegen darf, sozialistisch oder glauben wenigstens, es zu sein. Wie die tatsächlichen Machtverhältnisse der beiden Blöcke innerhalb der kreolischen Bevölkerungsgruppe von Belize sind, ist schwer zu beurteilen.

Ich habe den Eindruck gewonnen, daß die Konservativen nicht so schwach sind, wie zuweilen behauptet wird, und daß die Linke bei weitem nicht so stark ist, wie zahlreiche ausländische oder vom Ausland gestützte Veröffentlichungen Glauben machen wollen.

Natürlich gibt es unter den Kreolen von Belize auch diejenigen, die keinem der beiden Extreme zugeordnet werden können. Sie vertreten eine Art Mittelklasse, die sich im allgemeinen abwartend oder gar neutral verhält, und nur bei Gelegenheit, aus der Augenblicksemotion heraus, aktiv wird. Die Bindung dieser Klasse an die englische Kultur und Tradition, vielleicht auch an die Krone, sind nach meinem Eindruck stark. Nicht selten höre ich Äußerungen, die auf nostalgischen Traditionalismus schließen lassen.

Diejenigen, die einer solchen Haltung ablehnend gegenüberstehen, machen die Reste kolonialenglischer Schulbildung dafür verantwortlich, wobei sie meist auf eine dringend notwendige Änderung des Lehrplans der Schulen entsprechend der heutigen Auffassung von Geschichte und Gegenwartsentwicklung hinweisen.

Das dürfte sehr schwierig sein, denn wesentliche Teile der sogenannten „glorreichen Kolonialgeschichte" sind der Mehrzahl der Belizener Kreolen im wahrsten Sinne des Wortes heilig. Ein Musterbeispiel dafür ist die Schlacht bei der St. George's Insel, mit der die eigentliche Geschichte des Kolonialismus begann und der ich daher in diesem Buch ein eigenes Kapitel widmen werde.

Versuche moderner Historiker, den Mythos dieses Ereignisses zu untergraben, werden ignoriert, und selbst im eben erschienenen Geschichtsbuch für die Belizener Jugend wird die Schlacht ausführlich behandelt, unter namentlicher Nennung der Helden, auch des Thomas Paslow, den ich besonders erwähnen muß.

Daß innerhalb der kreolischen Bevölkerungsgruppe auch eine kreolische Elite entstand, die gesellschaftliche, wirtschaftliche und politische Bindungen zur Kolonialmacht und deren weißen Vertretern im Land entwickelte und bis heute pflegt, ist eine geschichtliche Gegebenheit, die linksorientierten Beobachtern nicht genehm ist. Diese argumentieren vor allem damit, daß Söhne eben dieser Elite in zwei Kriegen für das britische Empire kämpften und zum großen Teil auch starben. Jedenfalls hat die kreolisch-weiße Oberschicht in Belize niemals eine so hervorragende Rolle gespielt wie in den britisch-westindischen Besitzungen, nur, daß keine ihrer führenden Persönlichkeiten zu den Großen der Weltgeschichte aufgestiegen ist, wie dies zum Beispiel bei Morgan und Drake der Fall war. Die Linke hat daher auch keine alten Götter zu stürzen: Es gibt keine. Umgekehrt gibt es in der Geschichte von Belize auch keine linken Führungspersönlichkeiten von internationalem Format, die müssen erst „aufgebaut" werden. Vertreter sozialistischer Länder helfen dabei nach besten Kräften, während es Beobachter aus kapitalistischen Ländern an bissigen Bemerkungen darüber nicht fehlen lassen. Ein Vertreter letzter Kategorie versuchte, mich zu überzeugen, daß Antonio Soberanis nur ein kleiner Unruhestifter gewesen sei und daß es die von Cubola Productions, einer angeblich mit Kuba zusammenarbeitenden Druckerei, fettgedruckten Führer der Sklavenaufstände in Wirklichkeit so wenig gegeben habe wie die Sklavenstädte in den blauen Bergen des Landesinnern. Tatsächlich seien sich die die entlaufenen Sklaven, wenn sie unter sich waren, stets in die Haare geraten. Für diese Bemerkung kann der Kritiker keine Quellen angeben. Ich bohre nach, und ich muß hören, daß er sich lediglich auf vergleichbare Entwicklungen in anderen Sklavenländern stützt.

Ich habe den Eindruck gewonnen, daß in Belize die Rechte nicht so rechts und die Linke nicht so links wie in anderen Ländern ist, und ich denke, man darf hoffen, daß dies in Zukunft so bleiben wird. Die Regierung steuert einen für meine Begriffe vorbildlichen Kurs des Ausgleichs. Der Druck von außen und die wirtschaftliche und militärische Gefährdung des kleinen Landes werden wesentlich dazu beitragen, daß in Zukunft Exzesse nach der einen oder anderen Richtung vermieden werden.

Einige junge Leute, die nach eigener Aussage von revolutionären Änderungen träumen, stecken sofort zurück, als ich sie nach ihrer Meinung zur gegenwärtigen Entwicklung im Nachbarland Nicaragua frage. Nein, vom Regen in die Traufe möchte niemand kommen.

Eine agitatorische Aufwiegelung in wahrnehmbarem Ausmaß hat es bisher noch nicht gegeben. Vielleicht verzichten ausländische Interessenten darauf, weil die Erfolgsaussichten zu gering erscheinen. Der Bildungsstand des Durchschnittsbelizeners ist hoch, zu hoch, als daß er auf billige Agitation hereinfallen würde.

Piraten ohne Romantik

Über Piraten wird in Belize viel geredet, und schon die Kinder in der Schule lernen, welche Rolle die Vertreter dieses ehemals angesehenen Berufsstandes in der Geschichte des Landes gespielt haben. Sie waren die eigentlichen Gründer der britischen Kolonie. Zumindest muß man ihnen zubilligen, daß sie die Voraussetzungen zur Entstehung derselben geschaffen haben.

In der großen Kolonialzeit waren die Verhältnisse im südamerikanisch-karibischen Raum einigermaßen konsolidiert: Die Spanier hatten die riesigen Indianerreiche Südamerikas erobert und beuteten sie nach Kräften aus. Gold und Silber wurden per Schiff nach Spanien geschafft, damit der spanische König mit dem Erlös seine vielfältigen Vorhaben finanzieren konnte.

Vor allem die Engländer, die Franzosen und die Holländer versuchten jedoch, in das lukrative Geschäft einzusteigen. Ihre Vertreter im Karibischen Meer griffen die spanischen Schatzflotten an. Sie überfielen die Städte der Spanier, plünderten diese aus und errichteten überall dort, wo es ihnen nützlich erschien, eigene Stützpunkte. Mancherorts, zum Beispiel auf Jamaica, wurden aus diesen blühende Kolonien, die ihren Mutterländern großen Gewinn brachten, ehe sie in jüngerer Vergangenheit zu argen Belastungen werden sollten. Doch davon später.

Die Piraten starteten ihre Unternehmungen teils auf eigene Faust, teils im Auftrag ihrer Regierungen. Die Kapitäne letzterer Kategorie führten in ihren Bordschreibtischen amtliche Dokumente mit, laut welchen sie von der Obrigkeit befugt waren, spanische Schiffe zu kapern und spanische Siedlungen auszuplündern. Selbstverständlich gerieten sich die Seeräuberkapitäne manchmal in die Haare, um sich bei anderer Gelegenheit kollegial wieder gemeinsamen Unternehmungen zu widmen. Die verschiedenen Nationalitäten spielten dabei nicht unbedingt eine Rolle, es ging eher um die jeweilige Aussicht auf Gewinn. Manche Seeräuber erwiesen sich als gute Christen und stifteten den Kirchen ihrer Heimatorte teure, bunte Glasfenster.

Die großen Abenteuer der Karibischen See begannen in den sechziger Jahren des sechzehnten Jahrhunderts, als die Herren Francis Drake und John Hawkins sozusagen privatim ihren Krieg gegen die Spanier starteten. Zwei Jahrzehnte später begann der offizielle Krieg oder besser gesagt, es begannen mehrere Kriege, die sich über lange Zeit hinzogen und in denen all jene Ereignisse stattfanden, die heute den Stoff für immer neue, farbenprächtige Seeräuberfilme und -romane bieten.

Die meisten Piraten waren wie gesagt Engländer, Franzosen oder Holländer. Weniger zahlreich waren die Iren, und es gab nur einen Deutschen, der aus Hamburg stammte.

Er hieß Laurent Graff, hatte schöne, braungoldene Haare und trug nach vornehmer spanischer Art einen sorgfältig gepflegten Schnurrbart. Nicht nur durch seine Herkunft, sondern auch in seinem gepflegten Lebensstil nahm er eine Sonderstellung ein. Er war hochgebildet und spielte meisterhaft Violine. Manchmal gab er für seine Mannschaft, zuweilen auch für Gäste, an Bord Konzerte. Auch ist in Erinnerung geblieben, daß ihn die Moskito-Indianer „Filimingo" nannten, daß seine Artillerie besonders elegant schoß und daß er seine Gefangenen, ehe er sie aufhängen ließ, nach den jeweils neuesten Methoden folterte.

Was Belize direkt betrifft, so ist der Seeräuber Peter Wallace besonders zu erwähnen. Er stammte aus Schottland, soll Offizier beim berühmten Sir Walter Raleigh gewesen sein und ging schließlich als Begründer von Britisch Honduras in die Geschichte ein. In vielen Büchern liest man über seine Taten, wobei stets bemerkt wird, daß die Verfasser für ihre Ausführungen keine hundertprozentig zuverlässigen Quellen heranziehen konnten. Manche Gelehrte wollen sogar den Namen Belize von Wallace ableiten. In alten Dokumenten taucht der Name nämlich in verschiedenen Schreibweisen auf, zum Beispiel Wallix, Baliz, Bellise oder Waliz, aber auch in der heutigen: Belize. Gegen diese Interpretation werden natürlich zahlreiche Einsprüche geltend gemacht. Diese Gelehrten leiten den namen aus der Maya-Sprache ab. Einige wollen wissen, daß Kapitän Wallace anno 1603 mit achtzig Siedlern und mehreren Schiffen landete und Belize gründete, andere nennen das Jahr 1617, wiederum ohne dafür Beweise anführen zu können.

Wie dem auch sei: Die Engländer haben im heutigen Belize den Anfang gemacht, und wahrscheinlich waren es eine Handvoll Seeräuber, die in furchtbarem Sturm Schiffbruch erlitten und sich auf die St. George's Insel retten konnten.

Sie richteten sich dort ein und untersuchten bald die Insel und das gegenüberliegende Festland. Man kam überein, daß sie einen großartigen Stützpunkt für Piratenunternehmungen gefunden hatten. Nahrung gab es in Fülle, und die Riffe waren so beschaffen, daß nur Ortskundige sie mit ihren Schiffen passieren konnten. Die Lage war ideal, um lästige Verfolger nicht nur abzuhängen, sondern auch auf einfache Art und Weise zu vernichten.

Wie das Leben der Seeräuber zuging, können wir heute nur vermuten. Sie fischten und fuhren mit instandgesetzten oder neugebauten Booten hinüber auf das Festland, um dort zu jagen. Das Konservieren des Fleisches werden die Europäer von den Inselkariben gelernt haben: Man schnitt das Fleisch der erbeuteten Tiere in Streifen und räucherte es. Mit diesem Geschäft werden sich einzelne Gruppen der Piraten häufiger befaßt haben, und irgendwann bauten sie dann auf dem Festland, an der Mündung des Haulover-Flusses, ein paar Hütten, aus denen eine Stadt werden sollte.

Über die seeräuberischen Unternehmungen, die von der St. George's Insel gestartet wurden, gibt es keine schriftlichen Quellen. Sie scheinen gut verlaufen zu sein, denn der neue Ort entwickelte sich rasch. Von Luxus und von prächtigen Festen heimkehrender Piraten ist indessen nichts überliefert. Keinerlei Bauwerke oder sonstige Zeugnisse eines gehobenen Lebensstandards sind zu finden. Die anscheinend einzige größere englische Befestigung in dauerhafter Steinbauweise befindet sich auf der Insel Roatan, weit südlich von Belize, vor der Küste von Honduras. Sir Henry Morgan soll sie errichtet haben. Übrigens leben auf Roatan heute noch viele Menschen englischen oder schottischen Namens, die auf ihre vornehme Abkunft von den Piraten ungeheuer stolz sind.

Anders als auf den Karibischen Inseln gibt es in Belize keine Seeräuberromantik, weswegen meine Bemühungen um weitere Auskünfte erfolglos blieben. Meine Fragen nach den Damen der Seeräuber konnten nicht befriedigend beantwortet werden. Schwarze Sklavenmädchen wurden jedenfalls erst später importiert. Vielleicht gab es ein paar weiße Piratenbräute? Der Phantasie sind auch hier mangels historischer Quellen keine Grenzen gesetzt. Manche Geschichtsschreiber nehmen an, und damit dürften sie recht haben, daß sich die ersten, hartgesottenen Europäer auf dem Festland von Mittelamerika zunächst einmal für Vergnügen, Fortpflanzung und Hauswirtschaft der hübschen Indianerinnen aus den nahegelegenen Dörfern bemächtigt haben. Aus diesem Umstand erklärt sich auch die Behauptung, die kreolische Bevölkerung des Landes habe einen gewissen indianischen Blutsanteil – der allerdings nur Bruchteile eines Promills betragen dürfte.

Die Versorgung mit Frauen war nur so lange gesichert, bis sich die Indianer ins unzugängliche Inland zurückzogen. Es traf sich günstig, daß eben jetzt die Einfuhr von afrikanischen Arbeitskräften begann. Man konnte schwarze Mädchen nach eingehender Prüfung auf dem

Markt kaufen, und wenn man betreffenden Erzählungen Glauben schenken will, war deren natürliche Begabung auf erotischem Gebiet so überzeugend, daß alle bisher verfügbaren Damen an Reiz verloren. Die allerorten erschienenen Mischlingsbabies wurden die Stammeltern der eben beschriebenen kreolischen Bevölkerungsgruppe von Belize.

Als sich später die Verhältnisse auf dem Festland nach eher europäischem Vorbild festigten, kamen per Schiff auch weiße Frauen ins Land und spielten als Ehegemahlinnen offiziell die vorherrschende Rolle, nicht in bevölkerungspolitischer Hinsicht: Schwarze Mädchen und die inzwischen zahlreich vorhandenen bildhübschen Kreolinnen waren in dieser Hinsicht für die Zukunft des Landes von entschieden größerer Bedeutung.

Von Seeräubern zu Holzfällern

Wie alle wirtschaftlichen Epochen in der Geschichte der Menschheit einmal zu Ende gehen, erging es schließlich dem einträglichen Gewerbe der Seeräuberei in der Karibik. Die Spanier hatten die eroberten Indianerreiche gründlich ausgeplündert, so daß nichts mehr zu holen war, und die Piraten mußten sich notgedrungen nach anderen Einnahmequellen umsehen.

Belize bot ihnen großartige Möglichkeiten. Hier wuchs nämlich Farbholz, das begehrte logwood, das man daheim in England zum Einfärben von Wollerzeugnissen dringend benötigte. Der erste Kapitän, der damit sein Glück versuchte, hatte allerdings Pech. Er konnte seine Ladung nicht verkaufen. Eine Menge kostbaren Farbholzes wurde verfeuert, ehe man dessen Wert entdeckte.

Für das dann rasch expandierende Holzgeschäft wurden immer mehr Arbeitskräfte benötigt. Das seemännische Personal der Piratenschiffe wird, so kann man sicher annehmen, für die Holzarbeit im tropischen Urwald wenig geeignet gewesen sein, und wahrscheinich blieben die Matrosen viel lieber an Bord, wo sie ohnehin benötigt wurden. Der allgemeinen Gepflogenheit ihrer Zeit entsprechend führten die Jungunternehmer afrikanische Sklaven ein, aus Jamaica, auf dessen Märkten man sich reichlich mit dieser Art Importware eindecken konnte. Doch auch zur Sklavenfrage später.

Die Unternehmer, die sich in Belize niederließen, regelten ihre „politischen" Angelegenheiten zunächst selbst. Ob es dabei immer friedlich zuging oder ob mögliche Meinungsverschiedenheiten gelegentlich wie in amerikanischen Filmen mit dem Degen oder mit anderen Mitteln der Gewalt reguliert wurden, ist nicht bekannt. Vor vielen Jahren las ich einmal in einem alten Buch, in Belize habe damals eine parareligiöse Geheimgesellschaft die Rolle des Staatsträgers gespielt. Erkundigungen darüber führten zu keinem Ergebnis. Ein wohlwollender Freund bedeutete mir, daß es nicht ratsam sei, diesen Bereich der Belizener Geschichte näher zu erforschen.

Die ins Wirtschaftsleben eingestiegenen Piraten wünschten sich von Anfang an eigentlich nichts anderes, als in Ruhe und ohne jede Störung von außen ihre Geschäfte abwickeln zu können. Nur noch selten fuhren sie, sei es, weil es sich gerade ergab, oder sei es aus Verbundenheit mit ihrem alten Beruf, hinaus auf die See, um fremde Schiffe zu überfallen und auszuplündern.

Die Baymen, wie sie sich selbst fortan nannten, lehnten für ihre Siedlung den Status einer britischen Kolonie ab, da sie nicht beabsichtigten, der Krone Steuern zu zahlen. Die Regierung ihrer Majestät in London war darob zufrieden. Ihr genügte es, wenn die Einfuhr des für die eigene Wirtschaft dringend notwendig gewordenen Farbholzes problemlos vonstatten ging. Man wollte die argwöhnischen Spanier nicht unnötig reizen, denn es reichte vollauf, die Franzosen zu Feinden zu haben. Mit diplomatischem Geschick und freundlichen Gesten gaben die raffinierten Engländer den stolzen Spaniern das erhebende Gefühl, die Herren Mittelamerikas zu sein. Diese wiederum gestatteten den Unternehmern in Belize großzügig, in genau begrenztem Gebiet Holz zu schlagen. Erst, als es doch zu Auseinandersetzungen kam, schickte das britische Mutterland Streitkräfte zur Unterstützung – was seither zur Routine geworden ist. Bis heute.

Die Schlacht am St. George's Caye

Noch heute bekommt jeder Besucher Belizes unweigerlich etwas zu hören über diese denkwürdige Schlacht anno 1798, und mir ergeht es nicht anders. Die Nachfahren der Spanier behaupten entrüstet, die Schlacht habe nie stattgefunden und alle Geschichten darüber seien von den Briten erfunden worden. In Wirklichkeit hätten einige ruchlose englische Piraten auf den Riffen ein paar bedauernswerte, schiffbrüchige Spanier ermordet. Der Propaganda der jungen Nation Belize gilt das Ereignis als „alter Anfang", denn mit ihm begann die eigentliche Existenz der britischen Kolonie. Als „neuer Anfang" gilt die unlängst erlangte Unabhängigkeit, wie auf zahlreichen Aufklebern zu lesen ist. Dem Außenstehenden mag es schwerfallen zu verstehen, warum zwei so gegensätzliche Ereignisse in einem Atemzug gepriesen werden.

Dutzende von Berichten gibt es über die bedeutende Seeschlacht, sogar einen Comic Strip. Am ausführlichsten schildert Mr. H. F. Humphrey die Geschehnisse, der sich auf Unterlagen stützen konnte, die sein Freund Mr. Peter Ashdon mit Ausdauer im Public Record Office zu London gesammelt hatte. Welche Lehren aus der Schlacht auch für die Gegenwart gezogen werden konnten und können, untersucht der Jesuitenpater Richard Buehler. Er bescheinigt den britischen Führungskräften großartige Planung, äußerste Besonnenheit und beispielhafte Zusammenarbeit.

Sicher waren die Briten im Vorteil, was in den Schilderungen des glorreichen Ereignisses nicht erwähnt wird: Sie hatten genügend Zeit, sich gründlich vorzubereiten. Auf dem Hintergrund der allgemeinpolitischen Entwicklung in Europa und in Anbetracht der Tatsache, daß immer mehr Sklaven auf spanisches Gebiet flüchteten, konnten sich die Baymen ausrechnen, daß sie früher oder später angegriffen würden. Wenn auch zunächst niemand mit Vergnügen seine einträgliche Arbeit und seine Geschäfte unterbrach, wandte man sich doch an den zuständigen Gouverneur auf Jamaica mit der Bitte um Entsendung eines Militärs, der im Land selbst alles Notwendige veranlassen sollte. Es war schicksalhaft für das Land und seine weitere Entwicklung, daß der beauftragte Offizier, Oberst Thomas Barrow, ein ungewöhnlich tüchtiger Mann war und daß ihm als Befehlshaber des Kriegsschiffs Merlin ein gleichermaßen befähigter Offizier, nämlich Kapitän Moss, zur Seite gegeben wurde. Die beiden militärischen Führer verstanden sich bestens und führten ihre Operationen gemeinsam durch.

Oberst Barrow baute ein Fort am Haulover-Fluß, dazu Unterkünfte und Depots. Zur Versorgung der Soldaten ließ er Rinder und Nahrungsmittel nach Belize City schaffen, was vor allem den 1797 zweihundert Mann starken irischen und westindischen Truppen sowie einer Gruppe leichter Artillerie zugute kam. Entsprechende Vorbereitungen wurden auch für die Ankunft von drei Kompanien des schwarzen westindischen Regiments im Januar 1798 getroffen. Zur Aufrechterhaltung der Versorgung mußte Oberst Barrow schließlich illegale Wege beschreiten, denn der Nachschub aus England blieb aus. Die britische Marine war zu sehr in Europa und der östlichen Karibischen See beschäftigt, als daß sie noch Transportschiffe nach Belize hätte schicken können. Barrow kaufte in den Vereinigten Staaten ein und bezahlte mit wertvollem Mahagoni-Holz, das eigentlich für die Verschiffung ins Mutterland bestimmt war. Die Militärs hatten zunächst Mühe, ihre Schutzbefohlenen zur Mitarbeit heranzuziehen. Die Sklaven brauchte Barrow als Arbeitskräfte für den Bau von Befestigungen und Kanonenflößen. Die Baymen hätten es lieber gesehen, wenn die britischen Streitkräfte ohne ihre Hilfe ausgekommen wären. Kapitän Moss schrieb daher dem Magistrat der Siedlung einen deutlich formulierten Brief mit entsprechenden Forderungen und teilte unmißverständlich mit, daß er, wenn man sich nicht unverzüglich zu eigener Aktivität bequeme, mit seinem Merlin davonsegeln würde. Unter diesem Druck rafften sich die ehrenwerten Baymen-Kapitalisten von Belize zu jenen entschlossenen Verteidigungsmaßnahmen auf, die ihnen später den Sieg bescheren und einen ehrenvollen Platz in der Geschichte des Empires sichern sollten. Die Reichen erklärten sich im Interesse des Landes damit einverstanden, daß ihre Häuser auf dem St. George's Caye niedergebrannt wurden. Sie sollten keinem Feind Unterkunft und Deckung bieten. Auch die Schiffseigentümer stellten sich mit ihren Schiffen und deren Besatzungen in den Dienst der Landesverteidigung. Besonders der Unternehmer Thomas Paslow tat sich hervor. Er bewaffnete nicht nur sein privates Schiff mit Kanonen, sondern stellte aus seinen Sklaven eine starke Kampfeinheit zusammen. Im neuen Lehrbuch der Geschichte für die Belizener Jugend wird noch der bereits betagte Unternehmer Thomas Potts namentlich genannt. Er erschien mit dem kampfbereiten Schiff Tickler. Weitere Privatschiffe, Towzer, Mermaid und Swinger, standen ebenfalls samt ihren Eigentümern als Kapitäne zur Verfügung.

Während alle sich mühten, fuhr Kapitän Moss draußen zwischen den Riffen herum, und man verdächtigte ihn, er vertreibe sich die Zeit mit Fischen. In Wirklichkeit untersuchte er die Küstengewässer und die Riffe, deren genaue Kenntnis eine unbedingte Voraussetzung für eine erfolgreiche Verteidigung des Landes war.

Die Baymen hatten inzwischen begriffen, daß es um die Verteidigung ihres Lebens ging. Wie es ihnen im Fall eines spanischen Sieges ergehen könnte, wußten sie von den überlebenden Gefangenen einer verlorenen Schlacht aus dem Jahr 1779. Damals mußten die unterlegenen Baymen unter den fürchterlichsten Bedingungen bis nach Merida in Mexiko marschieren, wobei nur wenige am Leben blieben.

Daß die Spanier diesmal die Absicht hatten, die Siedlung nicht nur niederzubrennen, sondern sie dauernd besetzt zu halten, ging daraus hervor, daß sie für diesen Zweck starke Landtruppen in Bereitschaft hielten. Die Soldaten dieser Truppen waren in der Mehrzahl Nachkommen entlaufener Belizener Sklaven, von denen man ohne Zweifel nichts Gutes zu erwarten hatte.

Wie die Dinge auf der Seite des Feindes standen, erfuhren die Briten von Spionen, vor allem von Schmugglern, die mit den Spaniern auf Kuba ihre dunklen Geschäfte machten. Einmal kaperten die Engländer ein kleines spanisches Postschiff. Einige Briefe enthielten bereits Bestellungen der Angehörigen spanischer Offiziere: englische Waren, die die siegreichen Helden im eroberten Belize für ihre Damen beschaffen sollten.

Auf spanischer Seite ging unterdessen ziemlich alles daneben. Während bei den Briten die Spitze bestens zusammenarbeitete, war bei den Spaniern das Gegenteil der Fall. Die Befehlshaber der stärksten Kriegsschiffe gehorchten den Anweisungen des Generalkapitäns nicht und machten sich davon, noch ehe die Schlacht begonnen hatte. Die Kapitäne der verbleibenden Schiffe, die im übrigen nicht über genügend Feuerkraft verfügten, kannten die Gewässer vor Belize nicht und gerieten daher bald schon in Schwierigkeiten: Sie saßen fest. Die Angreifer verloren beim Suchen der Wege durch die Riffe viel Zeit, und eben dort, wo sie durchbrechen wollten, saßen britische Scharfschützen, gut getarnt in den Mangroven, und empfingen ihre Gegner mit überaus wirksamem Feuer. Die Transportschiffe der Spanier kamen nicht weiter. Die Moral der darauf nicht gerade komfortabel untergebrachten Truppen – obendrein war Gelbfieber ausgebrochen – sank. Weil die Engländer wußten, wie stark die Spanier trotzdem waren, bauten sie „Hilfskreuzer": Die vorhandenen Edelholzflöße wurden verstärkt. Man baute Schutzwände aus Baumstämmen und bestückte sie mit je einer Kanone, Pulverfässern und Kugeln, wahrscheinlich auch mit Verpflegung und Trinkwasser und mit einem ausreichenden Bestand an Rumflaschen für die Besatzung.

Entschlossen sahen die Briten ihrem Feind entgegen. Der Kampfgeist muß gut gewesen sein, was um so erstaunlicher ist, als die meisten Mitglieder der Mannschaften Negersklaven waren.

Am 31. August 1798 erschien der spanische Generalkapitän Arturo O'Neil, Generalgouverneur von Yucatan, mit einer Flotte von 32 Schiffen, an deren Bord sich insgesamt 500 Seeleute und 2000 Soldaten befanden. Die Briten hatten dem nur 240 Mann gegenüberzustellen. Kapitän Moss auf seinem Merlin spielte den Marinebefehlshaber. Oberst Barrow war für die Landoperationen zuständig, kam aber nicht zum Zuge, weil die Spanier flohen, ehe er in das Geschehen eingreifen konnte, am 13. August. Der Durchbruchsversuch durch die Riffe war kläglich mißlungen. Drei Tage später versuchten sie es noch einmal. Wieder scheiterte der Angriff. Auch aus dem Schußwechsel am 4. September gingen die Engländer aufgrund ihrer Geschicklichkeit als Sieger hervor. Das entscheidende Gefecht fand am 10. September statt. Neun spanische Schiffe steuerten auf den St. George's Caye zu. Der Merlin, an jeder Seite ein Kanonenfloß, wartete am Kanal zwischen den Riffen. Gegen 14.30 Uhr begann das Artillerieduell. Die Briten schossen gezielt und trieben vier der angreifenden Schiffe auf Grund. Nach zwei Stunden gaben die Spanier auf und versuchten den Rückzug, doch die Briten setzten ihr erfolgreiches Feuern fort.

Als die Sklaven der Engländer stürmen wollten, ließ Moss sie zurückholen, ein Umstand, der noch heute die Gemüter der Geschichtsforscher bewegt. Gab Moss den Befehl aus Menschenfreundlichkeit oder dachte er eher imperialistisch und wollte nur seine wertvollen Kampf- und Arbeitskräfte zur weiteren Ausbeutung erhalten?

Der Rest der Geschichte ist rasch erzählt: Am 12. September trafen aus Jamaica drei englische Kriegsschiffe zur Verstärkung ein, und am 16. September verschwanden die Spanier endgültig aus dem Gebiet. Auf einer der Inseln entdeckte man später eine Menge von Gräbern. Die Engländer stellten erleichtert fest, daß sie nicht einen einzigen Mann verloren hatten, und wenn man annehmen will, daß die Vorliebe der damaligen Belizener für harte Getränke so groß war wie die ihrer heute lebenden Urenkel, muß der Rum damals in Strömen geflossen sein.

Nachdem man sich auch vom Siegesfest erholt hatte, ging das Wirtschaftsleben des nunmehr endgültig britischen Landes weiter. Die Sklaven fällten wieder Bäume, und im Hafen wurde Holz für Europa auf Schiffe verladen.

Noch ein Wort zu Thomas Paslow, dem umstrittenen, besser gesagt heute negativ beurteilten Helden eben beschriebener Schlacht. Wenn er mit außerordentlicher Tapferkeit focht, so tat er das vorrangig zur Erhaltung seines Besitzes. Im Wirtschaftsleben zeigte Mr. Paslow wenig schöne Charaktereigenschaften, und seine schwarzen Sklaven behandelte er mit einer derartigen Grausamkeit, daß er dafür sogar vom Magistrat, der ebenfalls aus Sklavenbesitzern bestand, zur Rechenschaft gezogen wurde. Seine Brutalität kannte keine Grenzen, und eineinhalb Jahrzehnte nach der Schlacht von der St. George's Insel wurden rebellierende Sklaven vom britischen Superintendenten der Kolonie im Hinblick auf die Qualen, die sie unter ihrem Besitzer gelitten hatten, freigesprochen.

Der fremde Besucher Belizes darf sich darüber wundern, daß noch immer eines der repräsentativen Gebäude – ich erwähnte es bereits eingangs – den Namen „Paslow-Building" trägt. Ein anderes Gebäude gleichen Namens, es gehörte zur Lehrerakademie, wurde vor etlichen Jahren umgetauft, nachdem die aufmerksamen Schüler im Geschichtsunterricht nicht nur von den Leistungen, sondern auch von den Fehlleistungen des Namenspatrons erfahren hatten. Vielleicht waren unter seinen Opfern eigene Vorfahren.

Merkwürdig nur, daß nicht auch einmal mit dem Maya-Helden Nachankan aufgeräumt wird, der immer noch als hoch angesehener Verteidiger gilt, obwohl er ohne Zweifel ein Feudalherrscher war, der seine Untertanen ausbeutete. Auch in Belize wird wohl manchmal mit zweierlei Maß gemessen.

Sklaverei

Die Behauptung, die Belizener Sklaven seien von ihren Herren im großen und ganzen besser behandelt worden als zum Beispiel auf den westindischen Inseln, ist wenig glaubhaft. In Wirklichkeit waren die Freiheiten, die die Sklaven genossen haben, ausschließlich durch die Eigenarten des Landes und der Arbeit bedingt.

Die Zuckerrohrpflanzer auf den Inseln konnten ihre Arbeiter, die in großen Gruppen auf relativ kleinen, überschaubaren Feldern arbeiteten, leicht überwachen. Außerdem waren die Möglichkeiten eines Entkommens von einer Insel, vom großen Jamaica abgesehen, gering. Die Sklaven von Belize arbeiteten dagegen in kleinen Gruppen in den Wäldern tief im Landesinnern, und es bot sich ihnen gute Möglichkeit, in die wenn auch ungewisse Freiheit zu entkommen. Nicht wenige nutzten diese und verschwanden nach Westen ins Gebiet des heutigen Guatemala. Auch der erste diplomatische Kontakt zwischen Belizenern und den ungeliebten spanischen Nachbarn ergab sich aus einem Sklavenproblem: Ein etwas zwielichtiger Mann mit dem Namen Marschall Bennett, zu Beginn seines Jahrhunderts der reichste Mann im Land, begab sich 1824 mit einer Delegation nach Guatemala City und bat um die Rückgabe entwichener Sklaven.

Wie erklärt sich aber, daß, entgegen den Verhältnissen in anderen Ländern, die Mehrzahl der schwarzen Sklaven in Belize bei der Stange gehalten werden konnten? Die Frage drängt sich um so mehr auf, als sie in ihrer Anzahl der weißen Bevölkerung bei weitem überlegen waren. Im Jahre 1745, also nur achtzehn Jahre nach Einfuhr der ersten Sklaven, betrug der Anteil der schwarzen Bevölkerung im „Wirtschaftsgebiet" 71 Prozent, und um 1800 war er bereits auf 86 Prozent angestiegen.

Sicher ist die ruhige Lage zum Teil darauf zurückzuführen, daß die importierten Menschen bereits „gezähmt" waren. Sie kamen nicht direkt vom afrikanischen Kontinent, sondern von den Märkten auf Jamaica und Bermuda. Mit der Ankunft in Belize verbesserte sich ihr Los in jedem Fall, und die meisten Unternehmer waren gerissen genug, diese Lage auszunutzen. Es wird sogar Fälle gegeben haben, in denen Besitzer und Sklave im Laufe der Zeit einträchtige, vielleicht sogar familiäre Beziehungen pflegten. In kleineren Betrieben, in denen der Chef Seite an Seite mit den Schwarzen arbeitete, lag diese Entwicklung näher als bei den Mächtigen, die von der Stadt aus regierten. Ein weiteres erleichterte den Weißen den Umgang mit ihren schwarzen Dienern: Während die Männer in der Trockenzeit im Landesinnern arbeiteten, blieben ihre Familien in der jeweiligen Ansiedlung zurück und wurden von den Besitzern mit Nahrungsmitteln versorgt. Schließlich gestatteten die Unternehmer den Sklaven, für den Eigenbedarf Landwirtschaft zu betreiben.

Modernen historischen Abhandlungen zufolge entwickelten die Weißen ein ausgeklügeltes System, die Sklaven unter Kontrolle zu halten. Sie stellten die Arbeitsgruppen zum Beispiel so zusammen, daß sich die Sklaven schon ihrer verschiedenen Stammesherkunft wegen untereinander nicht gewogen waren. Spitzel wurden dafür bezahlt, über ihre Genossen und über mögliche Absichten zu Flucht und Aufstand zu berichten. Die zurückgebliebenen Familien blieben darüber hinaus als Geiseln, und die Strafen selbst für kleinere Vergehen waren hart und barbarisch. Wenn folgsame und fleißige Sklaven gut behandelt wurden, so geschah dies sicher nur deshalb, weil sie zum wertvollen Geschäftskapital ihrer Besitzer gehörten.

All diese Informationen verdanke ich einem Belizener Freund, der Soziologe ist und heute im Unterrichtsministerium arbeitet. Ich traf ihn zufällig frühmorgens im

Wohnviertel von Belmopan, aus dem wir gemeinsam hinüber ins Stadtzentrum gingen. Er war es auch, der mir erzählte, daß die Aufstände der schwarzen Sklaven gegen ihre weißen Herren in der heutigen Geschichtsdarstellung durch die Belizener selbst eine größere Rolle spielen als in Darstellungen von Außenstehenden. Selbst im Geschichtsbuch der Schulkinder werden die damaligen Ereignisse ausführlich geschildert, unter Nennung von neun besonderen Fällen. In Arbeiten kommunistischer Autoren wird hervorgehoben, daß die Engländer die Sklaverei in Belize erst geraume Zeit nach der Unabhängigkeitserklärung der ehemaligen spanischen Nachbarterritorien aufhoben – um sie durch ein neues, ausgeklügeltes System der Ausbeutung zu ersetzen. Die kommunistischen Autoren heben hervor, daß entlaufene Sklaven auf den Schiffen der spanischen Angreifer bei der großen Schlacht am St. George's Caye dabei waren, was den Spaniern allerdings, wie wir gehört haben, keinen Segen brachte.

In einer der linksorientierten Schriften werden zwei Sklaven, Will und Sharper, erwähnt, die im Jahre 1820 angeblich einen Aufstand anzettelten, der erst nach einem Monat niedergeschlagen werden konnte. Mit Interesse las ich dort auch von „Sklavenstädten", die es um 1820 in den unzugänglichen Berg-Urwäldern gegeben haben soll. Es wäre reizvoll, dieses Stück Geschichte näher zu untersuchen, obwohl diese Städte, wenn es sie überhaupt gegeben hat, nicht von Dauer waren. Nur in Suriname brachten es geflüchtete Sklaven fertig, eigene Gemeinwesen zu gründen, die sich bis in unsere Zeit gehalten und weiterentwickelt haben.

Auch nach meiner Rückkehr nach Europa versuchte ich noch, Näheres über Will und Sharper und die Städte der Schwarzen in den westlichen Bergen herauszubringen. Es gelang nicht. Ein Historiker, den ich zu Rate zog, meinte, es sei nichts Außergewöhnliches, wenn bei Bedarf fehlende

Helden, besonders solche revolutionärer Gesinnung, erfunden würden.

Die kreolische Bevölkerungsgruppe von Belize betrachtet die Geschichte der Sklaven jedenfalls heute mit Stolz, was man fremden Besuchern gegenüber – ich erinnere an das Kapitel „Die Kreolen" – auch sehr deutlich, manchmal ein wenig zu dick aufgetragen, zum Ausdruck bringt. Der Einfluß der schwarzen Bewegung in den USA ist unverkennbar.

Kommen wir zum Schluß: In der Geschichte von Belize spielen die Sklaven, zusammen mit den Baymen, eine sehr bedeutende Rolle. Es ist daher durchaus angebracht, daß das afrikanische Element im Lande gewürdigt und gefördert wird. Ich glaube nicht, daß dadurch die Kreolen, die Nachfahren der Sklaven, gegenüber anderen Bevölkerungsgruppen eine Vorrangstellung erhalten werden.

Es dürfte deutlich geworden sein, daß die Geschichte der Sklaven und der Baymen die Geschichte der Kreolen Belizes ist, die Geschichte des „eigentlichen Anfangs", auch wenn daraus keinerlei Überlegenheit anderen Bevölkerungsgruppen gegenüber abgeleitet werden darf. Belize vereinigt verschiedene Völker zu einer jungen Nation, und es wird gut daran tun, deren vielfältige Beiträge zu seiner Geschichte gleichermaßen zu würdigen.

Die Kathedrale der Anglikaner

Ich bin wieder einmal in Belize City. Meine erste Bilanz über meine bisherigen landeskundlichen, völkerkundlichen und historischen Erkundigungen habe ich gezogen, es bleiben noch einige Wochen, mich im gegenwärtigen Belize auf den Gebieten, die ich bisher nicht näher erforscht habe, umzusehen, und zunächst einmal gehe ich – in die Kirche.

Die St. John's Cathedrale ist das einzige historische Baudenkmal Belize City's im eigentlichen Sinne. Jeder Tourist erfährt, daß ihr Bau mit der Arbeitskraft der Sklaven im Jahre 1812 begann und daß die Ziegelsteine dafür aus England eingeführt wurden, als Ballast der großen Schiffe, die in Britisch Honduras Edelhölzer abholten. In der anglikanischen Buchhandlung, dem wirklich besten Fachgeschäft seiner Art im Land, erstehe ich ein kleines Heft über die Geschichte der Kathedrale. Noch am gleichen Tag melde ich mich zu einem Besuch bei seiner Exzellenz, dem Bischof der anglikanischen Kirche in Belize, an.

Die blitzsauber gekleideten schwarzen Damen im Büro hätten etwas weniger förmlich sein können, aber immerhin bekomme ich einen Termin und werde gleich darauf aufmerksam gemacht, daß die Audienz auf fünfzehn Minuten begrenzt sei. Ich habe noch etwas Zeit, mich zu fragen, warum die anglikanische Kirche, die doch sicher immer in der Gunst der mächtigen britischen Kolonialverwaltung gestanden hat, im Laufe der Zeit von den Katholiken in eine Nebenrolle gedrängt wurde. Ich finde keine rechte Antwort. Vielleicht gingen letztere forscher zu Werk, vielleicht liegt es aber auch daran, daß sie eine Menge von Gläubigen aus den Nachbarländern importierten. Wie dem auch sei, in allen Einzelheiten läßt sich die Geschichte der Anglikaner in Belize nicht zurückverfolgen, denn auch ihre Archive wurden bei den Wirbelsturmkatastrophen arg in Mitleidenschaft gezogen. Vieles ging unwiederbringlich verloren, einiges weiß man noch, und das erzählt mir seine Exzellenz, die mich sehr freundlich empfängt.

Eingeführt wurde die anglikanische Kirche durch die Gesellschaft zur Verbreitung des Evangeliums, die „Society for the Propagation of the Ghospel", kurz SPG. Diese Organisation besteht in London noch heute. Sie finanziert die anglikanische Schwester- oder besser: Tochterkirche seit mittlerweile 200 Jahren – eine beachtenswerte Tradition. Der bedeutendste Vertreter der Mission der Anfangszeit war Robert Shaw, der von der Moskitoküste herauf nach Belize gekommen war. Ich erinnere daran, daß das Land an dieser Küste bis hinunter nach Nicaragua, also bis südlich des heutigen Belize, zu dieser Zeit ein von den Briten beschütztes indianisches Königreich war. Offenbar schritt die Entwicklung dort manchmal bedeutend schneller voran als in der nördlichen Siedlung, wo man sich so gut wie ausschließlich mit dem Holzexport befaßte. Shaw, inzwischen „Kaplan der Siedlung", hielt seine Gottesdienste zunächst im alten Gerichtsgebäude ab, es gab noch keine Kirche. Erst am 20. Juli 1812 legte der Vertreter des britischen Königs den Grundstein für die Kathedrale, das heißt für die erste Kirche, die überhaupt im Land gebaut wurde. Die St. John's Cathedrale war zugleich die erste protestantische Bischofskirche in Mittelamerika. Finanziert wurde der Bau von den örtlichen Gemeindemitgliedern, die im Geiste christlicher Gesinnung dafür unentgeltlich ihre Sklaven als Arbeitskräfte zur Verfügung stellten. Die Oberaufsicht führte ein Superintendent, fachlich verantwortlich waren zwei Maurermeister. Einer davon hieß Thomas Barnes. Sein Grab findet man heute noch auf dem Yarborough-Friedhof. Die Kathedrale wurde nicht nur zum Mittelpunkt aller religiösen Aktivitäten der Weißen, hier wurde auch für das Seelenheil der Sklaven und der freien schwarzen Bevölkerung gearbeitet. Taufregister aus der heroischen Zeit sind erhalten geblieben. Zwischen 1812 und 1817 wurden über 200 Sklaven getauft, die meisten zur Weihnachtszeit, da sie bei dieser Gelegenheit aus den Wäldern auf Urlaub in die Stadt kamen. Das Taufregister führt die Namen der Besitzer der Täuflinge jeweils ordnungsgemäß auf. Das erste, selbstverständlich separat geführte Taufregister der freien Schwarzen beginnt im Jahre 1814. Am 1. August 1838 wurde in der St. John's Cathedrale ein Dankgottesdienst für die offizielle Befreiung der Sklaven abgehalten, von Dr. Matthew Newport, einem verdienten Priester, der für ungewöhnlich lange Zeit im Land blieb, für 36 Jahre.

Seine Exzellenz weist mich auch auf die Orgel und auf die über 150 Jahre alte Glocke hin. Eindrucksvoll finde ich die verschiedenen Gedenktafeln, die an den Tod etlicher Seeleute Ihrer Britischen Majestät erinnern. Im August des Jahres 1830 waren sie auf See am Gelbfieber gestorben.

Auch die Krönungen der Moskito-Könige fanden in der Kathedrale statt, feierlich und nach englischem Vorbild. Als „Marionettenkönige" werden sie heute von linken Historikern bezeichnet, als treue Freunde der Engländer von den konservativen. Ihre Nachkommen auf nicaraguanischem Gebiet sollen zuverlässigen Quellen zufolge noch heute das kulturelle Erbe ihrer englisch geprägten Vergangenheit wahren. Sie wehren sich gegen den spanischen Schulunterricht, den ihnen die sandinistischen Befreier verordnet haben. Vom gestürzten Diktator Somoza waren sie in Ruhe gelassen worden. Dieser drangsalierte nur die übrigen Bewohner Nicaraguas, vielleicht, weil bei den armen Indianern nichts zu holen war. Doch meine Gedanken schweifen zu sehr ab von der Kathedrale, in der die Moskito-Könige gekrönt wurden.

Die internationalen Beziehungen der Anglikaner von Belize sind die gleichen geblieben wie in älterer und jüngerer Vergangenheit. Die Diözese gehört zur Erzdiözese Jamaica, alle gemeinsam unterstehen sie Canterbury, wobei jede Diözese weitgehende Autonomie bewahrt. Alle Jahrzehnte einmal treffen sich die anglikanischen Bischöfe in England, künftig sollen auch an anderen Orten Treffen stattfinden.

Eine Schule gehört zur Kathedrale, die älteste im Land.

Es gab sie schon 1814, und der Forschungsreisende John L. Stephens berichtet 1839, daß er diese Schule für schwarze und weiße Kinder besichtigte. Generationen kleiner Belizener erhielten hier ihre Grundschulbildung, und zwar eine gute. Das heutige Gebäude stammt aus dem Jahr 1961, das alte war durch den Hurrikan „Hattie" zertrümmert worden.

Im „Mom's" arbeitete ich meine Notizen aus und nehme mir vor, mich doch intensiver mit der Religion zu beschäftigen.

Ich hatte einmal gelesen, daß die Herren Seeräuber gottesfürchtige Männer gewesen sein sollen, doch andere Quellen beschreiben sie als ruchlose Gesellen, und schließlich erinnere ich mich daran, etwas von einer „parareligiösen Gesellschaft" unter den ersten Briten gehört zu haben. Ein Belizener vom Nachbartisch, den ich gleich darauf anspreche, will etwas von einer Kapelle wissen, die auf der St. George's Insel gestanden habe und die schon früh mit den ersten Häusern von den Ankömmlingen gebaut worden sein soll.

Im Magazin Bruckdown, in einer Sondernummer über die Geschichte Belizes, finde ich Vermutungen, die mir plausibel erscheinen: Danach sind die Baymen nicht besonders religiös gewesen, haben aber der Form halber beziehungsweise von Haus aus der Anglikanischen oder Presbyterianischen Kirche angehört. Letztere ist in Schottland beheimatet, und da viele Baymen schottischer Herkunft waren, spricht einiges für diese Vermutung.

Irgendwann kamen die ersten hauptamtlichen Religionsdiener ins Land, wohl auf Veranlassung der mittlerweile etablierten Oberschicht, die ihre Eheschließungen, ihre Taufen und schließlich ihre Beerdigungen protokollgemäß abgesegnet haben wollten. Zunächst, und dies bestätigen die Taufregister seiner Exzellenz, befaßten sich die Vertreter der Christenheit nur mit dem Seelenheil der weißen Elite und unterließen es, die Schwarzen zu bekehren, wodurch sie auch, wie es sonst auf der Welt vielfach geschehen ist und geschieht, auch keine Probleme schufen. Erst im Jahre 1820 kam Bewegung in die christliche Szene: Vertreter der Baptisten und Methodisten reisten an und stürzten sich in die Missionsarbeit für die Sklaven, und erst dann folgten die Anglikaner ihrem Beispiel.

Wichtig wurden die Religionsgemeinschaften vor allem auf dem Bildungssektor. Baptisten und Methodisten begannen in eigener Initiative, Schulen aufzubauen, nicht nur für die Kinder der weißen Nobility, sondern auch für die Kinder der freien Schwarzen und der Sklaven: Sie sollten lernen, die Bibel zu lesen, und aus diesen Anfängen entwickelte sich das bis heute immer weiter ausgebaute Schulwesen Belizes.

Die archaische Periode christlicher Aktivität war beendet, die Entwicklung der eigentlichen Kirchen nahm ihren Lauf.

Die Katholiken

Meinem Erstaunen darüber, daß die Katholiken die vorherrschende Rolle unter den Religionsgemeinschaften von Belize spielen, habe ich bereits Ausdruck verliehen. Zu ihnen bekennen sich, mehr oder weniger aufrichtig, etwa 65 Prozent der Bevölkerung.

Bis vor wenigen Jahrzehnten kamen die Geistlichen aus fremden Ländern, vorwiegend aus den USA. Vielleicht im Hinblick auf die bevorstehende Unabhängigkeit, vielleicht auch im Zuge der Erkenntnis, daß fremde Missionare bei der katholischen Bevölkerung eines Tages nicht mehr gefragt sein könnten, ging man daran, einheimische Priester auszubilden. Bald gab es junge kreolische und

Garifuna-Patres, die in der Bevölkerung Anklang fanden. Die ohnehin stabile Lage der katholischen Kirche wurde weiter gefestigt. Inoffiziell entstanden allerdings schon bald Rivalitäten zwischen kreolischen und Garifuna-Geistlichen, was aber der Öffentlichkeit weitgehend verborgen blieb. Man hörte erst davon, als es um die Wahl eines einheimischen Bischofs ging. Wenn die Erzählungen, die ich darüber hörte, der Wahrheit entsprechen, muß es hinter verschlossenen Türen recht stürmisch zugegangen sein. Die Kreolen wollten einen der Ihren in dem hohen Amt sehen, der Papst entschied sich jedoch für den Garifuna-Kandidaten. Es wird behauptet, Prime Minister Price habe versucht, den Papst in einem persönlichen Schreiben umzustimmen – ohne Erfolg. Mit großer Feierlichkeit wurde der Garifuna-Anwärter geweiht, und man nimmt sicher an, daß er in absehbarer Zukunft den noch amtierenden ersten Bischof, einen Amerikaner, als oberster Bischof ablösen wird. Für die Garifuna sei das eine enorme Aufwertung, für die Kreolen dagegen eine ziemlich unangenehme Niederlage, behauptet einer meiner Gesprächspartner.

Reizvoll ist die Geschichte der ersten und zweiten Welle katholischer Aktivität in Belize. Spanische Franziskaner versuchten immer wieder, die Maya zu bekehren, teils mit begrenztem oder vorübergehendem, teils mit endgültigem Erfolg. Unter anderem gab es halbchristliche Maya-Gruppen, die zahlreiche heidnische Bräuche beibehielten und nach einiger Zeit ganz zum Glauben ihrer Väter zurückkehrten.

Wenig erfahre ich über die indianische Kirche von Lamanay. Ihre Reste befinden sich in der alten Maya-Stadt an der New River Lagoon, und von der bevorstehenden oder wenigstens geplanten archäologischen Untersuchung verspricht man sich wesentliche Erkenntnisse über die erste Zeit des Christentums in Belize.

Aus allen Richtungen drangen in der frühen Zeit Missionare in das Gebiet des heutigen Belize ein. Aus Guatemala kamen die Dominikaner, aus Yucatan die Franziskaner. Von letzteren wurden einige umgebracht, und das Land hatte seine ersten verehrungswürdigen Märtyrer der christlichen Heilslehre. Auch mit den Baymen kam ein Missionar in Kontakt: Er wurde von diesen arg mißhandelt und weggejagt.

Mit dem Ende spanischen Vordringens war auch die erste Welle katholischer Missionare vorüber. Erst im Jahre 1832 setzte eine neue ein. Aus Honduras traf ein Franziskanerpater mit Namen Antonio ein, der die katholischen Flüchtlinge in Belize betreute. Antonio befaßte sich verständlicherweise auch mit den katholischen Kaufleuten, die sich im Kolonialgebiet niedergelassen hatten.

Gewaltigen Auftrieb erhielt die katholische Kirche Ende der vierziger Jahre des 19. Jahrhunderts durch den Krieg in Yucatan, in dem die aufständischen Maya-Indianer die fremden Eindringlinge vertrieben. Ungefähr 7000 Katholiken siedelten sich in Nordbelize an. Überflüssig zu sagen, daß eine so starke Einwanderergruppe schon bald zu einer politischen und wirtschaftlichen Macht wurde. Einer ihrer Führer, ein yucatenischer Kaufmann namens Don Domingo Martinez, holte Jesuiten ins Land, eben jenen einflußreichen Orden, der über Jahrhunderte hinweg die katholischen Geschicke bestimmen sollte. Bei der verheerenden Choleraepidemie von 1854 halfen die Jesuiten sowohl den katholischen Garifuna als auch den Einwohnern aus Yucatan mit dem Erfolg, daß sich bei diesen später katholische Gemeinden bildeten.

Langsam, aber stetig zog sich die katholische Kirche über das ganze Land. Einen Mißerfolg gab es nur 1851, als ein Pater namens Bertolina in die Stadt Corozal kam. Dort amtierten bereits zwei katholische Priester in eigener Regie, die, weil sie Freundinnen hatten, exkommuniziert waren und keine Konkurrenz wünschten. Da der örtliche Machthaber, ein Großgrundbesitzer, der selbst Protestant war, auf ihrer Seite stand, gab er dem Ankömmling den knappen Befehl, sofort zu verschwinden. Erst Jahre später, als die beiden Abtrünnigen nicht mehr tätig waren, konnten die Jesuiten auch in Corozal und damit im Norden des Landes Fuß fassen.

Eine besondere Rolle, die auch in Geschichtsbüchern erwähnt wird, spielte Pater Eugene Biffi, ein italienischer Weltpriester, der 1862 durch Zufall nach Belize kam und dort hängenblieb. Schnell lernte er die Sprachen der Maya und der Garifuna und schrieb erste Berichte über die Beziehungen zwischen den Maya und den Engländern. Der britische Gouverneur benutzte den im Umgang mit den Eingeborenen sehr geschickten Gottesmann 1866 als Botschafter, um mit den Icaiche-Maya friedliche Beziehungen anzuknüpfen. Die nützliche Tätigkeit für das Land war leider nur von kurzer Dauer. Biffi wurde 1867 zum Bischof von Carthagena in Kolumbien befördert und reiste ab.

Interessant ist auch die Geschichte der Jesuitenmission unter den Garifuna, die von einem Belgier, Pater John Genon, begonnen wurde. Der kam im Jahre 1843 nach Guatemala und sollte dort eigentlich eine Siedlung belgischer Einwanderer betreuen. Das Unternehmen scheiterte jedoch, und die Kolonisten wanderten ab. Genon, der sich mittlerweile im Land wohl fühlte, bat den Jesuitengeneral um Erlaubnis, bei den Garifuna bleiben zu dürfen. Sein großer Plan, alle zentralamerikanischen Kariben in einer einzigen kirchlichen Gemeinschaft zu vereinigen, wurde ihm vom General beschnitten, denn er hätte damit die staatlichen Grenzen von Belize, Guatemala und Honduras außer acht gelassen. Man befürchtete Probleme ernsterer Art. Genon durfte daher nur in Belize arbeiten, erhielt aber dafür gute Unterstützung. Er arbeitete von Punta Gorda aus. Als Belize britische Kronkolonie wurde, holten die Jesuiten Ordensbrüder aus England, also Leute, deren Muttersprache auch die Amtssprache im Einsatzgebiet war. So paßte sich die Kirche in kluger Weise den neuen Verhältnissen an, was im Hinblick auf die Lehrtätigkeit in den Schulen vonnöten war.

1889 kam der erste amerikanische Jesuit nach Belize. Ihm folgten im Laufe der Jahre weitere Ordensbürder, die ebenfalls großen Einfluß ausübten.

Wie es in Zukunft weitergeht? Ich denke, daß die katholische Kirche ihre Stellung in Belize behalten und möglicherweise noch ausbauen wird, nicht zuletzt aufgrund der Verdienste katholischer Schulen. Die Offensive vieler anderer christlicher Religionsgemeinschaften – besser gesagt Organisationen – nordamerikanischer Prägung wird daran nichts ändern. Zu gut versteht sie es, alte Traditionen, wie wir auch am Beispiel der Garifuna-Riten gesehen haben, in die eigenen aufzunehmen. Auch den Maya wurden Heiligenfiguren als Ersatz für die zerstörten oder beiseite geschafften Götterfiguren mit gutem Erfolg vorgesetzt. Als Beispiel dafür kann der Brauch gelten, bei längerer Trockenheit Heiligenfiguren aus der Kirche herauszuholen und in die pralle Sonne zu stellen, „damit sie sehen und fühlen, wie nötig Regen ist". Früher nahmen die Maya hierfür Steinfiguren ihrer eigenen Götter.

Ein Garifuna-Freund lobt mir gegenüber die heutigen katholischen Priester. Unter ihren Vorgängern früherer Zeit hatte es üble Gesellen gegeben, die ihre Gläubigen nach allen Regeln der Kunst auszubeuten verstanden. Wenn zum Beispiel ein reicher Mann gestorben war, verlangte der zuständige Pater Geld von den Kindern für Messen, die seine Seele aus dem Fegefeuer befreien sollten. Die Preise wurden den finanziellen Verhältnissen der trauernden Hinterbliebenen angepaßt. Manchmal entdeckte der Pater noch im Nachhinein neue Hindernisse für den unglücklichen Verblichenen auf dem Weg in ein besseres Jenseits, und um diese durch frommes Gebet und Opfer zu beseitigen, mußte nochmals gezahlt werden. Wenn die heutigen Verhältnisse sich gebessert haben, so liegt das auch daran, daß die Belizener Brüder und Schwestern im Herrn dem Priester gegenüber nicht mehr so ergeben und folgsam sind wie früher. Die junge Generation hat doch einiges gelernt, vor allem durch die Kontakte mit US-Amerikanern und durch lange Aufenthalte in den USA.

Prime Minister Price hält indessen an seinem „militanten Katholizismus" fest, was auch nicht ohne Bedeutung für den Status der Katholiken in Belize sein dürfte. Doch zu ihm später.

Der Papstbesuch

Plötzlich sprechen alle nur noch davon: Papst John Paul II. wird nach Belize kommen! Ein junger Mann beglückwünscht mich in der Hotelhalle, daß ich dieses denkwürdige Ereignis in der Geschichte des Landes miterleben darf, um darüber in Germany zu berichten.

Mit Ausnahme einiger Herren aus der Oppositionspartei scheinen mir alle Belizener über die Ehre des hohen Besuchs erfreut, auch weil sie sich davon eine internationale Aufwertung ihres Landes versprechen: In der ganzen Welt würde das Ereignis in den Zeitungen stehen und auch bei den Menschen bekannt werden, die bisher noch nie etwas von Belize gehört hätten.

Warum einige Mitglieder der Oppositionspartei eine andere Meinung vertreten, erfahre ich erst später: Sie sind der Ansicht, ihr Erzgegner Price werde die Gelegenheit nutzen, sich durch Kniefall und Handkuß als guter Katholik und Christdemokrat auszuweisen, während er doch in Wirklichkeit ein gefährlicher Diktator sei. Dreißigtausend Besucher werden für die Papstvisite erwartet. Bald werden nähere Einzelheiten über den Ablauf des Protokolls bekannt. Der Papst werde nur einige Stunden bleiben und draußen auf dem Flugplatz, wo genügend Platz sei, eine feierliche Messe lesen. Fußballplätze, Gelände der Streitkräfte und der Coca-Cola-Fabrik stünden als Parkplätze für die Besucher zur Verfügung. Stolz berichtet eine Zeitung, man sei in der Lage, Raum für 2500 Autos zu schaffen. Pläne für den Bustransport der Gläubigen aus der Stadt Belize hinaus aufs Flughafengelände werden ausgearbeitet. Nur fünf Dollar soll der Transport kosten, hin und zurück. Radfahrern wird empfohlen, ihre Räder beim Abstellen gegen Diebstahl zu sichern.

Man hat ausgerechnet, daß es beim Papstbesuch zur größten Menschenansammlung kommen werde, die es in Belize je gegeben habe – seit den großen religiösen Festen der Maya natürlich.

Für die lokale und internationale Presse sowie für drei US-amerikanische Fernsehgesellschaften werden Arbeitsmöglichkeiten geschaffen. Ich werde mich nicht um einen reservierten Platz bemühen, weil ich beabsichtige, eher aus der Ferne am Papstbesuch teilzuhaben, wieder einmal aus dem Land der Garifuna. Meine knapp bemessene Zeit macht es notwendig, mich vornehmlich da aufzuhalten, wo es für meine Leser etwas zu berichten gibt.

Ich habe mir von den Ereignissen auf dem Flugplatz berichten lassen und die betreffenden Zeitungsveröffentlichungen gelesen. Tatsächlich strömten die Gläubigen zuhauf herbei, besonders viele aus dem benachbarten Mexiko. Alles lief reibungslos, besser als beim Karneval oder bei Eucharistischen Kongressen in Rio de Janeiro, wo es des öfteren lebensgefährlich wird. Der Papst sprach mit dem Bischof und anderen kirchlichen Würdenträgern, auch mit Prime Minister Price und wichtigen Mitgliedern der Bevölkerung, wozu auch ein polnischer Arzt gehörte, der schon lange in Belize lebt und den Papst in seiner Muttersprache begrüßen konnte. Auch Vertreter anderer christlicher Kirchen waren zugegen, der anglikanische Bischof und der Superintendent der Methodisten, die im Land eine große Bedeutung haben.

Die Bevölkerung gab sich begeistert. Man sang Lieder in Englisch und Spanisch, und entsprechend wurden die Glückwünsche gerufen: Lang lebe der Papst.

In seiner Ansprache hob der Papst die Notwendigkeit einer Zusammenarbeit aller christlichen Kirchen hervor. Ein Maya-Baby bekam vom obersten Hirten einen Kuß, Tausende Fähnchen wurden geschwenkt, und die Mehrzahl der Politiker freute sich über den Erfolg.

Noch vor Ankunft des Papstes war angekündigt worden, daß Belize und der Vatikan in Kürze diplomatische Beziehungen anknüpfen würden. Rom stellt sich also eindeutig auf die Seite eines freien Staates Belize und ist damit ein mächtiger Verbündeter gegen Guatemala.

Der Papst flog wieder weg und setzte seine Reise durch Mittelamerika fort. Die Menge der Gläubigen und Neugierigen zerstreute sich. Eine Zeitlang sah man im Straßenbild an Autoantennen und in Kinderhänden gelbweiße Vatikanfähnchen. Die Märznummer der Zeitschrift „The New Belize" erschien ausnahmsweise mit buntgedrucktem Titelblatt, das den Papst und den BDF-Adjutanten, den Bischof und den Prime Minister zeigt. Schon längst mit anderen Gedanken beschäftigt, erhalte ich von verschiedenen Freunden gleich vier Exemplare dieser Ausgabe, von denen ich drei an andere Interessenten weitergebe. Übrigens brachte diese Nummer auf der Innenseite des

Umschlags noch zwei weitere historisch interessante Fotos vom Besuch des Prinzen Andrew, einmal im Gespräch mit Belizener Arbeitern im Lager der britischen Streitkräfte und eines zusammen mit dem Prime Minister.

Schwestern mit Tradition

Der St. Katharina-Konvent in Belize City feiert seinen hundertsten Geburtstag. Die Feierlichkeiten sind lange vorbereitet worden, und da ich ohnehin gerade in der Stadt bin, gehe ich hin.

Der St. Katharina-Konvent liegt im „besseren" Viertel der Stadt, in unmittelbarer Nähe zur amerikanischen Botschaft. Das mächtige, mehrgeschossige Betongebäude ist sauber angestrichen, der Garten davor bestens gepflegt. Hinter dem Gebäude befindet sich ein großer Platz für festliche Gelegenheiten, auf dem jetzt ein Altar und ein Rednerpult aufgestellt sind. Davor stehen lange Reihen von Stühlen für die Festteilnehmer, ehemalige Schülerinnen mit ihren Ehepartnern, Eltern der jetzigen Schülerinnen und natürlich namhafte Mitglieder der Oberschicht, nicht nur der Stadt Belize, sondern des ganzen Landes, worauf ich extra hingewiesen werde.

Bei keiner anderen Gelegenheit habe ich in Belize City so viele Menschen weißer Hautfarbe zusammen gesehen. Überall begrüßen sich ehemalige Klassenkameradinnen, die mittlerweile alt und grau geworden sind. Dazwischen wimmelt es von weißgekleideten Schülerinnen der jetzigen Generation. Zu meinem Erstaunen sehe ich ein paar Schwestern in schwarzen Uniformen mit Hauben, wie man sie bei uns in Europa in den Schwesternhäusern trägt. Bei näherer Betrachtung erkenne ich, daß einige Bestandteile der Kostüme aus weißem Karton zurechtgeschnitten sind, und im übrigen passen die lachenden Gesichter nicht recht zum Image einer tieffrommen Ordensfrau. Eine blickt sogar ausgesprochen keck aus ihrer Vermummung. Es stellt sich heraus, daß die Damen nur schauspielerisch tätig sind. Sie verkörpern die ersten Schwestern des Ordens, die heute vor hundert Jahren, 1883, mit einem Dampfschiff in Belize eingetroffen waren. Im festlichen Umzug sitzen die Schauspielerinnen in einem großen Ruderboot, das auf einem der Festwagen mitgeführt wird. Ein prächtiger Festzug mit vielen Wagen, auf denen fröhliche Menschen biblische Szenen darstellen, in historischen Kostümen. Dank meines Restwissens aus dem Bibelunterricht erkenne ich wenigstens die „Tochter des Pharao". Um nicht als unwissend und unchristlich aufzufallen, unterlasse ich es, mich nach der Bedeutung anderer Wagen zu erkundigen.

Zwei Kapellen machen Musik, die der Polizei und die der Streitmacht. In der Militärkapelle fällt besonders eine hochgewachsene junge Soldatin auf, die mit ernster Miene eine Trommel schlägt. Überall sind Plakate aufgehängt, von denen einige im Festzug mitgeführt werden und auf denen das Land für die hervorragende Arbeit der Schwestern im letzten Jahrhundert dankt.

Der feierliche Gottesdienst wird vom Bischof in Gemeinschaft mit den anwesenden höchsten kirchlichen Würdenträgern abgehalten. Verschiedene Reden lasse ich noch über mich ergehen, doch bevor die angekündigten Speisen und Getränke serviert werden, verlasse ich den Konvent.

Etwas weniger als halb so alt wie die Katherina-Schule ist die Organisation der Pallottinerinnen, deren Mutterhaus in Limburg an der Lahn steht. Auch ihre Leistungen werden in Belize vorbehaltlos anerkannt, wobei die besonderen Schwierigkeiten, denen die Schwestern ganz zu Anfang ihrer Tätigkeit gegenüberstanden, eigens hervorgehoben werden: Deutschsprachige Ordensfrauen, in europäischen Verhältnissen aufgewachsen und erzogen, mußten in Mittelamerika spanischsprechende Kinder in englischer Sprache unterrichten. Sie schafften es, und zwar großartig. Auch, daß ihre Schüler ihr Englisch bis heute mit deutschem Akzent aussprechen, schmälert ihre Leistung nicht. Heute unterhalten die Pallottinerinnen in mehreren Städten des Landes Grundschulen für Jungen und Mädchen und eine modern gebaute Höhere Schule nur für Mädchen in Belize City, die leider ziemlich weit außerhalb der Stadt gelegen ist, so daß es Mühe kostet, hinzugelangen. Ich bin völlig verschwitzt, als ich dort ankomme.

Vormittags und nachmittags wird Unterricht gehalten. Wesentliche Lehrfächer sind Englisch, Englische Literatur und natürlich Religion. In den Klassen geht es eigentlich genauso zu wie in denen katholischer Mädchenschulen in der Bundesrepublik. Die Einrichtung der Klassenräume ist gleich: Bänke, Pult, Tafel, Kreuz und Heiligenbilder. Ich versuche, mir vorzustellen, wie sich wohl meine Tochter, gewöhnt an den Betrieb einer integrierten Gesamtschule, hier zurechtfinden würde.

Eine hochbetagte Schwester, die aus dem Sauerland stammt, weiß eine Menge über die Schule und ihre Vergangenheit zu berichten. Die Zusammenarbeit mit der Regierung sei immer gut gewesen, sagt sie, denn sowohl die britische Kolonialverwaltung als auch ihre Nachfolger im unabhängigen Belize würdigten die Arbeit, die ohnehin von keiner anderen Organisation übernommen werden könnte. Beim Bau des neuen Schulgebäudes gab es damals Schwierigkeiten, weil der Untergrund sumpfig ist. Der Betonkoloß sackte ein und neigte sich zur Seite. Nur mit großer Mühe und erheblichem finanziellen Aufwand konnten die Schäden behoben werden.

Bindungen der Gemeinschaft an das Mutterhaus in Limburg an der Lahn bestehen heute noch. Gelegentlich kommen von dort Geldspenden wohlwollender Freunde.

Außerdem ist es den Schwestern heute erlaubt, Heimaturlaub zu nehmen. Statt wochenlanger Dampferfahrten müssen sie nur eine zweitägige Flugreise in Kauf nehmen. Stärker sind die Bindungen zu den Ordenszentren in den Vereinigten Staaten. Für eine Weile wurden dort Novizinnen ausgebildet. Bald gab man diese Regelung wieder auf: Manche der jungen Mädchen, die sich bereits für ein Leben im Dienste der Kirche entschieden hatten, änderten in der verlockenden Umwelt der USA ihre Absichten und stiegen aus. Heute hat der Orden im tiefen Süden von Belize, in der Provinz Toledo, sein Noviziat. In der dortigen Einsamkeit gibt es keine weltlichen Versuchungen, und das Kloster ist inmitten der wilden Umwelt eines tropischen Waldgebietes ein Hort der Sicherheit. Übrigens werden zur Zeit auch eine Anzahl Ordenskandidatinnen aus Indien geschult, wo der Pallottinerorden erst vor kurzer Zeit Fuß gefaßt hat, und man bemüht sich, Schwesternkonvente zu gründen. Solange es für die Anwärterinnen in Indien keine Ausbildungsstätte gibt, werden sie über Meere und Länder hinweg in den Urwald von Süd-Belize gebracht.

In der Stadt Orange Walk besuche ich eine Grundschule, die unter wesentlicher Beteiligung von Pallottinerschwestern betrieben wird. Eine der Ordensfrauen zeigt sich recht aufgeschlossen und unterhält sich mit mir, eine andere gibt sich mißtrauisch und erkundigt sich zunächst einmal nach meiner Konfession.

Wie es mit dem Nachwuchs stehe? Das läßt sich noch nicht absehen. Es wird davon abhängen, ob sich im Land selbst genügend Mädchen finden, die zum Eintritt in den Orden bereit sind.

Die letzte Station meiner Informationsreise in Sachen Ordensschwestern ist das Dorf San Antonio. Ich besuche die dortige Sanitätsstation. Eine amerikanische Nurse im weißen Anzug und mit dem Auftreten eines US-Captains wirkt hier als „Mini-Doktor". Sie ersetzt die Stelle eines Arztes. In 75 Prozent aller Fälle kann sie an Ort und Stelle helfen, andernfalls müssen die Patienten irgendwie in das nächste Krankenhaus befördert werden.

Ich sitze eine Weile im offenen Vorraum der Station und warte, bis die Mini-Doktorin ihre Kranken versorgt hat. Handgeschriebene Plakate an den Wänden des Raumes, der normalerweise als Wartezimmer dient, werben für Hygiene und ganz besonders dafür, die Babys mit Muttermilch und nicht mit eingeführtem Milchpulver zu ernähren. Im ganzen Land läuft derzeit eine Kampagne, und die schwarze Hilfskrankenschwester erzählt mir inzwischen einiges über ihre Station. Die Menschen, die hier warten, lesen die Plakate und beherzigen die Ratschläge im allgemeinen. Im übrigen veranstalten Krankenschwestern Lehrgänge für ausgesuchte Bevölkerungsmitglieder, meist für Bauern. Sie zeigen, was man auf den Gebieten der Hygiene, der Vorsorge und der Ersten Hilfe tun muß. Ältere Männer erzielen bei der Vermittlung des Gelernten und bei der praktischen Arbeit in den Dorfgemeinden die besten Erfolge. Frauen sind als Hebammen unentbehrlich.

Die Mini-Doktorin kommt und gibt mir weitere Auskünfte. Ungeachtet ihres militärischen Aussehens ist sie eine Ordensschwester. Sie gehört zu den „SCN", den „Sisters of Charity of Nazareth", die in den USA beheimatet sind. Die Schwestern arbeiten in Belize, vorwiegend jedoch in Indien und Nepal. Man bemüht sich sehr, den Sanitätsdienst weiter auszubauen. Meine Mini-Doktorin hat ihre Ausbildung in den USA erhalten, doch auch auf Jamaica gibt es bereits Möglichkeiten für die Sonderausbildung zum Mini-Doktor, deren Qualität neben der Verwendung moderner Arzneimittel die Voraussetzung für die bisherigen guten Erfolge ist.

Die früher verbreitete Tuberkulose stellt heute keine

Gefahr mehr dar. Durch die Behandlung mit besagten neuen Mitteln sind die Infizierten schon nach drei Tagen nicht mehr ansteckend.

Ein erheblicher Aufwand ist erforderlich, um die Menschen an richtige Ernährung und Hygiene zu gewöhnen. Eines der angeschlagenen Plakate trägt die Aufschrift: „Keine Gesundheit ohne gute Ernährung."

Am Rand des Hügels, unterhalb der Sanitätsstation, steht das Schwesternhaus der SCN. Ich treffe dort auf eine Reihe von Besucherinnen aus den Vereinigten Staaten. Eine davon schreibt sich meine Heimatadresse auf, um mir später Unterlagen über ihren Orden zu schicken. Durch einen Irrtum mit günstigen Folgen wurden mir die Druckschriften sogar nach Belize nachgeschickt.

Was mir bis dahin unbekannt gewesen war: Auch in Belize City gibt es ein Haus der SCN, gleich gegenüber der St. Ignatius-Kirche, West Street Nummer 110.

Ich suche das Haus auf dem Stadtplan und mache mich auf. Eine der in den Heften abgebildeten Schwestern entdecke ich gleich in der Kirche. Sie sieht wirklich hübsch aus. Auf mich wirkt sie eher wie die Managerin eines mittleren Industriebetriebes als eine Ordensschwester. Ich erkundige mich im Gespräch mit anderen beiläufig, ob sie dem Orden tatsächlich auf Lebenszeit angehöre. Meine Frage wird bejaht. Eine Arbeit über ihre Erfahrungen bei den Garifuna hat die Schwester geschrieben. Leider liegt sie noch nicht gedruckt vor. Unterhalten kann ich mich mit ihr auch nicht, da ich ohne Terminabsprache ins Tagesprogramm hineingeplatzt bin. Wir vereinbaren ein Gespräch für den nächsten Morgen.

Das Treffen soll nicht zustande kommen, ein bedauerlicher Todesfall ist zu beklagen. Ein Pfarrer aus dem Süden, der mit den Schwestern über etliche Jahre hinweg gut zusammengearbeitet hatte, ist eben im privaten Krankenhaus von Belize City verstorben. Man hatte nicht einmal feststellen können, was ihm fehlte. Die technischen Ausrüstungen der Krankenhäuser überall im Land sind miserabel, und der Zustand des Kranken erlaubte es nicht mehr, ihn heim in die Vereinigten Staaten zu fliegen.

Auch die Damen, deren Bekanntschaft ich schon in San Antonio gemacht hatte, treffe ich im Schwesternhaus des SCN wieder. Sie bereiten sich gerade auf die Rückreise in die USA vor. Ihr Gepäck ist, wie ich feststellen kann, noch umfangreicher und sperriger als meines und erinnert mich daran, daß auch meine Abreise nicht mehr so weit liegt. Besondere Probleme verursacht eine Violine. Geschäftig eilt zwischen den Räumen und den gestapelten Gepäckstücken eine junge schwarze Dame mit sehr kurzem Höschen und sehr gut sitzender Bluse hin und her. Für mein Empfinden häßlich wirken nur die Lockenwickler aus buntem Kunststoff, von denen sie etwa fünfundzwanzig auf dem Kopf trägt. Gerade überlege ich, wie diese schlanke Venus wohl hier in ein Schwesternwohnheim geraten sein mag, als sie mir schon vorgestellt wird, als Novizin, die mit in die USA fliegen wird, um dort ausgebildet zu werden. Es verschlägt mir den Atem.

Auch eine bereits ausgebildete Garifuna-Schwester soll ich kennenlernen, aber auch das geht im allgemeinen Trubel unter. Besonders würde mich interessieren, wie sie die alten Vorstellungen ihres Volkes über die Geister der Ahnen, über Zauberei und verwandte Bereiche mit ihrer christlichen Religion in Einklang bringt. Zum Thema Ordensschwestern aus dem Volk der Garifuna hörte ich später noch einen betont nüchternen Soziologen: Er habe dagegen nichts einzuwenden. Erstens sei die Arbeit der Ordensschwestern nützlich für die Gemeinschaft, und zweitens habe man ja ohnehin einen Frauenüberschuß, weil so viele junge Männer in die USA auswanderten und sich dort nach Lebensgefährtinnen oder wenigstens Partnerinnen auf Zeit umsähen.

Sogenannte freie Kirchen

Auch in Belize kann jeder nach seiner Fasson selig werden. Die Religionsfreiheit erlaubt es jedem, eine religiöse Gemeinschaft zu gründen und Mitglieder zu werben. Alle friedlichen Mittel dazu sind erlaubt, und das Angebot irdischer Vorteile, um nicht zu sagen einer Bezahlung, spielt unter diesen Mitteln dem Vernehmen nach die bedeutendste Rolle. Selbst in den Bergdörfern der Maya-Indianer findet man jeweils mehrere christliche Kirchen, deren Repräsentanten sich untereinander und vor allem der etablierten römisch-katholischen Kirche nach besten Kräften Konkurrenz machen.

Von einem Jesuitenpater weiß ich, daß es in einem Dorf sogar sieben verschiedene Kirchen gibt, unter anderem zwei adventistische, die aber keinesfalls zusammenarbeiteten. Ich enthalte mich wieder einmal jeglicher Äußerung, da Berichterstatter nur berichten, aber daß die indianische Dorfgemeinschaft zuweilen durch die hereinbrechenden Sendboten Jesu Christi nachhaltig geschädigt wird, muß ich bestätigen.

Bei meinem Aufenthalt in Dangriga hatte mich ein Herr mittleren Alters angesprochen, ein Maya-Indianer, wie sich bald herausstellte. Bereitwillig erteilte ich Auskünfte über meine Herkunft und Absichten und fragte ebenso bestimmt wie er nach seinen Daten.

Er stammte aus einem Dorf im Süden, betrieb Landwirtschaft nach altherkömmlichem Verfahren und war gerade im Begriff, in die USA zu reisen, um dort Kirchen seiner neuen Religionsgemeinschaft zu besichtigen. In seinem Dorf gebe es schon eine Kirche, und man wolle irgendwann eine neue bauen, mit Geld aus den USA. Er wollte wissen, was ich von seiner Religionsgemeinschaft hielte. Auch in diesem Fall gab ich bereitwillig und wahrheitsgemäß Auskunft: Nach allem, was ich gehört hätte, lohnte es sich, Mitglied zu werden. Die Gläubigen würden doch recht gut und regelmäßig bezahlt, könnten schöne Reisen machen und würden doch auch vielerlei sonstige Vorteile genießen. Ich bemerkte, daß mein Mann ein wenig unsicher wurde. Doch ja, eine gute Schule für die Kinder sei immer nützlich, da war ich ganz der gleichen Meinung. Ich lobte auch, daß die Gemeinschaft für den Frieden unter den Menschen eintritt. Ungern gab der Mann zu, daß alle Gläubigen seiner Gruppe abgeworbene Katholiken sind. Was soll man dazu sagen? Auch die Katholiken haben die Maya ihren alten Göttern entfremdet. Da war Tatsil gewesen, der höchste Gott, und Hunabku, der Schöpfer der Maya. Da waren Koha, der Herr des Meeres, und, mir persönlich besonders sympathisch, Itzam, der Gott der Zauberer. „Woher kennst du diese Namen?" Die Frage kam beinahe entsetzt. Mit überlegenem Lächeln antwortete ich, daß ich die alten Götter der Maya nun einmal schätzte. Mein frommer Partner hatte es plötzlich eilig und vergaß sogar den beim Abschied üblichen Wunsch, mich wiederzusehen. Von einem Fremden an seine alten Götter erinnert zu werden, das paßte nicht ins Konzept.

Auch in Punta Gorda wurden mir Vertreter einer neuen Kirche gezeigt. Es handelt sich um einen ausgesprochen häßlichen Amerikaner und seine nicht weniger häßliche Frau. Sie fahren ein Auto höherer Preisklasse und nahmen nie jemand darin mit. Wenn solche Leute ins Land kommen, bauen sie zuerst ein schönes Haus, und die Leute, die sie dabei beschäftigen, werden so gut bezahlt, daß sie gleich auch zum neuen Glauben übertreten. Der alte Mann, von dem ich das erfuhr, betrachtete diese Entwicklung offenbar als völlig normal. Das Land ist arm, die Menschen brauchen Geld, und bei den Katholiken ist nicht genug für alle zu holen. Die haben ohnehin schon zu viele Gemeindemitglieder. Der alte Herr wußte auch, daß in Guatemala immer mehr Katholiken in freie Religionsgemeinschaften abwanderten. Der Staatschef – mittlerweile ist es ein anderer – sei nämlich nebenbei Prediger einer nichtkatholischen Kirche, und jeder, der etwas auf sich halte, das heißt jeder, der etwas bleiben oder werden wolle, tue gut daran, recht schnell zur Kirche des Allmächtigen überzutreten.

Ein Amerikaner, der sich in Guatemala auskannte, bestätigte mir diese Angaben. Genau so sei es, lachte er. Es geschehe der katholischen Kirche recht, früher hätten deren Vertreter ihre Hörigen in die Regierungsämter geschubst.

Ich machte eine Notiz in mein Tagebuch und enthielt mich wie gewöhnlich in solchen Fällen eines Kommentars. Religion und Politik sind gut für Leute, die Geld damit verdienen – sagt man in Brasilien.

Die Heilsarmee

Die erste Vertreterin der frommen Streitmacht entdecke ich am Eingang der Hauptpost von Belize City. Die uniformierte Dame macht mit einer kleinen Handglocke auf ihr Anliegen aufmerksam. Sie sammelt Geld für wohltätige Zwecke. Manche geben ihr etwas, die meisten schreiten achtlos vorbei. Jemand bemerkt, daß ich die Dame beobachte, und schon werde ich, nachdem ich die übliche Auskunft nach meiner Herkunft preisgegeben habe, gefragt, ob es denn in Germany auch eine Heilsarmee gebe?

Aus dem Straßenbild seien sie seit etlichen Jahren fast ganz verschwunden, teile ich mit. Früher, als ich ein kleiner Junge gewesen sei, sammelten die Heilsarmisten bei uns häufiger Geld, und meine Großmutter gab mir hin und wieder einen Groschen, um ihn in die Dose zu stecken.

Jahre später, bei der Luftwaffe, habe ich einmal einen Verweis wegen Singens eines verbotenen Heilsarmeeliedes bekommen: „Schon wieder eine Seele vom Alkohol gerettet . . ." Auf Wunsch singe ich es meinem Begleiter vor. Passanten drehen sich erstaunt um.

Das Hauptquartier der Heilsarmee befindet sich mitten in der Altstadt von Belize City. Der Betonbau ist nicht gerade eine architektonische Glanzleistung. Im Erdgeschoß ist eine Schule untergebracht, oben gibt es einen Saal für Gottesdienst und musikalische Veranstaltungen. Ich erkundige mich bei einem jungen Uniformierten, vielleicht ein Unteroffizier, bei wem ich wohl einige Auskünfte über die Heilsarmee von Belize erhalten könne. Er weiß es nicht und ruft nach einer jungen Lady, die mich ihrerseits an den Major verweist. Der wiederum wohnt in dem Holzhaus hinter dem Betonklotz. Wir gehen durch den Hinterhof gemeinsam hinüber. Die Holztreppe zum Obergeschoß ist nicht in bestem Zustand, und die Tür zur Wohnung des Stabsoffiziers ist verschlossen. Ich klopfe und werde aus dem Innern des Raumes heraus sogleich nach meinen Wünschen gefragt. Kaum habe ich mein Sprüchlein aufgesagt, wird geöffnet und eine Dame teilt mir mit, daß man leider im Augenblick stark überlastet sei, da der Besuch des regionalen Befehlshabers aus Jamaica bevorstünde. Ich werde gebeten, es Mitte des Monats noch einmal zu versuchen, was ich zusagen kann.

Ich bekam übrigens noch etwas mit vom Besuch des Regionalkommandanten. Eine Musikkapelle spielte auf offener Straße, zahlreiche Fahnen wurden hochgehalten, die Würdenträger in Uniform standen auf einer Seite, und auf der anderen Seite hörten weißgekleidete Gläubige – es waren nicht allzu viele – den Worten des Predigers zu. Leider hatte ich gerade keine Kamera dabei, um das denkwürdige Ereignis für meine Freunde in Europa und für die Nachwelt festzuhalten.

Kurz vor meiner Abreise versuchte ich noch einmal mein Heil beim Major. Diesmal wurde ich von ihm persönlich an der Tür seiner Residenz empfangen. Wieder war er sehr beschäftigt, beantwortete aber stehenden Fußes einige Fragen. Unterlagen über die Geschichte der belizenischen Heilsarmee hatte er nicht zur Hand, und er wußte auch nicht, ob es überhaupt welche gibt. Außer der Schule betreue die Heilsarmee noch einen Kindergarten in Belize City, und alles weitere könnten wir bei Gelegenheit einmal besprechen.

Ich habe das Gefühl, daß sich die Gelegenheit nicht mehr ergeben wird.

Handel und Wandel

Farbholz

Vom wirtschaftlichen Standpunkt aus gesehen steht am eigentlichen Anfang der Belizener Geschichte das Farbholz, logwood, wie es in englischer Sprache heißt. Die Engländer und die Spanier waren gleichermaßen begierig auf den Farbbaum, und die Geschichtsforscher behaupten, der Kampf darum sei einer der wesentlichen Gründe dafür gewesen, daß sich die beiden Parteien über immerhin ein ganzes Jahrhundert hinweg, teils kriegerisch, teils diplomatisch, in den Haaren lagen.

Leider gelang es mir nicht, wenigstens ein Exemplar des historischen Baumes vor die Linse zu bekommen: Er wächst in den Sümpfen von Yucatan und südlich angrenzenden Gebieten, wie ich aus Büchern weiß. Er wird nicht sehr groß. Die Krone entwickelt bisweilen bizarre Formen. Das ehemals benötigte Kernholz ist tiefrot und ist von einer weißen, wertlosen Schicht umgeben. Die Stämme der gefällten Bäume wurden früher in Stücke zerteilt, von der weißen Außenschicht befreit und zum Schiffstransport nach Europa an die Küste geschafft.

In den Büchern, die ich mir besorgen kann, liest sich die Geschichte des logwood fast wie ein Roman. Zu Zeiten der Königin Elisabeth I. entwickelte sich in England die berühmte wollverarbeitende Industrie, und zum Einfärben der Wolle brauchte man ein geeignetes Mittel. Logwood schien die Lösung zu sein, und man führte immer größere Mengen ein, zunächst sogar illegal. Die englische Regierung, die in wirtschaftlichen Fragen schon damals offenbar viel mitzureden hatte, fürchtete, daß die mit dem begehrten Holz zustande gekommenen Einfärbungen nicht von Dauer sein würden und den Ruf der britischen Wollerzeugnisse beeinträchtigen könnten. Erst nach langen Erörterungen in verschiedenen Regierungsgremien wurde die Benutzung von Farbholz 1662 offiziell gestattet. Im wahrsten Sinne des Wortes mit vollen Segeln gingen die Engländer jetzt daran, den Spaniern Konkurrenz zu machen. Die erwähnten, amtlich zugelassenen Seeräuber erwiesen sich als die geeigneten Experten, den Spaniern ihre bereits mit logwood – oder wie sie es selbst nannten: mit palo de tinta – beladenen Schiffe abzujagen und die Produktionsgebiete in Mittelamerika mit möglichst nachhaltigen Aktionen heimzusuchen. Die Spanier hatten sich bereits an verschiedenen Orten Mittelamerikas niedergelassen und schlugen die Bäume, wohl mit Hilfe indianischer Sklaven oder Zwangsarbeiter, wenn man sie so nennen will.

Die Arbeit der britischen Holzfäller in den Sümpfen war hart. Sie standen mindestens bis zu den Knien im Wasser und mußten schwere Lasten tragen. Der Historiker Gilbert M. Joseph meint indessen, daß das Leben dieser Baymen trotz seiner Beschwerlichkeiten vielleicht doch seine angenehmen Seiten gehabt habe: Rum und – vermutlich hübsche – eingeborene Frauen waren in ausreichender Menge vorhanden, und viele von ihnen werden auch recht froh gewesen sein, so fernab von der britischen Gerichtsbarkeit in Ruhe leben zu können.

Von den zunächst behelfsmäßig errichteten Lagern der Baymen überlebte Belize als Stadt am längsten. Als das Farbholz seine wirtschaftliche Bedeutung verlor, stellten sich die inzwischen fest etablierten Baymen auf den Export anderer Hölzer um, und es begann die Zeit des Mahagonibaums.

Mahagoni

Mahagoniholz ist etwas Wertvolles. Nur die Reichen können sich Mahagonimöbel leisten. Heute sieht man sie in Mitteleuropa in Antiquitätenläden oder auf Versteigerungen: Möbel von Chippendale und anderen berühmten Künstlern, die im 18. Jahrhundert und auch noch im 19. Jahrhundert aus England eingeführt wurden, die Kriege überstanden und jetzt aufpoliert an zahlungskräftige Kunden gebracht werden. Die sogenannten Neureichen sind besonders an ihnen interessiert, denn schon allein der Name „Mahagoni" strahlt etwas Vornehmes aus.

Wenn Belize, eine wilde Siedlung von Briten und Schotten, britische Kolonie und schließlich eine junge, englischsprachige Nation inmitten einer fremden, spanischen Umwelt wurde, so liegen die Voraussetzungen dafür in den reichen Beständen von Mahagonibäumen, die über Jahrhunderte hinweg ausgebeutet und zuweilen mit äußerstem Aufwand gegen Konkurrenten verteidigt wurden.

Möglicherweise verdankt das Land den Reichtum an Mahagonibäumen einigen Maya-Herrschern der alten Zeit. Diese hatten, wenn die Archäologen unserer Zeit recht haben, in einer für die Gegenwart geradezu vorbildlichen Weise versucht, eine umweltgerechte Landwirtschaft zu betreiben, anders als ihre Nachfahren.

Bald schon hatten sie festgestellt, daß der durch Brandrodung anbaufähig gemachte Boden nach kurzer Zeit seinen Wert verliert. Die Nährstoffe wandern in die Nutzpflanzen, ohne ergänzt zu werden, und im übrigen sorgt die Abschwemmung durch Regen dafür, daß das Gebiet bald völlig wertlos wird.

Daher ließen die Maya-Herrscher, als die Versorgung infolge der wachsenden Bevölkerung gefährdet war, ein neues Verfahren erproben. Sie düngten den Boden mit Fischen, Fischabfällen oder Seetang und pflanzten an den Hängen der für den Landbau genutzten Hügel Reihen von Mahagonibäumen, die das Erdreich festhielten und außerdem Schatten spendeten. Da die blühenden Maya-Staaten zusammenbrachen, ehe das neue Verfahren den einfachen

Bauern geläufig war, kehrten die wieder nach eigenem Gutdünken lebenden Maya zur primitiven Brandrodung zurück und richteten verheerende Schäden an.

Vielleicht entdeckten die Engländer die Reize des Mahagoniholzes selbst, vielleicht wurden sie auch von den Indianern auf die Verwendungsmöglichkeiten aufmerksam gemacht, denn diese hatten das rote Holz schon in ihrer verflossenen Glanzzeit verarbeitet.

Zunächst benutzten die Engländer Mahagoni zur Reparatur ihrer Schiffe und für die Herstellung hölzerner Ausrüstungen. Für alte Kapitänskisten und Truhen, die womöglich einmal Schätze geborgen hatten, und einige Möbel aus der frühen Kolonialzeit soll ein US-amerikanischer Sammler, so wird mir jedenfalls erzählt, ein Vermögen bezahlt haben.

Mir fällt ein, daß ich auch in der Bundesrepublik schon Nachahmungen solcher Kapitänskisten mit prächtigen Messingbeschlägen in einschlägigen Geschäften gesehen habe. Ich schlage daher vor, in Belize selbst Entsprechendes herzustellen, doch auch in diesem Fall sind die Preisvorstellungen der Schreiner, die bei einer ersten Kalkulation zustande kommen, indiskutabel. Nur sehr reiche Leute wären in der Lage, moderne Nachahmungen der Seemöbel aus der Zeit der Piraten zu erwerben.

Welche Mühe die Arbeit der Negersklaven und mancher weißer Herren im Wald brachte, kann eigentlich nur der ermessen, der selbst schon einmal in tropischen Temperaturen bei bescheidener Ernährung Bäume gefällt und Stämme geschleppt hat.

Die Mahagonibäume wuchsen zum größten Teil entlang der Flüsse. Man fällte in der Trockenzeit und wartete, bis in der Regenzeit das Wasser stieg, um die Stämme – der rechte Augenblick mußte genau abgepaßt werden – hinaus ins freie Wasser zu bugsieren und als „Flöße" hinunter zur Küste zu bringen. Bevor es zum eigentlichen Fällen kam, fuhren die einzelnen Arbeitergruppen in Kanus flußaufwärts, suchten geeignete Baumbestände aus und errichteten an den gewählten Plätzen Lager, von denen aus sie jeden Morgen zur Arbeit zogen. Technische Ausrüstung, Werkzeuge, Waffen und bestimmte lebensnotwendige Güter werden die Holzfäller mitgebracht haben.

Ich frage mich, wie die Lebensmittel im Tropenklima überhaupt überdauern konnten. Darüber hinaus reichten die von der Küste mitgebrachten Nahrungsmittel sicher nicht aus und mußten durch Jagd und Fischfang ergänzt werden. Es war den Sklaven daher gestattet, Flinten zu besitzen. Im Buch des Mr. Gregg lese ich, daß die Einrichtung eines Lagers mit einem alten Aberglauben verbunden war: Alle Werkstoffe mußten während der Woche nach Vollmond beschafft sein, andernfalls würden sie bald von Termiten gefressen werden. Dieser Aberglaube soll übrigens bis heute noch lebendig sein.

Die Konstruktion der Holzfällerunterkünfte war einfach. Sie bestanden aus Stangengerüsten, Bambuswänden und Dächern aus Palmblättern. Bevor die Arbeiter für rund ein halbes Jahr ins Landesinnere zogen, feierten sie im heutigen Belize City ein Abschiedsfest, natürlich mit sehr viel Rum. Zur Finanzierung des Ereignisses erhielten die Männer einen Teil ihres Lohns auf Vorschuß.

Eine Verarbeitung der Mahagonistämme im Land selbst begann erst im Jahre 1933 mit der Eröffnung einer Sägemühle in Belize City. Nach dem Zweiten Weltkrieg wurde die Arbeit im Busch durch Einsatz moderner Maschinen wesentlich erleichtert, doch das Geschäft ging rapide zurück, weil mittlerweile vergleichbare Edelhölzer aus Afrika auf dem Weltmarkt angeboten wurden.

Nichtsdestoweniger spielt die Ausfuhr von Mahagoni in der Wirtschaft des jungen Landes Belize immer noch eine tragende Rolle, allerdings neben der Ausfuhr anderer, heute auf den Weltmärkten gefragten Holzsorten. Das Wappen der jungen Nation weist symbolisch auf die Bedeutsamkeit des Baumes hin, unter dessen Schatten die farbige und hellhäutige Bevölkerung auf eine bessere Zukunft hofft.

Über Einzelheiten der Holzwirtschaft, zum Beispiel über die verschiedenen Arten der geschlagenen Hölzer, wissen die Belizener sehr wenig, und Informationen über die heutige Forstwirtschaft sind schwer zu erhalten. Nur Spezialisten wissen Bescheid. Routinewirtschaft, Büroplanung, Management und Traktoren sind weniger reizvoll als das abenteuerliche Leben der schwarzen und weißen Vorfahren in der alten Zeit.

Ich lerne im Laufe meiner Erkundigungen, daß es drei verschiedene Arten von Mahagoni gibt, die in ihren Eigenarten, das heißt in ihrem Wert für die Möbelherstellung, gleichwertig sind.

Einer der anderen Bäume, die für die Holzwirtschaft wichtig geworden sind, ist die Zeder. Aus ihr werden unter anderem jene Zigarrenkisten hergestellt, in denen Kuba seine teuren Zigarren auf den Weltmarkt bringt.

Die übrigen Holzarten des Belizener Urwalds finden erstaunlich wenig Absatzmöglichkeiten in Europa. Gut verkaufte sich vorübergehend Rosenholz. Ziricote-, Santa Maria- und Mayflowerholz fanden früher in verschwindend geringen Mengen im Inland Verwendung. Erst nach dem Zweiten Weltkrieg ist der Inlandbedarf ein wenig angestiegen.

Ich darf den Betrieb einer modernen Sägerei im Süden von Belize, im Distrikt Toledo, erleben. Sie wird von Herrn Derkits, einem Österreicher, geführt. Nachdem seine Arbeiter die Bäume im benachbarten Urwald gefällt haben, befördert er sie mit eigenen Maschinen in seine Sägerei und organisiert den Verkauf nach Übersee oder auch nach Belize City. Maya-Indianer und andere landeskundige Waldläufer erkunden für ihn das Gelände. Manchmal müssen eigens Straßen angelegt werden, um mit den Maschinen bis zu den großen Baumstämmen vordringen zu können. Da ich wieder zurück nach Belize City will, erlebe ich auch einen Transport von Brettern und Balken mit.

Zusammen mit dem Manager des Betriebs fahre ich in einem Personenkraftwagen neben dem riesigen, kriechenden Lastzug her. Die Überwindung der Berge und Täler, jeder Übergang über eine der winzigen Straßenbrücken ist ein Abenteuer mit filmreifen Einzelszenen. Mehrere Male wird unser Treck durch Reifenpannen aufgehalten. Das Wechseln der Reifen wird nach Möglichkeit an einer halbwegs schattigen Stelle vorgenommen, doch trotzdem ist die Hitze unerträglich.

Die Regierung bemüht sich, die Holzwirtschaft zu fördern, und hat eine Reihe von Versuchspflanzungen anlegen lassen. Neben der Gefährdung durch Wirbelstürme, die oft weite Waldgebiete in kürzester Zeit vernichten, wird das Feuer gefürchtet, das besonders in den großen Fichtenwäldern Unheil anrichten kann. Die Feuerlöschkräfte sind leider noch unzureichend und technisch mangelhaft ausgerüstet.

Ich zweifle nicht daran, daß die Forstwirtschaft für die Zukunft Belizes eine große Bedeutung hat. Es kommt nicht nur darauf an, die noch intakten Wälder zu schützen, sondern auch darauf, die abgeholzten Flächen schnellstens neu aufzuforsten. In manchen Teilen des Landes sind die angerichteten Schäden fast nicht mehr gutzumachen.

Die schon im Anlauf erforderlichen Investitionen sind hoch, die Gefährdung durch Naturkatastrophen nicht zu unterschätzen, ein Patentrezept scheint es nicht zu geben.

Was bisher versäumt wurde und vielleicht im Rahmen von Entwicklungsprojekten nachgeholt werden könnte, ist neben dem Anpflanzen von Mahagoniwäldern eine belizenische Produktion hochwertiger Möbel für den Export. Eine moderne, großzügig mit Maschinen ausgestattete Fertigungsstätte müßte errichtet und eine Gruppe von Designern und Möbelschreinern als Instrukteure verpflichtet werden. Was bisher im Land hergestellt wird, eignet sich nicht für die Ausfuhr, und manches, was man zu sehen bekommt, ist für meinen Geschmack geradezu häßlich, zum Beispiel Mahagonistühle mit fabrikneu gefertigten, kunststoffbespannten Sitzen, die nicht einmal in der Form recht dazu passen.

Eine Entwicklungshilfe auf diesem Gebiet würde also ungeheuer nützlich sein, wenn sich die Nachfolgeprobleme lösen lassen. Die Frage ist, ob nicht eine mit Entwicklungshelfern und fremdem Startkapital geschaffene Organisation in dem Augenblick, in dem man sie auf eigene Füße stellt, wieder zusammenbricht – die große Frage bei allen Entwicklungsprojekten.

Die Förderung der Landwirtschaft

Eines der Hauptanliegen der Price-Regierung ist es, die landwirtschaftliche Produktion zu steigern. Geld ist keines vorhanden, und im übrigen kostet es Mühe (nicht nur, weil man mit Marihuana mehr Geld machen kann, was in der Tat ein großes Problem ist), die Bevölkerung zum Mitmachen zu bewegen. Vor allem die Kreolen zeigen wenig Neigung zur landwirtschaftlichen Arbeit, und die übrigen Bevölkerungsgruppen sind nur schwer für moderne Landbauverfahren zu begeistern.

Zunächst startete das Ministerium für Erziehung und Sport als oberste Schulbehörde eine großangelegte Aktion mit dem Namen REAP, die Abkürzung für „Rural

Education Agriculture Project", was als Wort genommen „to reap", „ernten", bedeutet. Der Wahlspruch des Unternehmens, „let's all reap together", diente gleichzeitig als Titel eines Handbuchs, das vornehmlich an Lehrer, aber auch Schüler und andere Interessenten ausgegeben wird. Es soll, wie im Untertitel angegeben, der Bevölkerung helfen, mehr Nahrung aus belizenischen Landen auf die Tische zu bringen.

Ich entdecke das Buch sogar in den letzten Bergdörfern des Südens, und die Menschen sind in der Tat bemüht, daraus zu lernen. Ob die erwünschte Begeisterung dahintersteckt, konnte ich nicht herausbringen.

Bei den ländlichen Schulen werden Lehrgärten angelegt, von den Schulkindern selbst unter Anleitung ihrer Lehrer, die meist erst einmal lernen müssen, wie man es macht. Kaum einer bringt von Haus aus Grundkenntnisse oder gar Erfahrung mit.

Oberstes Ziel aller erzieherischen Maßnahmen ist es, die Landwirtschaft in Belize auf einen möglichst hohen Stand zu bringen. Die Verfechter der „Bewegung" preisen dabei, durchaus zutreffend, die hervorragenden landwirtschaftlichen Möglichkeiten, die die Natur des Landes bietet. Als Beweis führen sie an, daß die früher im Land lebenden bäuerlichen Maya eine weit größere Anzahl hatten als alle Angehörigen der heutigen Bevölkerungsgruppen zusammengenommen. Wenn heute immer noch ein erheblicher Teil der Nahrungsmittel aus anderen Ländern eingeführt werden muß, so ist das die Folge einer Fehlorientierung der Ernährungswirtschaft, die wiederum auf einen Mangel an landwirtschaftlicher Tradition, besonders bei den Kreolen, zurückzuführen ist. Deren Vorfahren arbeiteten, wie wir gehört haben, im Holzgeschäft und hatten keine Zeit, sich um die Nahrungsmittelproduktion, wenigstens nicht in größerem Umfang, zu kümmern. Damals wurde genug Geld verdient, sich

Einfuhrnahrungsmittel leisten zu können. Inzwischen haben sich die Zeiten grundlegend geändert. Das Geld ist knapp, die Nutzung jeder Möglichkeit der Selbstversorgung das Gebot der Stunde und vielleicht einmal die Voraussetzung für ein Überleben. Schon die geographische Lage Belizes mitten im Hexenkessel Mittelamerika rechtfertigt die Sorge des Landes um eigene Nahrungsmittel, und auch der private Dollarstrom der in den USA arbeitenden Bürger könnte einmal versiegen.

Das REAP-Programm wurde im September 1976 zunächst versuchsweise in acht Grundschulen gestartet. Landwirtschaftliche Arbeit und Unterweisung in Anbauverfahren gehörten nun zum Lehrstoff. Die Ausbildung der Lehrer, vor allem der jungen, im Belize Teachers College sollte natürlich mit den Maßnahmen im Land Schritt halten. Verschiedene Organisationen, auch ausländische, halfen mit, die Projekte in die Tat umzusetzen. Weil man Neuland betrat, mußten erhebliche Anfangsschwierigkeiten in Kauf genommen werden. Man versuchte, sie langsam zu überwinden, und es verdient hervorgehoben zu werden, daß die Unterrichtsinhalte der „Kinderlandwirtschaft" von vornherein den tatsächlich vorhandenen Möglichkeiten angepaßt wurden.

Das REAP-Buch umfaßt Gartenwirtschaft, Hühnerhaltung und Kaninchenzucht. Die einzelnen Bereiche der praktischen Arbeit sind verständlich geschildert und durch gute Abbildungen anschaulich gemacht. Verfahren der Prüfung des Bodens, Anlage von Beeten und Komposthaufen, Beschreibung der erforderlichen Werkzeuge, Düngung, Insektenbekämpfung, Bau von Hühnerställen und Brutkästen sind nur einige Kapitel aus dem nützlichen Buch.

Wie kommt das Lehrprogramm an? Sind die Kinder dem Neuen aufgeschlossen oder verhalten sie sich ablehnend? Eine kleine Indianerin, die ich frage, äußert sich diplomatisch: „Das Gartenprogramm gehört zum Unterricht." Sie lacht dabei und überläßt es mir, ihre Aussage zu interpretieren.

Hätte die erste Phase der REAP-Aktion Erfolg, dann würde dies für die Ernährung der Belizener einen beachtenswerten Fortschritt bedeuten und, das kann man ohne Übertreibung sagen, eine erhebliche Sicherheit für die Zukunft. Fast jeder Haushalt würde über einen kleinen Garten verfügen und einen Teil der jeweils benötigten Nahrungsmittel selbst produzieren.

Ich nehme ein Exemplar des Lehrbuches „Let's all REAP together" mit nach Europa. Das Buch ist vorbildlich, und man könnte es auch anderen Ländern empfehlen.

Marihuana

Man sieht sie an den Straßenrändern, auf Plätzen, auf den Märkten, an Bushaltestellen, vor Unterkünften niederer Preislagen, überall im Land, die Marihuanakonsumenten. Weiße Girls mit schwarzen Partnern, das Bild der Szene. Kleine Ringe oder Sicherheitsnadeln in der Nase werden auch von Europäerinnen gern getragen. Überwiegend sind die Kiffer friedlich und dösen lächelnd vor sich hin, selten werden sie aggressiv. Manche kann man ansprechen, andere reagieren apathisch. Wie ich höre, bleiben die meisten im Land, bis ihr Geld aufgeraucht ist oder bis sie abgeschoben werden. Gelegentlich sperrt die Polizei, wie auch auf Caye Corker, einige von ihnen ein, um sie schließlich wieder zu entlassen.

Der Anbau der Haschischpflanze hat für Belize eine außerordentlich große Bedeutung. Wie hoch der Exportanteil ist, weiß wohl niemand genau. Kreise der Opposition behaupten, daß Haschisch nach dem Zucker an zweiter Stelle rangiert, was durchaus zutreffen kann.

Offiziell sind Anbau und Besitz von Marihuana streng verboten und werden von der Regierung bekämpft. Eine Reihe von Journalisten, Oppositionspolitikern und auch Beobachter, die als neutral gelten wollen, behaupten, daß einflußreiche Mitglieder der Regierungspartei am großen Geschäft beteiligt seien, und alle Maßnahmen hätten daher nur kosmetischen Charakter.

Überall im Land gibt es Pflanzungen, die meisten in den Waldgebieten des Südens und den Zuckeranbaugebieten des Nordens. Die ersteren sind schwer zugänglich, die letzteren gut getarnt: Man pflanzt um die Felder herum Zuckerrohr, und der Kontrolleur muß sich erst mühsam durcharbeiten. Lufterkundungen und Hubschraubereinsätze entdecken immer nur einzelne Felder, was dann jeweils harte Strafmaßnahmen nach sich zieht. Polizei und BDF, manchmal mit Unterstützung durch Mexikaner, dringen in die Farmen ein, nehmen den Besitzer gefangen und vernichten die Felder. Mit Haumessern werden die Pflanzen niedergemäht und anschließend verbrannt. Autos und Werkzeuge, auch das möglicherweise vorhandene Flugzeug, werden beschlagnahmt. Einmal gelang es den Belizenern, ein Schiff voll mit Marihuana zu kapern: Wegen eines Motorschadens lag es manövrierunfähig auf See und wurde nach Abschluß der Angelegenheit an einen reichen Chinesen verkauft, der – wie man erzählt – damit legale Seetransporte tätigen will.

Das meiste Rauschgift wird auf dem Luftweg in die Vereinigten Staaten gebracht, weil dort die besten Preise erzielt werden. Bis jetzt ist Haschisch in den USA noch verboten, und die Behörden geben sich einige Mühe, den Nachschub aus Mittel- und Südamerika zu unterbinden, auch durch Entsendung von Vertretern der Drogenabwehr nach Belize. Viele Belizener Farmer fürchten, die

US-Regierung könne einmal das Haschischverbot aufheben. Sofort würden die Preise fallen, und das Geschäft würde unrentabel.

Marihuana als Gefahr für die Menschheit? Ja, ganz sicher. Manche Menschen scheinen tatsächlich widerstandsfähiger gegen die Giftwirkung zu sein als andere: Ich könne das ja in Belize sehen, versuchen mich meine Belizener Freunde zu überzeugen. Hier haschten alle jungen Leute, ohne daß man es besonders bemerke, wohingegen sich bei Ausländern, den Weißen, doch schon bald sichtbare Wirkungen zeigten. Ich bestehe weiterhin darauf, Rauschgift für eine Gefahr zu halten. Sicher seien manche Rassen widerstandsfähiger gegen die Wirkung des Giftes als zum Beispiel die Weißen. Spielt es aber eine Rolle, ob die Schäden früher oder später auftreten? Ganz einig werden wir uns nicht.

Wie dem auch sei: Was die amerikanischen Endabnehmer angehe, sei man in Belize schließlich nicht zuständig. Jeder sei seines Glückes Schmied, und Belize brauche Geld. Sicher, wenn die amerikanische Gesellschaft zusammenbrechen sollte, dann könnte das auch für Belize böse Folgen haben, aber das liege in ferner Zukunft.

Gelegentlich werden Marihuanafelder vom Flugzeug aus mit Gift besprüht, damit die Pflanzen absterben oder geschädigt werden. In Vietnam sammelten die Amerikaner Erfahrungen in solchen Dingen. Daß durch das Pflanzengift auch die Gesundheit von Menschen nachhaltig beeinträchtigt wird, lernten sie erst später. Jemand erzählt mir, er habe noch weit Schlimmeres erfahren: Das einmal abgesprühte Gift bleibe im Boden und verderbe auch die Pflanzen, die man dort später anbaue. Abgesehen von diesen Spätfolgen schädige vergiftetes Marihuana den Raucher: In den USA hätten Ärzte Vergiftungen bei jugendlichen Haschischrauchern festgestellt. Die seien für ihr Leben gezeichnet – vorzeitig, schneller als beim

Konsum normalen Haschischs, der dem Lieferanten über längere Zeit hinweg Geld eingebracht hätte. Ich enthalte mich angesichts solchen Geschäftssinns jeglichen Kommentars, da mein Gesprächspartner meinen Vorschlag zur Lösung des Problems sicher nicht gutheißen würde. Es ist ja hart, wenn die vielen Farmer plötzlich ihren ganzen Reichtum verlieren, für den sie gearbeitet, gerodet und gepflanzt haben. Eine einzige gute Ernte kann den armen Mann zum wohlhabenden machen.

Eine Maßnahme der Belizener Regierung gegen den Marihuanahandel besteht darin, die Abgabe von Flugbenzin unter Kontrolle zu stellen. Nur autorisierte Händler dürfen es an behördlich berechtigte Flieger verkaufen. Die Haschischunternehmer sind dadurch etwas in Schwierigkeiten geraten, denn sie müssen den Brennstoff für den weiten Rückflug in die USA jetzt auf anderen Wegen beschaffen. Die Diebstähle von Flugbenzin häufen sich seither, und manchmal werden sogar große Maschinen der internationalen Linien auf dem Flugplatz von Belize City angezapft.

Zu Kämpfen zwischen den Marihuanaerzeugern oder -händlern und Ordnungshütern ist es noch nicht gekommen. Nur einmal hörte man davon, daß ein erzürnter Unternehmer in einem seiner Anbaugebiete an seine einheimischen Geschäftspartner Faustfeuerwaffen verteilt habe, womit sie auf die Polizei und auf jeden Spitzel schießen sollten, der sich im Gefilde zeige. Die alte Frau, die mir die Geschichte erzählt, zeigt Verständnis für diese harten Methoden: Es gehe schließlich um den Wohlstand einer ganzen Dorfgemeinschaft. Die großen Herren in der Politik machten das Riesengeschäft, und den Kleinen wolle man die Möglichkeit zum Wohlstand vorenthalten. Nein, dann notfalls Gewalt. So? Ich würde es lieber sehen, wenn die Leute auf andere Art verdienten? Sehr schön, dann solle ich ihr einmal solche Möglichkeiten aufweisen.

Nein, nein, so schnell und einfach könne man nur mit Marihuana Geld verdienen, da gebe es nichts Vergleichbares.
Auch international werden Aktionen gegen die Rauschgiftproduktion abgewickelt. Noch während meines Aufenthalts in Belize erschienen über den Distrikten Corozal und Orange Walk etliche mexikanische Hubschrauber, die bei der Bevölkerung Unruhe auslösten. Zuerst hieß es, sie seien auf der Suche nach gefährlichen Gefangenen, die aus einer nahegelegenen mexikanischen Strafanstalt ausgebrochen seien. Dann aber wurde bekannt, daß es sich um eine Großaktion gegen Marihuana handelte. Die Hubschrauber waren mit Sprühgeräten ausgerüstet, und bald machte das Schreckenswort „Paraquat" die Runde. Das chemische Mittel ist nämlich nicht nur für Pflanzen, sondern auch für Tiere und Menschen gefährlich. Die Nachricht verbreitete sich wie ein Lauffeuer: Zuckerrohr- und Maisfelder waren in Mitleidenschaft gezogen, Bohnenfelder vernichtet worden, und ein Farmer berichtete, seine Bienen seien wie Regentropfen aus der Luft gefallen, nachdem das Gift abgesprüht war.
Ich sitze gerade bei „Mom's", als die Oppositionszeitung „Amandala" mit der ersten Veröffentlichung über die Ereignisse rundgereicht wird. Die Leute am Nachbartisch sind sich einig, daß diese Maßnahmen nur den US-Amerikanern zuzuschreiben seien. Man müsse ihnen schließlich im Hinblick auf die Entwicklungsgelder, die von dort zu erwarten seien, in der Rauschgiftbekämpfung entgegenkommen. Ein gewitzt aussehender Jüngling erklärt mir, es könne nicht schaden, wenn hin und wieder eine Reihe von Marihuanafeldern vernichtet würden. Es entstünde auf diese Weise kein Überangebot, und die Preise blieben stabil oder würden sogar steigen. So ist das im Geschäftsleben!

Kaugummi

Die Sache nahm ihren weltweiten Anfang durch einen Zufall im Jahre 1836. Der amerikanische Reporter Adams interviewte den ehemaligen mexikanischen Diktator Lopez de Santa Ana. Der ehemals mächtige Mann kaute dabei eifrig, und Adams ließ sich erzählen, was er kaute. Er bekam eine Kostprobe und war begeistert. Blitzartig erkannte er die Möglichkeiten, die sich ihm boten. Er hörte auf, schlecht bezahlte Zeitungsartikel zu schreiben und gründete die „Adams Chewing Gum Company". Das Geschäft schlug ein, die Amerikaner gewöhnten sich ans Kauen. Der Rohstoffbedarf und die Gewinne des Mister Adams stiegen an. Bald wurde entdeckt, daß aus Britisch Honduras, der kleinen Kolonie in Mittelamerika, die besten Lieferungen kamen.

Unternehmungen wurden gegründet, blühten auf, produzierten Millionäre und verschwanden wieder. Zeitweise war das Kaugummigeschäft in der Hand eines einzigen Millionärs.

Es kam die Zeit, in der das Geschäft immer mehr zurückging und sich nur noch in den letzten Zügen hielt. Die Brasilianer lagen mit ihren ungeheuren Mengen an Balata aus ihrem Amazonasgebiet besser im Rennen. In Belize wurden bald nur noch kleinste Mengen produziert. Sapodilla-Bäume gab es in den Wäldern des Belizener Hinterlandes genug. Es fanden sich auch genügend Leute, die bereit waren, in den Regenzeiten die schwierige Arbeit des Schneidens zu leisten. Das Leben im Wald gestaltete sich für die Chicleiros ganz ähnlich wie für die Holzfäller.

Die Rinde der Sapodilla-Bäume wurde mit dem Haumesser zickzackförmig eingeschnitten, nach Möglichkeit an einer geneigten Seite des Stammes. Den abfließenden Gummisaft sammelte man in einem darunter angebrachten Behälter. In einem großen Eisenkessel dickte man ihn durch Kochen ein, bis er in Blöcke verformt werden konnte. Die Gummiblöcke aus Belize waren bedeutend kleiner als die, die heute noch im Amazonasurwald hergestellt werden. Jeder einzelne wurde mit dem Monogramm oder mit einem entsprechenden Kennzeichen des Herstellers versehen, damit es bei Übergabe und Abrechnung keine Probleme gab.

Die mündliche Überlieferung aus der Zeit des Kaugummis ist spärlich. Was erzählt wird, bezieht sich auf die Bosse in den Städten, die ihr Leben als Millionär genossen, ehe sie dann irgendwie wieder von der Bildfläche verschwanden.

Unternehmer – mit und ohne Teufel

Den Erzählungen nach gab es in Belize Unternehmer, die ihre Macht nicht allein persönlichem Einsatz verdankten, sondern dem Satan. Nur mit dessen Hilfe waren sie in der Lage, ihre Sklaven und später, in humaneren Zeiten, ihre Arbeitskräfte bei der Stange zu halten und auszubeuten. Als Gegenleistung hatten sie dem Herrn der Hölle pro Jahr eine Seele zu liefern. Der Pakt wurde schriftlich an einem bestimmten Bach im Landesinnern geschlossen, vielleicht im Rahmen einer schlichten Zeremonie. Nein, die eigene Seele verkauften die Unternehmer nicht. Meine Frage verursacht bei dem Belizener, der mir die Geschichte erzählt, sichtbares Erstaunen. Die eigene Seele verkauft doch niemand! Übrigens habe es bei all diesen Unternehmern wenigstens einen tödlichen Unfall pro Jahr gegeben. Ob dies mit oder ohne die Hilfe des Satans geschehen war, wurde nicht erwähnt. Meistens sei je ein Arbeiter von einem umstürzenden Mahagonibaum totgequetscht worden.

In jüngerer Vergangenheit gab es einen mächtigen Unternehmer, von dem man annehmen könnte, daß er ohne Teufel und dank seiner Gerissenheit zum Millionär emporstieg. Seine Mutter war Belizenerin, der Vater ein hoher englischer Offizier, der sich bald aus dem Staub machte und sich nicht um das Schicksal seines Sohnes kümmerte. Dieser hegte darum in seinem Herzen von zartester Kindheit an einen tiefen Groll gegen alle Engländer. Als er zu Reichtum gekommen war, brachte er sein Geld in die Vereinigten Staaten, was ihm die englischen Kolonialherren sehr übel nahmen. Sie zwangen ihn, das Geld zurück in die Kolonie zu holen, und als das geschehen war, verlangten sie 40 Prozent davon als Steuern, und dies sei der Anfang vom Ende gewesen, meint mein Geschichtenerzähler. Der erzürnte Unternehmer schwor nämlich den Briten Rache, und man nimmt an, daß er die Unabhängigkeitsbewegung mit Geld und sonstigen Nachhilfen unterstützte, so lange, bis sie gewonnen hatte, wozu allerdings noch andere Umstände wesentlich beigetragen haben dürften.

In einer anderen Version über die damaligen Ereignisse plante der britische Gouverneur eine Abwertung des Geldkurses und unterließ es dabei geflissentlich, den Unternehmer rechtzeitig davon in Kenntnis zu setzen. So kam für diesen die Bescherung überraschend. Über Nacht war er um etliche Millionen ärmer geworden, und die ob dieses Vorfalls entstehenden Gefühle bestimmten sein weiteres Handeln.

Eine ganze Reihe von Geschichten ranken sich um den Großunternehmer. Analphabet blieb er sein Leben lang, doch er war gewieft genug, seine Geschäftspartner weidlich auszunehmen.

Seine zahlreichen Freundinnen erhielten alle einen kleinen Monatssold und wurden von Detektiven überwacht. War eine von ihnen untreu, wurden die Zuwendungen gestrichen. Dreißig Kinder beklagten schließlich das Hinscheiden ihres Vaters und stritten sich um den Nachlaß.

Von offizieller Seite hörte ich später, jener Unternehmer habe die Parteikasse der Unabhängigkeitsbewegung nie aufgefüllt: Der reiche Herr sei nämlich ein derartiger Geizkragen gewesen, daß es völlig undenkbar sei, daß er irgend jemand etwas von seinem Geld überlassen habe. Was mit seinen Dollarkonten in den USA geschehen sei, wisse man nicht. Jedenfalls habe er sämtliche Zahlungen für seinen Kaugummi, den er dorthin lieferte, dort gelassen. Unbestritten sei dagegen, daß er der erste Millionär von Belize gewesen sei. Kinder habe er entgegen anderslautenden Darstellungen dem Land nur 18 geschenkt, mit nur 13 verschiedenen Frauen.

Der Belizener Freund empfiehlt mir am Ende unserer Unterhaltung, nicht weiter zu forschen, da ich unter Umständen in den gefährlichen Bereich der noch nicht weit genug zurückliegenden politischen Geschichte der jungen Nation hineingeraten könnte. Ich verspreche Zurückhaltung.

Zucker

Ich hatte nicht vor, mich mit dem Anbau von gewöhnlichem Rohrzucker zu beschäftigen, da mir das Thema für meine Leser wenig attraktiv erschien. Die Belizener selbst, jedenfalls diejenigen, mit denen ich sprach, veranlaßten mich aber dann, gerade über den Rohrzucker, seine Geschichte in Belize und seine herausragende Gegenwartsbedeutung zu schreiben.

Vor allem die Entwicklung in der unmittelbaren Gegenwart hielten sie für wichtig.

Belize muß alles tun, um seinen Zuckerexport, besonders in die USA, zu steigern. Die Amerikaner haben leider für ihre Lieferländer bestimmte Quoten festgesetzt, entweder nach dem Grundsatz des gerechten Anteils oder nach politischen Aspekten. Kürzlich wurde zum Beispiel die Einfuhr aus dem immer mehr ins feindliche Lager abgedrifteten Nicaragua gesperrt. Prime Minister Price wollte oder sollte – so genau drücken sich meine Gesprächspartner nicht aus – seinen Besuch bei Präsident Reagan nutzen, die Quote Nicaraguas zusätzlich für sein Land zu sichern. Sicher war eine solche Demarche nicht ganz problemlos, denn Nicaragua, und zwar gerade die dortige Links-Regierung, hat Belize in seinem Kampf gegen Guatemala stets rückhaltlos unterstützt. Doch Geschäft ist Geschäft, und ob nun jemand anders seine Freud am Leid der Sandinistas haben würde oder die Belizener, ist schließlich gleichgültig. Man muß ökonomisch denken in unserer harten Zeit.

Noch ein anderer Gesichtspunkt kommt hinzu: Wenn Amerika eines Tages auf den Gedanken käme, Marihuanaanbau und -konsum zu legalisieren, dann würde der Rohrzuckeranbau für viele Menschen wieder zur alleinigen Einnahmequelle werden. Die Amerikaner würden ihr Haschisch selbst anbauen, und zwar bedeutend wirtschaftlicher. Sie kennen eine Art Cannabis, die bedeutend ergiebiger ist als alle Arten, die man je in Mittelamerika angepflanzt hat. Man denkt mit Schrecken daran.

Aus Büchern wußte ich eigentlich nur, daß Zuckerrohr nicht zu den Nutzpflanzen der alten Maya gehörte, denn es stammt ursprünglich vom anderen Ende der Welt, aus Ozeanien. Von dort aus ging es nach Indien und China, ehe die geschäftstüchtigen Europäer für seine Verbreitung in allen tropischen Ländern der Welt sorgten, zuletzt auch in denen Amerikas. Die Baymen führten die Zuckerrohrstecklinge aus Jamaica ein, um daraus Melasse und Rum herzustellen. Der Saft wurde mit primitiven „Mühlen" herausgepreßt. Die ältesten Modelle hatten Hartholzwalzen und wurden durch rundlaufende Ochsengespanne in Betrieb gesetzt. Die Produktion von Rum reichte wahrscheinlich aus, um den Bedarf im Land einigermaßen zu decken. Zuckerrohranbau in größerem Umfang begann erst 1848 mit der Einwanderung von Flüchtlingen aus Yucatan, denen sich später Flüchtlinge aus den im Bürgerkrieg unterlegenen amerikanischen Südstaaten zugesellten. Erst jetzt wurde der Export zu einem halbwegs lohnenden Geschäft, bis mit dem Beginn des 20. Jahrhunderts auch hier der große Niedergang einsetzte: Die Preise auf dem Weltmarkt fielen.

Kokosnüsse

Auf dem Markt von Belize City hatte ich die ersten Exemplare entdeckt, immer nur wenige bei den einzelnen Ständen, selten sah ich einen ganzen Sack voll, und, soweit ich es beurteilen kann, florierte das Geschäft nicht gerade. Meine Wirtinnen in den Marktrestaurants erzählten mir, früher seien in der kreolischen Küche mehr Kokosnüsse verbraucht worden als heute, und damals seien auch wesentlich mehr davon angeboten worden. Warum die Entwicklung rückläufig war, wußten sie nicht.

Im Karibendorf Hopkins erfahre ich mehr. Die Bauern erzählen mir von ihren Absichten, mehr Kokospalmen anzupflanzen, wenigstens ein paar auf jedem Grundstück. Kokosnüsse, aus denen bereits junge Pflanzen sprießen, sind preisgünstig zu kaufen. Es dauert allerdings etliche Jahre, ehe sie die ersten Früchte tragen. Besitzer ausgewachsener Palmen sind stolz auf ihre Zucht und sind der Meinung, daß jeder mit ein wenig Mühe die sonst wertlosen Sandufer des Meeres wirtschaftlich nutzen könne, wie das früher einmal gang und gäbe gewesen sei.

Warum die Kokospalmen in Wirklichkeit knapp geworden sind, erfuhr ich erst später: Tausende von großen Palmen waren den Hurrikans zum Opfer gefallen. Immer dann, wenn die neugepflanzten zu tragen anfingen, kam die nächste Katastrophe, die alles wieder zunichte machte.

Die Nutzung der Kokosnuß als Nahrungsmittel ist vielfältig. Die sozusagen primitivste Form ist der spontane Verbrauch, wenn jemand plötzlich Lust darauf hat. Man holt eine Kokosnuß von der Palme, öffnet sie vorsichtig mit dem Haumesser und trinkt den Saft, die berühmte Kokosmilch. Manche Leute mischen zur Verbesserung des Geschmacks Rum oder Gin dazu. In diesem Fall empfiehlt es sich allerdings nicht, zum Trinken einen Strohhalm zu benutzen. Ist der Saft ausgetrunken, haut man die Nuß mit der Machete in zwei Stücke und ißt das meist noch weiche Fleisch heraus. Die Kinder balgen sich um die Nüsse, die von den reichen Touristen nur ausgetrunken werden.

Das harte Fleisch voll ausgereifter Kokosnüsse wird von den Garifuna-Damen gerieben und als Beigabe zu allen möglichen Speisen, unter anderem zu gekochtem Fisch, verwendet.

Die junge Belizener Regierung, bedacht auf die Erschließung neuer Einnahmequellen, untersuchte die Möglichkeit, den Kokosanbau zu fördern. Dabei wurde zunächst eine Bestandsaufnahme der geschichtlichen Entwicklung und der beklagenswerten Gegenwartslage gemacht.

Seit Beginn des 19. Jahrhunderts wurden Kokosnüsse für den eigenen Bedarf geerntet, später auch für den Export. Zwischen den Jahren 1910 und 1940 wurden jährlich bis zu 6 Millionen Stück und kleine Mengen Copra ausgeführt. Auch hier begann dann der Niedergang rasch. Die Farmer ließen ihre durch die Wirbelstürme verwüsteten Pflanzungen im Stich, und das Land war gezwungen, sowohl Kokosnüsse als auch Speiseöl einzuführen, das in den Küchen der Belizener das früher selbst hergestellte Kokosöl ersetzen sollte.

Im Jahre 1979 stellte das zuständige Ministerium aufgrund einer Untersuchung der Kokosbestände im Land einen Dreistufenplan für die Förderung der Produktion auf. Es gab damals rund 1700 Farmer, die kleinere Pflanzungen von weniger als 100 Palmen aufzuweisen hatten, und einige größere Plantagen, die noch aus der besseren Vergangenheit übriggeblieben waren. Die Jahresproduktion betrug ungefähr vier Millionen Nüsse. Man warb bei den Farmern um weitere Anpflanzungen. Die Interessenten im Distrikt Belize erhielten zunächst eine staatliche Hilfe, das heißt, junge Pflanzen und Düngemittel wurden gestellt. Entsprechende Aktionen startete man in den Distrikten Corozal, Orange Walk und Stann Creek. Anfallende Arbeiten konnten mit Krediten finanziert werden. Im Hinblick auf die Erfahrungen mit den Wirbelstürmen förderte die Regierung vor allem den Anbau im weniger gefährdeten Hinterland.

Die Geschäftsleute, mit denen ich die Lage erörterte, waren der Meinung, man solle statt des Exports von Rohnüssen lieber sofort Pläne für deren Verarbeitung im Land, besonders für die industrielle Herstellung hochwertigen Speiseöls, schmieden. Hier ergibt sich wiederum die Frage der Rentabilität: Würde sich eine eigene Herstellung überhaupt lohnen, solange man Speiseöl im Nachbarland Mexiko viel billiger einkaufen kann?

Erdnüsse

Ganz früher kannte ich Erdnüsse nur als billiges Vogelfutter, in Brasilien lernte ich sie als Köstlichkeit schätzen. Außerdem sind sie nahrhaft. In Südamerika sind sie darüber hinaus billig, was man von den belizenischen nicht gerade sagen kann: Einen Dollar pro Beutelchen kosten sie hier eigentlich im ganzen Land.

Ich erkundige mich, und ein Markthändler erklärt mir, daß die Farmer zusehen müßten, ihre Ausgaben überhaupt wieder hereinzubekommen. Vor ein paar Jahren habe es ein Regierungsprogramm zur Förderung des Erdnußanbaus gegeben, mit großen Hoffnungen auf Ausfuhrmöglichkeiten − und mit geringem Erfolg.

Man findet zwar überall im Land Erdnußverkäufer, darunter viele Mennoniten, doch es wird nicht in den Mengen gekauft, die die Bauern zufriedenstellen könnten. Zwei Unternehmer in Belmopan tragen sich augenblicklich mit dem Gedanken, eine Fabrik zur Herstellung von Erdnußbutter für den Export einzurichten. Die Anlagen wurden von einer Firma auf Jamaica angeboten, die ihre Produktion aus ungenannten Gründen eingestellt hat. Die Farmer würden wesentlich größere Mengen Erdnüsse absetzen können als heute, aber zu niedrigeren Preisen.

Die Erdnüsse gedeihen jedenfalls auf dem Boden von Belize recht gut, wie man aus langer praktischer Erfahrung weiß. Das Erzielen großer Erträge setzt jedoch eine sehr intensive Bearbeitung der Felder voraus. Es muß gedüngt werden, und zur Vermeidung des Schädlingsbefalls ist die Anwendung chemischer Mittel unerläßlich.

Im Jahre 1980 begann das karibische Institut für Landwirtschaftsforschung und Entwicklung, das CARDI, mit Unterstützung der Regierung von Belize ein Forschungsprojekt, an dem eigens ausgewählte Farmer in den Distrikten Belize und Cayo teilnahmen. Die Erfolge waren überraschend gut. Dank moderner Landwirtschaftsmethoden konnten weitaus bessere Ernten erzielt werden. Inzwischen sind mehrere Erdnußgenossenschaften entstanden.

Ob die Bundesrepublik Deutschland Erdnüsse kaufen würde? Gegessen werden sie in Massen, vor dem Fernseher und auf Parties. Es kommt wohl auf die Preise an.

Jagd

Maya-Indianer und Garifuna, auffallend selten dagegen Kreolen, erzählen besonders gern, daß ihre Vorfahren Jagd und Fischfang betrieben hätten, begeistert und mit Erfolg. Die Zeiten seien aber längst vorbei, und gejagt werde eigentlich nur zur gelegentlichen Auflockerung des Küchenzettels. Nur im westlichen Belize seien die Gegebenheiten anders: Dort gebe es sogar fanatische Jäger, die ihre Tage mit dem Lauern auf Wild und dem Verfolgen von Fährten im Urwald verbringen, obwohl sie mit anderer Arbeit mehr verdienen könnten. So erzählte mir ein Mennonit.

Die Pflanzer nehmen ihre Schrotflinten mit, wenn sie auf den Rodungen arbeiten, um nebenbei einen Goldhasen oder einen Vogel zu schießen. Begehrte Beute sind die im Land vorkommenden beiden Wildschweinarten. Gejagt wird auch der Tapir, obwohl er als „Tier des Landes" vollkommen geschützt ist, womit ich bei der Naturschutzgesetzgebung angekommen bin.

Sie ist in Belize besonders vorbildlich – aus der Sicht von Tierfreunden und Ökologen. Die großartige Gesetzgebung, vor allem der Wildlife Protection Act von 1981, konnte nur zustande kommen, weil die Schwestern des Staatschefs engagierte Naturschützerinnen sind.

Leider kann ich im Hauptquartier der Regierung kein Exemplar des Gesetzestextes bekommen. Man verweist mich auf die glücklicherweise nicht allzu weit entfernte, in die Savanne von Belmopan hineingebaute Regierungsdruckerei. Dort erhalte ich das gedruckte Original-Blatt für 60 Cents.

Der Wildlife Protection Act regelt die Erhaltung, die Wiederherstellung und die Entwicklung der einheimischen Tierwelt, ihre wirtschaftliche Nutzung und alle damit verbundenen Angelegenheiten. Zahlreich sind die Verbote des Gesetzes: Man darf in Belize nur mit Genehmigung auf die Jagd gehen und hat die Schonzeiten der einzelnen Tierarten zu beachten. Manche Tiere, zum Beispiel Jaguare, sind vollkommen geschützt und dürfen nur im Notfall, aus Notwehr, getötet werden. In Verteidigung von Person und Eigentum gilt das Gesetz nur insofern, als etwa die dabei anfallende Beute, zum Beispiel das Jaguarfell, Eigentum des Staates ist. Der Gesetzestext enthält im Anhang eine Liste der geschützten Tiere. Um nur einige zu nennen: Brüllaffe, Opossum, Spinnenaffe und zwei Arten von Ameisenbären, Wale und Delphine, Fischottern, Jaguar und Silberlöwe sowie einige andere Katzen, die Seekuh Manati, den Tapir und die Krokodile, eine ganze Reihe von Wasserschildkröten und, der Einfachheit halber, alle Vögel. Nur wenige sind namentlich aufgeführt.

Der Vogelschutz wird im übrigen von der Audubon-Gesellschaft besonders intensiv betrieben, und dieser Organisation gebührt auch das Verdienst, ein sehr umfangreiches Programm für die Errichtung von Naturschutzgebieten in Belize aufgestellt zu haben. Niemand zweifelt daran, daß es der Gesellschaft gelingen wird, diese Gebiete auch gesetzlich abzusichern.

Des einen Freud, des anderen Leid. Während Naturfreunde in aller Welt die fortschrittliche Gesetzgebung

Belizes loben, auch wenn sie der Regierung ansonsten eher kritisch gegenüberstehen, spucken eine Anzahl von Tourismusunternehmer Gift und Galle: Früher verdienten sie viel Geld mit Safaris, früher konnten für reiche Amerikaner Sechstagereisen in den Urwald veranstaltet werden. Geübte Jäger und Waldläufer mit Hunden sorgten für angemessene Unterkunft und Verpflegung in vorbereiteten Lagern und natürlich auch für den Abschuß wenigstens eines Jaguars, dessen Fell der erfolgreiche Sonntagsjäger als bleibendes Andenken mit nach Hause nehmen durfte. Die ganze Sache kostete natürlich mehrere tausend Dollars, US-Dollars, was aber – so versichern mir zwei dieser Unternehmer – durchaus angemessen war. Wirklich jeder Komfort sei den Amerikanern, auch im Urwald, garantiert worden, zum Beispiel gutes Essen, genau wie zu Hause, alles wurde mitgenommen, nur Konserven bester Qualität. Alle Tiere durften damals von den zahlenden Fremden geschossen werden: Spießhirsche, Wildschweine, diverse Affen, Tapire und die vielen Vögel, die am Lagerfeuer für den romantischen Jäger gebraten und zubereitet wurden. All das sei nun einstweilen vorbei, nur weil die Schwestern des Prime Ministers, dieses scheußlichen Diktators, einen Naturschutzclub gegründet hatten. Belize brauche dringend eine neue Regierung, mit fortschrittlichen und weitblickenden Männern an der Spitze, die sofort nach der Machtübernahme die geldbringende Touristenjagd wieder freigeben würden. Die Tiere gehörten ja schließlich zu den natürlichen Reichtümern des sonst so armen Landes, und was die Natur biete, das müsse man schließlich doch nutzen, oder?

Wieder einmal wende ich äußerste Diplomatie auf und bemerke nur sachlich kurz, daß Jäger aus der Bundesrepublik Deutschland ohnehin nicht nach Belize kommen würden, denn die dürften die womöglich erbeuteten – oder gekauften – Trophäen nicht mit nach Hause nehmen. Die bundesdeutsche Zollbehörde weiß entsprechend dem Washingtoner Artenschutzabkommen zu verhindern, daß Tierfelle eingeführt werden, und beschlagnahmt diese sofort, um sie ans nächste Museum weiterzugeben. Die Flüche meiner Gesprächspartner gegen diese Abkommen und gegen die deutschen Zollbeamten klingen nicht weniger heftig als jene, die sie vorher gegen den Prime Minister und seine Schwestern ausgestoßen hatten.

Ich verabschiede mich mit Dank für die wertvollen Auskünfte, die ich selbstverständlich bei der Abfassung meines Buches berücksichtigen würde.

Viele meiner Leser in Deutschland werden den Schwestern des Mister Price von Herzen ein langes und gesundes Leben wünschen . . .

Fischfang

Einsam am Strand vor dem nördlichen Stadtteil von Belize City steht das Gebäude der Belizener Fischereibehörde. Es ist schon von weitem zu sehen. Kommt man näher heran, ist man erstaunt, wie klein es in Wirklichkeit ist. Es mußte gespart werden beim Bau, und die hier Arbeitenden leiden unter der Beengtheit.

Der Direktor der Behörde empfängt mich freundlich und versorgt mich mit einer Fülle von Informationen. Auch seine Mitarbeiter lerne ich kennen, die hauptsächlich mit der Gütekontrolle der Fischereierzeugnisse für den Export befaßt sind.

Fische, besonders aber Hummer, Muschelfleisch und Krabben, sind wichtige Wirtschaftsfaktoren in Belize. Hauptabnehmer sind die Amerikaner, und auf deren Bedürfnisse bzw. Forderungen im Hinblick auf die importierten Nahrungsmittel stellt man sich ein. Im Jahre 1977 erließ die Regierung die Richtlinien für die Güteprüfung von Frischfisch und Fischereiprodukten. Die Behörde sollte die Fischereigenossenschaften entsprechend beraten oder besser gesagt: steuern. Man war sich darüber einig, daß die Ablehnung von Ausfuhrgut durch die potentiellen Abnehmer, besonders durch die USA, für die wirtschaftliche Situation des Landes verheerende Folgen haben könnte und daß man sich daher die größte Mühe geben müsse, den hohen Ansprüchen der Dollar-Kunden gerecht zu werden. Gerne, so höre ich, würden die Fachleute der Belizener Fischereibehörde die in der Bundesrepublik Deutschland üblichen Verfahren der Güteprüfung kennenlernen, doch man wisse nicht recht, wie erste Kontakte anzuknüpfen seien. Ich verspreche, mein Bestes zu tun, und erhalte ein ganzes Paket von Drucksachen mit den Verfügungen in Sachen Fischerei.

Alle Aktivitäten sind genehmigungspflichtig. Dutzende von Beschränkungen – Größe der Netze, Verfahren des Fischfangs – haben zum Ziel, die Meeresfauna bestmöglich zu schützen, auf daß man noch recht lange an ihr verdienen kann. Die Überwachung des großen Küstengebietes mit den vorhandenen, beschränkten Mitteln gestaltet sich schwierig. Natürlich gibt es viele Übertretungen der Gesetze, die nicht entdeckt werden. Probleme bereiten auch die im Barrierenriff tauchenden Touristen, die mit ihren Harpunen und wilder Fischerei Schäden anrichten. Schaut man den ansonsten gut zahlenden Fremden allzu sehr auf die Finger, reisen sie in ein anderes Land, wo sie ihrem Hobby ungestört frönen können.

Von hervorragender Bedeutung ist die Hummerfischerei. Drei Arten dieser wertvollen Krebse gibt es in Belizener Gewässern. Eine, der „spiny lobster", lateinisch „panulirus argus", kommt verhältnismäßig häufig vor.

Der Hummerfang wird mit rund 650 Wasserfahrzeugen betrieben. Man benutzt kastenförmige, hölzerne Fallen, Hummerkästen, die es wohl in allen Hummergebieten der

Welt gibt. Auch mit Speeren wird gefischt, allerdings seltener.

In fünf Genossenschaftsbetrieben werden die wertvollen Hummerschwänze verarbeitet, vornehmlich zur Ausfuhr. Nur wenig bleibt im Land und wird hauptsächlich in Restaurants für Touristen verbraucht.

Auch der Fang von Seeschnecken ist von Bedeutung, draußen auf dem Riff und auf den weiter entfernt liegenden Atollen. „Strobus gias" ist der lateinische Name der großen Meeresschnecke, die wir alle kennen: Ihre Gehäuse waren zu Großmutters Zeiten beliebter Zimmerschmuck. Sie standen auf Wandborden und Kommoden herum, und wenn man das Ohr daran hielt, konnte man das „Meeresrauschen" hören. Heute werden die Schnecken wegen ihres Fleisches gesammelt, von Tauchern, die mit größeren Segelbooten nebst kleineren Beibooten in die Fanggründe hinausfahren.

Weil vor allem das Exportgeschäft in die Vereinigten Staaten florierte, konnte man sich eine Verschwendung leisten – so dachte man. Die Bestände an Königinnenschnecken verringerten sich gefährlich, und man richtete zunächst eine Schonzeit von Juli bis September ein. Eine kanadische Forschertruppe wurde ins Land geholt. Die Experten bauten sich auf dem schönen Ambergris Caye ein Laboratorium und studierten die Lebensgewohnheiten der Tiere. Unter anderem wurden mehr als 6000 Tiere gekennzeichnet und wieder ins Wasser gesetzt. Man verfolgte, welche Wege sie in der Tiefe nahmen und wie sie sich dort entwickelten. Fischer, die eine gekennzeichnete Muschel zurückbringen, erhalten eine Belohnung. Die darauf hinweisenden Plakate sieht man überall an der Küste, ich entdeckte das erste am Schwarzen Brett in „Mom's" Restaurant.

Die gesammelten Daten werden in einem kanadischen Institut computergespeichert und analysiert. Die Forscher erhalten im Lauf der Zeit genaue Auskünfte über die Wachstumszeit, die Wanderung und die Fortpflanzungsgewohnheiten der begehrten Schnecken.

Ihr Fleisch ist sehr proteinreich und kann daher für die Ernährung der eigenen Bevölkerung wichtig werden, und eine gut verkäufliche Exportware wird es immer darstellen. Doch nicht nur dieses soll auf Wunsch der Regierung genutzt werden, sondern auch die anderen Bestandteile des Tieres. Das Abfallfleisch von heute soll morgen zu Fischmehl verarbeitet werden, und aus den Gehäusen will man kunstgewerbliche Gegenstände für Touristen herstellen. Weil indessen viel mehr Gehäuse anfallen, als sie je für Reiseandenken und Lampensockel verwendet werden könnten, nutzt man sie auch zu höchst profanen Zwecken: als Unterschüttung für Betonfußböden. An der Küste ist dieses Verfahren für die Bauherren billiger als die Beschaffung von Steinschotter aus den Bergen im Landesinnern.

Sechs Belizener Trawler fangen Krabben, von denen es offenbar noch genügend gibt. Die besten Fanggründe liegen zwischen dem Riff und der Küste des Distriktes Stann Creek.

Über den Fang „gewöhnlicher" Seefische erzählt man mir wenig, mit der Begründung, daß hier alles genauso gemacht werde wie bei den Fischern in aller Welt.

Bleibt zu erwähnen, daß die Fischereibehörde auch den Export von Seewasser- und Süßwasser-Aquarienfischen kontrolliert. Es gibt einige zugelassene Fachhändler, darunter einen Deutschen, der sich mit der Ausfuhr von Korallenfischen eine Existenz geschaffen hat.

Ich spreche mit den Herren von der Fischereibehörde noch über ein faszinierendes Zukunftsprojekt: Man könnte eine Mustersammlung aller Fische und anderer Meerestiere der Belizener Gewässer anlegen, ein Projekt, das man auch mit Hilfe der Bundesrepublik Deutschland durchführen könnte. Verfahren der Konservierung, die die natürlichen Farben der Tiere möglichst gut erhalten, müßten erprobt werden. Fragt sich nur, wie man ein solches Vorhaben angehen könnte.

Und der Haifisch . . .

Es wundert mich, daß in einem Land mit großer Meeresküste, wichtigen Inseln, Touristen und Amateurtauchern das Thema Haifische nicht zur Sprache kommt. Von sich aus erzählt mir niemand etwas, und ich muß mich eigens erkundigen.

Schon mein erster Gesprächspartner will mit mir Geschäfte machen. Kleine Haifische zum Ausstopfen für Museen oder vielleicht zum Verkauf an Touristen könne er mir dank seiner zahlreichen Verbindungen zu Fischern preisgünstig beschaffen. Ein Amerikaner sei schon einmal dagewesen, und der habe auch gekauft.

Fasse ich meine gesammelten Informationen zusammen, ergibt sich folgendes Bild: In alten Zeiten muß es vor der Küste und bei den Cayes vor gefährlichen Haien geradezu gewimmelt haben. Es war im Küstenbereich so gefährlich, daß die Briten an den schönsten Badeorten eiserne Unterwassergitter bauten. Drinnen schwammen die Menschen, draußen die Haifische, die nicht mitspielen durften. Irgendwann gingen die mutigen Wassersportler zum Schwimmen im offenen Meer über. Das wird in der Zeit gewesen sein, als man Masken, Schnorchel und vielleicht Tauchgeräte zur Verfügung hatte. Denn wenn man die Tiere vor Augen hat, sind sie weniger gefährlich. Amerikaner und Deutsche hatten diese Art Unterwassersport entdeckt und zu vermarkten verstanden. Heute schnorcheln Amateure aus allen Ländern in allen Meeren unserer Welt, oder wenigstens in denen mit warmem

Wasser. In Tauchkursen erfahren sie, wie man sich bei Begegnungen mit Haifischen verhält. Wer Bescheid weiß, im rechten Augenblick „blubb" sagt oder mit der Hand auf die Wasseroberfläche haut, für den sind die Gefahren nicht einmal sonderlich groß.

Im Seegebiet von Belize gibt es zwei Bereiche, die von Haien unterschiedlicher Charaktereigenschaften bewohnt werden: In der flachen See zwischen Küste und Riff leben die vorwiegend – allerdings nicht ausschließlich – friedlichen Arten, während draußen in der tiefen See die großen Arten schwimmen, die als potentiell gefährlich gelten und es manchmal auch sind.

In den flachen Gewässern findet man den Ammenhai und den Sandhai. Beide zeigen in der Regel nicht allzuviel Temperament. Oft liegen sie stundenlang in Winkeln zwischen den Riffen oder sogar offen auf dem Sandboden und dösen vor sich hin. Sie haben nicht die messerscharfen Zähne der anderen Arten, sind aber auch nicht zahnlos, wie oft behauptet wird. Ihr Gebiß ist auf ihre Nahrung eingestellt, auf Muscheln und Krebse.

Ein alter Mann in Dangriga erzählt mir, daß es vor vielen Jahren mit einem Ammenhai einen bemerkenswerten Unfall gegeben habe. Das Tier war ins Netz eines Fischers geraten, der sich bei der Bergung seiner Beute ungeschickt anstellte. Der Hai biß sich in seinem Bauch fest und saugte seine Eingeweide heraus. Am Ende der blutigen Angelegenheit waren Fisch und Mensch tot. Der Alte versichert mir, daß es sich um die reine Wahrheit handele, er habe die Geschichte vor einigen Jahren selbst irgendwo gelesen.

Gelegentlich kommt es vor, daß die beiden „friedlichen" Haiarten Tauchern oder Fischern ihre Beute wegnehmen. Sie verhalten sich, sei es aus Hunger oder sei es aus Spielfreude, dabei recht offensiv.

Die großen Haie, die eigentlich in der tiefen See ihre

Heimat haben, erscheinen ziemlich regelmäßig in den Nächten und fressen sich im flachen Wasser der Küste bequem voll. Sie kommen nahe ans Ufer heran, so daß es sich nicht empfiehlt, nachts zu schwimmen. Als besonders aggressiv gilt der Tigerhai, der den Erzählungen nach während der letzten Jahre oft in Belizener Gewässern erscheint und manchmal einen professionellen oder einen Amateur-Fischer anbeißt.

In einigen Zonen vor der Küste Belizes gibt es so viele Tigerhaie, daß man die Jagd touristisch organisieren könnte, natürlich mit großen Booten und unter Beachtung der Sicherheitsvorschriften. In Anbetracht der Gefräßigkeit der Tigerhaie, die sich auf jeden Köder stürzen, könnte man jedem Kunden eine Erfolgsgarantie geben.

Mit Interesse höre ich, daß es in der See, im „Blauen Loch", auch Hammerhaie gibt. Ich habe das Tier mit dem seltsamen Kopf noch aus Großvaters Schulatlas in Erinnerung. Daß der Hammerhai wirklich so gefährlich ist, wie ihn jetzt meine Belizener Fischer schildern, habe ich damals nicht gelernt. Er wird manchmal sehr groß. Wenn die Angaben stimmen, gibt es sogar welche von acht Metern Länge. Das Ungeheuer im „Blauen Loch", von dem man viel erzählt, könne in Wirklichkeit „nur" ein ungewöhnlich großer Hammerhai sein, meinten einige Leute auf Caye Corker. Wie sie zu der Vermutung kamen, erfuhr ich nicht. Keiner von ihnen war je draußen am „Blauen Loch", und von der heute lebenden Generation hat auch niemand das im allgemeinen als schlangenartig geschilderte Riesentier mit den leuchtenden Augen gesehen.

Wasser und ein bißchen Industrie

Man sollte meinen, daß die Bewohner eines feucht-tropischen Landes immer genügend Wasser zur Verfügung haben. Das ist aber in Belize durchaus nicht der Fall, und manchmal entstehen Engpässe in den Jahren mit ungewöhnlich harter Trockenzeit. Die Wasserversorgung geschieht auf verschiedene Arten. Die Bewohner im Landesinnern schöpfen aus den klaren Bächen. In Küstengebieten mit Sand gibt es Brunnen, die meist, wenn auch nicht immer, genug Wasser liefern. Am beliebtesten ist das Regenwasser, das als ohne weiteres trinkbar gilt. In Belize City hat fast jedes Haus einen oder zwei große Freilandbehälter, in denen das Regenwasser vom Dach aufgefangen und gelagert wird. Die meisten der Behälter sind zylinderförmig und Holzfässern ähnlich gebaut. Es gibt aber auch vieleckige Wasserbehälter aus miteinander verschraubten Eisenteilen, die noch während der Kolonialzeit aus England eingeführt wurden. Sie dienen ihrem Zweck und sind zugleich eiserne Denkmäler des verflossenen Empires.

In den Städten gibt es Leitungswasser. Die quaderförmigen Riesentanks dafür stehen auf Stahlgerüsten und wirken nicht gerade ästhetisch in der Landschaft.

In den Außenbezirken von Belize City können sich die Bewohner benachbarter Häuser an den freistehenden Wasserkränen kostenlos versorgen. Die „besseren" Haushaltungen haben eigene Anschlüsse. Das Vertrauen in die Leistungsfähigkeit des öffentlichen Wassernetzes ist offenbar nicht groß: Niemand will auf seinen eigenen Wassertank verzichten. Regen fällt immer, und wenn man das Regenwasser, das sehr viel besser ist als das Leitungswasser, speichert, bleibt man unabhängig, und unabhängig wollen die meisten auch bleiben, wenn das Versorgungssystem einmal ausgebaut werden wird. Ein diesbezügliches Programm existiert schon für Belize City, finanziert von Kanada. Die anderen Städte sollen folgen.

Belize braucht Geld dafür, sagt mir der oberste Regierungsarzt, auch deutsches sei willkommen.

Kaum zu glauben, aber in Belize gab es auch schon von Menschen verursachte Umweltkatastrophen, bisher vier. Dreimal war die einzige Nagelfabrik des Landes, die einem reichen Herrn gehört, daran schuld, wie man in der Presse lesen konnte. Im Jahre 1980 war es zweimal vorgekommen, im Februar 1983 noch einmal, daß cyanidhaltige chemische Abfälle in den Haulover-Fluß gelangten.

Tausende von sterbenden und toten Fischen trieben den Fluß hinunter. Die Entrüstung ist nach meinem Eindruck bei den Bewohnern von Belize City nicht ganz so groß, wie ich es erwartet hätte. Man schaut von der Drehbrücke hinunter auf die Bescherung: So etwas kommt eben vor, und den Reichen, denen die Fabriken gehören, geschieht in Belize – genauso wie anderswo auf der Welt – ohnehin nichts. Der Boß der Nagelfabrik ist, wie mir jemand erzählt, ein strammer Genosse der Regierungspartei. Eine junge Dame mit Brille setzt hinzu, es sei höchste Zeit, daß Belize eine andere Regierung bekomme. Damit auch einmal andere ungestraft den Fluß vergiften können? frage ich teilnahmsvoll zurück. Gelächter am Nachbartisch bei „Mom's".

Ansonsten gibt es in Belize noch keine Industrie, die Wasser und Umwelt verschmutzen könnte. Erdöl hat man gefunden, das die Belizener zu Hoffnungen veranlaßte, doch es ist nicht genug, um es in großem Rahmen wirtschaftlich zu nutzen. Die Probebohrungen werden fortgesetzt und geben einstweilen nur neuen Hoffnungen Nahrung.

Da ich gerade dabei bin, muß ich am Rande noch ein kleines Wirtschaftswunder Belizes erwähnen: die Textilfabrik am Flugplatz. Sie war ursprünglich ein Experiment privater wirtschaftlicher Initiative. Das Unternehmen führt aus den USA Stoffe ein, die in der Fabrik zu Kleidungsstücken verarbeitet werden, vor allem Overalls und Blue Jeans. Die Stoffe werden mit einem Tieflader gebracht, der auf dem Rückweg nach Norden die fertigen Kleider mitnimmt. Das Projekt wuchs und gedieh, die Zahl der Angestellten stieg ständig. Mädchen aus der Umgebung sind als Schneiderinnen und Näherinnen beschäftigt. „Scherenmädchen" werden sie genannt, und sie haben einen besonderen gesellschaftlichen Status – ihrem hohen Verdienst entsprechend: 75 bis 125 Dollar die Woche. Eine Magd oder ein Dienstmädchen im Haushalt verdient demgegenüber nur 30 Dollar pro Woche. Überflüssig zu sagen, daß in der Umgebung der Textilfabrik Mägde heute nicht mehr zu haben sind. Die Mädchen entwickeln ihr eigenes gesellschaftliches Leben. Jeden Donnerstag gehen sie in die Discothek und nehmen arbeitslose Jungen auf ihre Kosten mit. Das Angebot ist dem Vernehmen nach groß, die Damenwahl wurde zur Institution. Soll man eine solche Entwicklung begrüßen? Es ist unberechtigt, eine solche Frage überhaupt zu stellen. Wirtschaftliche Entwicklung ist für Belize nur zu begrüßen, und was ist schon dabei, daß die Scherenmädchen den Männern gegenüber die vorherrschende Rolle spielen? Eines Tages werden vielleicht männliche Schneider und Näher für eine Textilfabrik gebraucht – Scherenjungs...

Zu Lande, zu Wasser und in der Luft

Ich bin sehr beeindruckt, als ich wieder einmal mit dem Omnibus aus Belmopan zurückkehre und feststellen muß, daß die Endhaltestelle am Stadtrand durch überflutete Straßen abgeschnitten ist. Nein danke, mit einem Taxi ist mir nicht gedient. Ich könnte eher ein U-Boot gebrauchen! Großes Gelächter von seiten meiner Weggenossen. Schließlich erbietet sich ein Taxifahrer, mich unter Umgehung der allzu tief versunkenen Straßen sicher zu meinem Hotel zu fahren, zum Preis von drei Dollar. In Anbetracht meiner hoffnungslosen Lage entschließe ich mich schweren Herzens zu der Ausgabe. Ich werde nicht enttäuscht und heil ans Ziel gebracht. Die tiefsten Stellen durchrast mein Fahrer mit erhöhter Geschwindigkeit, damit der Motor nicht in Mitleidenschaft gezogen wird. Nach beiden Seiten spritzt das Wasser meterhoch.

Außer den Stadtstraßen gibt es in Belize Landstraßen erster Ordnung, solche zweiter Ordnung und Wege. Hinsichtlich ihres Zustandes sind die Kategorien der Verkehrswege nicht immer auf den ersten Blick und einwandfrei voneinander zu scheiden. Die bei weitem schlechtesten Straßen sieht man in Belize City. Sie sind bedeckt mit Steingeröll, so daß jeder Schritt mit leichten Schuhen zum schmerzlichen Erlebnis werden kann. Auch in der Innenstadt stehen viele Straßenzüge oft ganz oder teilweise kniehoch unter Wasser. Wer sich auskennt, kann in Gummistiefeln oder barfuß hindurchwaten.

Die erste Straße, die der Besucher im Land kennenlernt, ist die vom Internationalen Flughafen nach Belize City. Sie ist in relativ gutem Zustand. Dasselbe läßt sich mit leichten Einschränkungen von der vielbefahrenen Landstraße von Belize City nach Belmopan sagen. Ich erfahre, daß die Briten ehemals eine Menge Geld für diese Strecke aufbrachten, denn sie führt weit durch Sumpfland. Steine aus den Bergen mußten mit Lastkraftwagen herbeigefahren werden, um den Unterbau zu schaffen. Die Verbindung zwischen den beiden wichtigsten Städten des Landes führt übrigens recht eindrucksvoll mitten durch einen Friedhof hindurch, und ein Stück weiter sieht man von ihr aus die größte Mülldeponie des Landes. Der Müll aus

Belize City wird hier einfach in den Mangrovensumpf hineingeschüttet und bedeckt mittlerweile eine ziemlich große Fläche, die voraussichtlich einmal festgewalzt und benutzt werden wird. Abenteuerlich sind die Straßen zwischen den Städten im Landesinnern, vor allem südlich von Belmopan. Sehr gefährlich mit ihren Steigungen und Senkungen und ihren geradezu miserabel ausgebauten Kurven ist die Berg- und Talfahrt zwischen Belmopan und Dangriga. Die zahlreichen Brücken sind schmal. Viele wirken dem Augenschein nach nicht solide, doch man hört nie davon, daß einmal eine zusammengebrochen wäre. Die wesentlichen Unfälle ereignen sich in den Kurven, wo Fahrzeuge sehr leicht von den befestigten Wegen abkommen und in die Tiefe stürzen. An einer Stelle, an der jemand zu Tode kam, sehe ich ein Holzkreuz.

Landesübliche Verkehrsmittel für die Personenbeförderung sind die Omnibusse. Sie werden von verschiedenen Firmen betrieben. Die Fahrzeuge sind nicht die allermodernsten, man wird ziemlich durchgeschüttelt. Leider ist der Abstand der Bänke auf die durchschnittlichen Körpermaße der Belizener abgestimmt. Leute mit längeren Beinen haben es daher schwer, sich irgendwie halbschräg hineinzuklemmen. Manche Omnibusse bieten geräumige Gepäckfächer unter dem Fahrgastraum. Bei anderen werden Koffer und Kisten, Säcke und Pappkartons im hinteren Teil des Wagens mehr oder weniger glücklich aufgestapelt. Das Heraussuchen einzelner Stücke an den Haltestellen ist manchmal mit erheblichem Zeitaufwand verbunden. Für einige Omnibuslinien kann man die Fahrscheine vor Antritt der Reise in einer Station kaufen, bei anderen kassiert der Schaffner den Fahrpreis während der Fahrt. Meine Bewunderung für diese Menschen, die sich in Ausübung ihrer verantwortungsvollen Tätigkeit mit Geschick von vorne bis hinten durch die enggepreßte

Menschenmasse hindurchwinden, ist grenzenlos. Neben den Omnibussen, die nur für die Personenbeförderung gebaut wurden, gibt es in Belize auch sogenannte Trucks, Lastautos verschiedener Größe mit Holzaufbauten. Die Bänke für die Fahrgäste bestehen aus meist lose eingebauten Brettern. Eine besondere Federung ist nicht vorhanden.

In kleineren Orten des Landesinnern führt je ein Unternehmer, Landwirt oder Kaufmann regelmäßig an bestimmten Tagen der Woche, außerplanmäßig bei Festen oder wenn sich gerade ein Auftraggeber findet, Transporte zur nächsten größeren Stadt durch. Ein oder zwei bevorzugte Fahrgäste, Privilegierte oder hübsche Damen, dürfen vorne neben dem Fahrer Platz nehmen. Die übrigen Fahrgäste quetschen sich neben Packgut und lebende Tiere auf die Bänke hinten.

Pferdefuhrwerke sieht man kaum noch und auch Reiter nur selten. Personenkraftwagen oberer Preislagen gibt es viele. Die Klimaschäden daran, besonders der entstehende Rost, sind bemerkenswert. Verschrottungsprobleme gibt es nicht. Man stellt die ausgedienten Fahrzeuge einfach irgendwo am Straßenrand ab, am besten im Sumpfgebiet. Da rosten sie dann im Laufe der Jahre still in sich zusammen, die schweren Teile versinken.

Unter den Wasserverkehrsmitteln sind Boote mit Außenbordmotor beliebt. Sie kamen nach Ende des Zweiten Weltkriegs in Mode und verdrängten die bis dahin üblichen Segelschiffe. Eine Reihe kleinerer Boote mit Zentralmotoren älteren Baujahrs versehen ähnlich wie die Trucks im Landesinnern den Verkehr zwischen Belize City, den anderen großen Küstenstädten und den kleineren Orten, die von der See her zu erreichen sind. Für die Erschließung der Cayes war das Motorboot geradezu Voraussetzung, man kann sie heute im Gegensatz zu früher schnell und relativ unabhängig vom Wetter erreichen. Natürlich floriert auch der „kleine Grenzverkehr" zu den Nachbarländern auf dem Wasserweg.

Größere Motorschiffe gibt es nur wenige. Am bekanntesten ist die „Fury", die von Belize City aus bis hinunter nach Honduras fährt und vornehmlich Fracht befördert. Für Passagiere, die mitfahren wollen, empfiehlt es sich, vorher durch Vermittlung von „Mom's" Restaurant mit dem Kapitän in Verhandlungen zu treten.

Große Schiffe laufen einstweilen nur im Hafen von Belize City ein. Sie bleiben draußen auf der Reede liegen, weil das Meer an der Küste nicht tief genug ist. Hin und wieder erscheint ein deutsches Containerschiff der Reederei Hapag-Lloyd auf der Rundreise durch die Karibik. Ich hatte leider keine Gelegenheit, an Bord zu gehen, weil ich immer gerade dann, wenn es erschien, im Landesinnern war.

Die große Hoffnung der Belizener auf bessere Möglichkeiten im Seeverkehr ist ein neuer Hafen, der in Dangriga gebaut werden soll. Als Geldgeber für das Projekt wäre die Bundesrepublik Deutschland höchst willkommen.

Der internationale Flughafen, eine halbe Autostunde von Belize City entfernt, wird regelmäßig von ausländischen Fluglinien angeflogen. Man wünscht sich eine Verlängerung des Rollfeldes, damit noch größere Maschinen landen können, was sicher von Nutzen wäre, und größere Flughafengebäude, was für meine Begriffe Luxus bedeutete.

Außer dem internationalen Flughafen existiert einer für kleinere Flugzeuge, unmittelbar am Rand der Stadt Belize, an der Meeresküste. Von hier aus verkehrt unter anderem eine nationale Gesellschaft zu halbwegs erschwinglichen Preisen. Sie fliegt hauptsächlich die Küstenstädte im östlichen Teil des Landes an. Bedient werden in südlicher Richtung Dangriga, Placentia und Punta Gorda, im Norden Corozal und Sarteneja, Orange Walk Town und schließlich das Paradies der ganz reichen Touristen, San

Pedro auf Ambergris Caye. Daneben fliegt eine Chartergesellschaft wohlbetuchte Touristen nach Belieben im Land und draußen im Bereich der Cayes herum. Die neue Hauptstadt Belmopan hat nur eine kleine Piste am Rand der Straße nach Belize City. Selten sieht man dort eine einmotorige Maschine stehen. Mit dem Auto schafft man den Weg erheblich preisgünstiger.

Bis vor ein paar Jahren gab es übrigens eine Belizener Gesellschaft, die internationale Linien flog. Dem Unternehmen war jedoch nur eine kurze Lebensdauer beschieden. Man hatte veraltete Maschinen gekauft, die zu viel Brennstoff verbrauchten und daher unwirtschaftlich waren. Auch das Management scheint nicht das beste gewesen zu sein, und die Linie verschwand schon bald vom Himmel.

Meinen Belizener Gesprächspartnern scheint die Sache peinlich zu sein. Ich sehe sie nicht so tragisch, da ich mich ohnehin lieber auf den Landweg verlasse.

Tourismus

Alle Betrachtungen über den Tourismus unserer Zeit und seine Bedeutung für ganze Länder oder einzelne Gebiete beginnen mit der Feststellung, daß die Tourismusindustrie die größte der Welt ist. Es folgen mehr oder weniger ausführliche Erörterungen über den Geist unseres Jahrhunderts, über die Folgen verkürzter Arbeitszeit, größeren Bildungshungers und die Begeisterung für bestimmte Gebiete, für die Archäologie, Naturbeobachtung, Tauchsport, Jagd und Bordelle. Die Unternehmen verdienen am großen Geschäft. Die Gastländer auch, müssen dafür aber gewisse Nachteile in Kauf nehmen.

Es dauerte relativ lange, ehe Belize die Möglichkeiten des internationalen Tourismus für sich entdeckte. Die

Politiker berieten und kamen zu dem Schluß, daß etwas geschehen müsse. Im Jahre 1955 wurde offiziell festgestellt, daß der Tourismus „für die wirtschaftliche Entwicklung von Wert" sei. Man sah sich um, was andere Länder auf diesem Gebiet getan und erreicht hatten. Endlich, im Jahre 1968, wurde ein eigenes Touristenbüro eingerichtet, mit einem ganztägig beschäftigten Sekretär und natürlich einigen Bürodamen.

Ich besuche den „Belize Tourist Board", der zum Zeitpunkt meiner Ankunft noch in einem passablen, gut zugänglichen Gebäude in der Innenstadt untergebracht war. Jetzt ist die Behörde umgezogen und nur noch über ein paar hundert Meter Straße mit scheußlichem Steingeröll zu erreichen.

In der Halle des Büros sitzen zwei junge Damen, die über einen Bestand an verschiedensten Prospekten und einen Fahrplan der Omnibuslinien verfügen. Besonders ins Auge sticht der prächtig buntgedruckte Prospekt eines Nobel-Hotels auf Ambergris Caye. Sonst sehe ich eigentlich nichts besonders Beachtenswertes. Nachdem ich meinen Wunsch nach Informationen vorgetragen habe, verschwindet eine der jungen Ladies im Nebenraum und kehrt kurze Zeit später zurück, um mir mitzuteilen, der Herr Sekretär wolle mich empfangen, ich dürfe eintreten.

Der Sekretär sitzt hinter einem großen Schreibtisch und erzählt mir nochmals die Geschichte seines Amtes, weist auf die Bedeutung des Tourismus für die Entwicklung des Landes hin und berichtet über die Programme, die man in Zukunft verwirklichen wolle.

Punkt eins auf der Liste sind die Inseln, die Cayes vor der Küste mit ihren prächtigen Korallenriffen, Palmen, beobachtenswerten Seevögeln, Fischerbooten und so weiter. Gewaltige Kapazitäten liegen noch brach. Wenn man nur richtig Werbung betreibe, besonders bei den Mittelstandsschichten der USA, würden noch viel mehr Touristen kommen, um die Schönheiten der Westindischen Inseln zu genießen und die begehrten Dollars auszugeben. Früher fuhren die meisten Amerikaner nach Kuba, was ihnen ja nun infolge der politischen Entwicklung verleidet ist. Wenn die Amerikaner erst einmal gelernt haben, daß es auf den Cayes vor Belize genauso schön oder gar noch viel schöner ist als an den sozialistischen Stränden Kubas, dann strömen sie vielleicht in größeren Scharen herbei. Die Werbung kostet Geld, und es ist ein entschlossen und hart arbeitendes Management vonnöten.

Punkt zwei des Programms zur Förderung des Tourismus bezieht sich auf die Maya-Archäologie. Auf dieser Welle kann Belize leicht mitreiten, denn man hat ja prächtige Denkmäler dieser alten und geheimnisvollen Kultur aus präkolumbianischer Zeit zur Genüge im Land, teils ausgegraben, teils noch verdeckt im Dschungel. Es wird im Lauf der kommenden Jahrzehnte immer wieder Neuentdeckungen geben, die man propagandistisch auswerten und vermarkten kann.

Ich traue meinen Ohren nicht, als mir der Sekretär des Tourist Board Punkt drei des Langzeitprogramms erläutert: Die wundervollen Urwälder in den Bergen des Westens und Südens bieten dem reichen Jäger vielfältige Möglichkeiten zum Abschuß zahlreicher tropischer Wildarten. Während die Reviere anderer Länder schon weitgehend ausgebeutet seien, habe Belize noch gute Tierbestände. Erfreulicherweise gebe es noch viele Jaguare, die wirtschaftlich genutzt, das heißt gegen Entgelt totgeschossen werden könnten. Ich frage vorsichtig an, wie sich denn das Jagdprogramm mit der Naturschutzgesetzgebung in Einklang bringen ließe. Der Sekretär sieht hier keinerlei Schwierigkeiten. Die geldbringenden Safarijäger würden von amtlich zugelassenen Unternehmern begleitet werden und stünden somit weiterhin unter Kontrolle. Weil ich mich als Ausländer nicht in innenpolitische Angelegenheiten mischen will, unterlasse ich es, meinen Freund darüber in Kenntnis zu setzen, was ich gerade zuvor in Belmopan erfahren habe, nämlich, daß die Jagd inzwischen total verboten sei.

Schließlich, viertens, wünscht der Tourist Board die Schönheiten der Fichtenwälder für seine künftigen Kunden attraktiv zu machen. Hier fehle es allerdings einstweilen noch an Unterbringungsmöglichkeiten. Es müssen Hotels gebaut werden. Mit Dank für die ausführlichen Auskünfte verabschiede ich mich.

Außer mir scheint sich noch ein nordamerikanischer Journalist für den Tourismus in Belize zu interessieren. Ich melde auch keine Zweifel an dieser seiner Eigenschaft an, obwohl er mir eher im Auftrag wirtschaftlich Interessierter zu reisen scheint. Immerhin sind einige seiner Beobachtungen auch für mich interessant.

Die Rentner aus den Vereinigten Staaten, so weiß er zu berichten, und auch die aus Kanada blieben immer mehr aus. Früher seien überaus viele gekommen und wochenlang geblieben. Jetzt aber bevorzugten sie andere Gefilde, vor allem Mexiko mit seinen niedrigen Preisen und besseren Unterbringungsmöglichkeiten. Als erste wurden die Kanadier sparsam. Heute folgen ihnen mehr und mehr die US-Amerikaner, deren wirtschaftliche Verhältnisse nicht mehr ganz so gut zu sein scheinen wie in früheren Jahrzehnten. Unter dem Siegel der Verschwiegenheit erzählt mir der seltsame Journalist von Plänen, in Belize einen „Staatstourismus" einzuführen, ähnlich wie dies in Kuba – übrigens mit großem Erfolg – betrieben werde. Es fehle Belize jedoch an qualifizierten Leuten, die in der Lage seien, einen solchen Staatstourismus aufzubauen. Ich solle mir doch nur einmal ansehen, wer da im Tourist Board säße. Mein Journalist war offenbar nicht so zuvorkommend empfangen worden, wie er erwartet hatte, und die Folge würde nun sein, daß er überall und bei jeder Gelegenheit gesprochen oder geschrieben giftige Worte über den Belizener Tourismus verbreiten wird, was er mir ausdrücklich bestätigt, als ich ihn danach frage.

Daß der Tourismus für das Land auch Nachteile bringt, scheint man allmählich zu begreifen. Mag sein, daß auch sein Einfluß auf die Belizener Jugend die Regierung vorsichtig stimmt: Man will die Entwicklung weitestgehend sich selbst überlassen und hofft auf eine organische Entwicklung. Spielcasinos werden grundsätzlich nicht gestattet, obwohl die Versuchung aufgrund der Nähe zu den USA sehr groß ist. Noch ist die Furcht vor internationalem Gangstertum und dem Erblühen einer neuen Prostitution größer als der Wunsch nach schnellem Verdienst.

Auch die Bettelei fördert der Tourismus. Soweit dieses internationale Metier von der ohnehin schon verarmten Klasse der Vagabunden betrieben wird, ist es auch nicht weiter schlimm. Man wird jedoch inzwischen auch von gut gekleideten Jugendlichen angebettelt, oft auf verblüffende Weise. In Dangriga saß ich einmal morgens früh nach dem ersten Kaffee auf einer Betonbank im Prinzessinnenpark. Ein aufgeweckter Junge setzte sich auf die Nachbarbank und stellte die üblichen Fragen nach meiner Herkunft, meinen Absichten. Auch ich stellte Fragen. In der Geschichte der Garifuna wußte er bestens Bescheid, aus der Schule. Die Antworten kamen in ganzen Sätzen, wirklich ordentlich. Der junge Mann wünschte meinen Paß zu sehen, den er aufmerksam studierte, und dann verlangte er Geld. Alle Touristen hätten Geld, alle Ausländer, die ins Land kämen, hätten welches, und wahrscheinlich würde ich lügen, wenn ich behauptete, nicht genug zu haben. Er fand Bettelei durchaus in Ordnung: Wer Geld hat, ob mehr oder weniger spielt keine Rolle, den darf man anbetteln, und es ist mies, wenn man nichts bekommt.

Einer der erregendsten Eindrücke für die Besucher des Landes Belize: die Vielfalt der Völker. – Obwohl die Regierung schon vor der 1981 erlangten Unabhängigkeit mit dem Slogan „The Growth of a Nation" für die Entstehung „eines Volkes von Belizenern" warb, haben die verschiedenen Bevölkerungsgruppen bis heute – noch – ihre unterschiedlichen kulturellen Traditionen einigermaßen bewahrt. Der Verfall der Kultur und die Gegensätze zwischen den Gruppen sind für den Touristen nicht offenkundig.

14   Rechts: Eine Maya-Frau.

15   Unten links: Eine Kreolen-Dame.

16   Unten rechts: Eine Mestizin – Nachfahrin der indianisch-europäischen Mischlinge.

17 Kritisch schaut der kleine Mestize in die Kamera.

18 Ein junger Kreole.

19 Rechts: Eine ältere Kreolen-Lady. — Im allgemeinen Sprachgebrauch hat die Bezeichnung „Kreole" die Bedeutung: „Mischling weiß-schwarz", in Belize: die Mischung zwischen den ersten europäischen Siedlern, den Nachfahren afrikanischer Sklaven — und ein wenig „rot". Der weiße Anteil ist gegenüber dem schwarzen im Laufe der Jahrhunderte immer geringer geworden und bei vielen Kreolen nicht mehr wahrnehmbar.

20 Ein Mennoniten-Mädchen, das sich freundlicherweise fotografieren ließ. – Gegründet wurde die Gemeinschaft der Mennoniten von dem Holländer Menno Simons in der Zeit der Reformation. Die ursprünglich in Norddeutschland beheimateten Siedler gelobten, getreu der Bibel zu leben. Die strenggläubigen, konservativen Mennoniten lehnen bis heute Radio und Fernsehen ab und verweigern sich jeder Art von Gewalt. Auch im tropischen Belize tragen sie noch ihre alte, dunkle Tracht und sprechen untereinander Deutsch oder Plattdeutsch. Arbeit, vor allem landwirtschaftliche, steht im Mittelpunkt ihres Lebens.

21 Repräsentativ für die junge Generation von Belize: Leutnant Lucas, die erste Offizierin der Belizener Verteidigungsstreitmacht.

22 Die Damen der Belizener Polizei werden hauptsächlich zur Regelung des Straßenverkehrs eingesetzt. Hier ist eine Polizistin ausnahmsweise im Innendienst zu sehen.

23 Frieden durch Mini-Luftmacht: ein startbereiter Harrier-Bomber auf dem Flugplatz des Militärstützpunktes der alten Kolonialmacht England, die vier Maschinen dieses fast schon historischen Flugzeugtyps in Belize beließ.

24 Prime Minister George Price – der Adenauer Mittelamerikas.

25 Belize-Honig „yuca" aus dem Dritte-Welt-Laden. – Noch beschränken sich die deutsch-belizenischen Beziehungen auf diesen wohlschmeckenden Brotaufstrich aus Urwaldblüten. Der rückseitige Aufkleber des Glases klärt den bundesdeutschen Konsumenten darüber auf, wo denn dieses Belize eigentlich liegt. Bleibt zu hoffen, daß dieses Buch dazu beiträgt, die „bilateralen" Beziehungen zwischen den Ländern zu fördern . . .

Obwohl wir grundsätzlich unterschiedlicher Meinung waren, schieden wir als Freunde, und ich bekam sogar die Adresse des hoffnungsvollen Jung-Belizeners. Ich sah ihn noch ein paarmal, unter anderem einmal, als er gerade eine junge Dame anbettelte, wobei er die gewünschte Summe gleich dazu sagte. Ich werde meinem Freund in Dangriga die versprochene Postkarte aus Europa, vom Fluß Rhein, schicken.

Briefmarken

Meine Freunde aus Europa und Brasilien, die erste Postkartengrüße und Briefe aus Belize mit Dank beantworten, zeigen sich begeistert über die schönen Briefmarken, die es in dem ihnen noch bis vor kurzem unbekannten Land Mittelamerikas gibt. Ich trage dem selbstverständlich Rechnung und versehe meine nächsten Korrespondenzen mit möglichst vielen Marken kleinerer Werte, auf denen Muscheln des Meeres, Schmetterlinge, eine bunte Landkarte Belizes und viele andere hübsche Motive, natürlich auch Bäume und Orchideen, zu sehen sind. Manchmal erlaube ich mir, mehr als notwendig aufzukleben, denn das Porto ist in Belize ausgesprochen billig, so daß man sich diesen Luxus für die Freunde aus Übersee leisten kann. Ich bin keine Ausnahme in diesem Geschäft. Als es noch während meines Aufenthaltes zur Erhöhung der Portosätze kommt, ist der Spaß, für mich jedenfalls, vorüber. Es gibt lautes Geschimpfe, und mancher Belizener schwört, künftig nur die nötigsten Briefe zu schreiben. Außerdem werde man diese völlig ungerechtfertigte Maßnahme der Regierung bei der nächsten Wahl gebührend berücksichtigen. Gerade für die Belizener sei eine Portoerhöhung eine unverdiente Strafe, denn man müsse schließlich Kontakt zu den in den USA arbeitenden

Verwandten halten, wenn es schon keine Verdienstmöglichkeiten im Land gebe.

Meine vorsichtigen Erkundigungen nach alten Briefmarken führen nicht zum Erfolg. Offensichtlich haben schon Scharen von anderen Ausländern dieselbe Frage gestellt. Manche hatten sogar Höchstpreise geboten und doch nichts bekommen. Die meisten Briefmarkensammlungen und alte Geschäftspapiere, in denen man hätte fündig werden können, sind bei den großen Hurrikan-Katastrophen längst zugrunde gegangen. Natürlich existieren Sammlungen bei Belizener Philatelisten, aber die geben selbstverständlich nichts ab. Die besten Sammlungen von Belize und dem alten Britisch Honduras sollen sich im übrigen in England und in den USA befinden. Ich kann nur einige wenige, alte Marken aus Britisch Honduras bekommen. Die Frau des österreichischen Sägewerkbesitzers sucht für mich Dubletten aus ihren auch schon vom Zahn der Zeit, das heißt von Feuchte und Schimmelpilzen heimgesuchten Beständen heraus. Leidenschaftliche Sammler können heutzutage an einem besonderen Schalter im Postamt von Belize City mit philatelistischen Kostbarkeiten beglückt werden. Die neuesten Marken, zum Beispiel Sondermarken anläßlich der Vermählung von Prinz Charles und Lady Di oder vom Papstbesuch in Belize, sind in einem Glaskasten zur Schau gestellt. Wie viele kleine Länder der Erde macht Belize – und machte Britisch Honduras – mit seinen schönen bunten Briefmarkenserien gute Gewinne. Einmal fiel man jedoch auf einen ausländischen Fachhändler, der das ganz große Geschäft versprach, gründlich herein. Die Regierung überließ dem cleveren Gentleman nicht nur das gesamte Sammlergeschäft, sondern räumte ihm auch weitgehende Freiheit bei der Herausgabe neuer Briefmarkenserien ein. Am Anfang schien alles in bester Ordnung, dann aber überspannte der Fremde den Bogen und gab die verrücktesten

Sonderserien heraus, zum Beispiel eine über die Gewinner der Olympischen Winterspiele, und schließlich sogar, zum Internationalen Jahr des Kindes, eine Märchenserie „Schneewittchen", die auf den Markt kam, als das Jahr des Kindes schon längst abgelaufen war. Im Land ärgerte man sich darüber, im Ausland wurde gelacht, und die philatelistischen Interessenverbände zeigten ihr Mißfallen deutlich.

Inzwischen haben sich die Verhältnisse wieder normalisiert, und die Regierung gibt die Marken in eigener Regie heraus. Allerdings sind dem Vernehmen nach genügend Sammler vorhanden, die zur Freude des abgehängten Händlers die Serien vom Schneewittchen und von den Olympischen Winterspielen als Kuriositäten kaufen, ungeachtet des Bannfluchs der Fachorganisationen. Winterstimmung aus dem brüllendheißen Mittelamerika – das läßt man sich schon etwas kosten.

Kurz vor Ende meines Aufenthaltes konnte ich doch noch einige alte Marken aus Britisch Honduras auftreiben. Eine zu fünf Cents aus einer Serie „Brücken der Welt". Gleich zwei riesige Brücken sind darauf abgebildet, eine New Yorker und eine kanadische. Eine andere Marke, ebenfalls zu fünf Cents, hat eine ungewöhnlich langgestreckte Form. Man sieht darauf die alte Hauptstadt Belize City von Süden her, davor, im Wasser liegend, ein großes Floß aus Baumstämmen. Die Unterschrift erklärt, daß die Marke anläßlich der Gründung der neuen Hauptstadt Belmopan erschien. Auch eine Reihe prächtig bunt gedruckter Briefmarken mit Fischen und Waldtieren, auch mit Blüten landeseigener Pflanzen, konnte ich noch relativ leicht ergattern. Aus dem Rahmen fällt eine Marke zum Gedenken Winston Churchills. Vielleicht war sie zum Todestag des berühmten Politikers herausgegeben worden: „Winston Leonard Spencer Churchill 1874 – 1965." Darunter sieht man ein Bild des Geehrten vor dem

Hintergrund des brennenden London nach einem Luftangriff. In einem abgetrennten Feld zu seiner Rechten erscheint ein Bild der Königin in damals noch jugendlicher Schönheit, mit wertvollem Diadem im Haar. Wie doch die Zeit vergeht!

Die neuesten Informationen über den Stand der Philatelie in Belize erfuhr ich in Bonn nach meiner Rückkehr. Botschafter Castillo brachte einen sehr schön gedruckten Prospekt über die neuen Briefmarkensätze seines Landes mit. Von diesem Prospekt wurden 22 000 Stück in alle Welt geschickt, um die Briefmarkensammler für die Kollektion des jungen mittelamerikanischen Landes zu begeistern. Die Regierung hat die Herausgabe der neuen Serien einem international renommierten Großunternehmen in London übertragen. Dieses richtete mittlerweile in Belize eine selbständig arbeitende Filiale ein, die das Geschäft vorantreibt. Die erste neue Serie zeigt Bilder von Jaguaren, ein weiterer Beitrag zum gesetzlichen Schutz der Tiere. Man darf hoffen, daß die bunten Marken weltweit ihre Märkte finden, und so mancher Philatelist wird einmal auf der Landkarte nachsehen, wo dieses Land Belize denn nun eigentlich liegt.

Das liebe Geld

In den Tagen der Seeräuber waren Gold- und Silbermünzen die beliebtesten Zahlungsmittel in Belize. Meist stammten sie von den Spaniern, die man zu Wasser oder zu Lande ausgeplündert hatte. Doch die Zeiten besserten sich, und der Geldverkehr wurde in gesittete Bahnen geleitet. Numismatiker haben sich auf diesem Gebiet schon gründlichst umgesehen und fast alle Münzen aus der frühen Zeit, die noch in Belize aufzutreiben waren, mit in die Vereinigten Staaten genommen. Auch Geldstücke jüngeren Datums, etwa die aus der Zeit der Zentralamerikanischen Republik, nahmen sie mit.

Lange Zeit zahlte man mit britischer Währung, bis der amerikanische Dollar notgedrungen oder auch aus Zweckmäßigkeit eingeführt wurde. Heute ist die Belizener Währung fest mit der US-Währung verbunden: Zwei Belize-Dollar entsprechen exakt dem Wert von einem US-Dollar. Ein paar Cents Unterschied werden meist nicht mitgerechnet.

Jedes Geschäft, jedes Restaurant nimmt US-Dollarnoten. Kleingeld ist dagegen nicht gefragt, da braucht man das belizenische. Gern nimmt man auch US-Reiseschecks, die man bei den Banken, besser noch bei den Chinesen, eintauschen kann. Reisenden wird von Erfahrenen empfohlen, einen Teil ihres Geldes in Reiseschecks, einen Teil in US-Dollarnoten mitzuführen. Auch britische Pfunde werden gewechselt, allerdings nur in Banken. Deutsche Mark werden nur in Ausnahmefällen getauscht, mit Hilfe des Honorarkonsuls und unter Berechnung erheblicher Sonderkosten. Ich teile die Ansicht der Belizener, daß hier dringend im beiderseitigen Interesse eine Änderung geschaffen werden muß.

Geld aus dem Ausland kann durch einen internationalen Scheck auf eine britische Bank überwiesen werden, was aber sehr umständlich gehandhabt wird und sehr lange dauert. Die Gebühren sind darüber hinaus so hoch, daß die Sache sich nur bei größeren Summen lohnt. Banknoten in Briefen zu schicken, empfiehlt sich nicht. Gelegentlich gehen solche Briefe verloren.

Auch an der Grenze nach Mexiko gibt es Geldwechsler. Hier kann man im Omnibus oder an einer Haltestelle Belizener und US-Dollars gegen mexikanische Währung eintauschen. Ob man dabei ein besseres Geschäft macht als auf einer Bank, konnte ich nicht mehr nachprüfen. Ich wechselte nur in der Bank von Chetumal einen Reisescheck ein.

Zum Thema Banken wäre noch zu bemerken, daß es davon in Belize eine ganze Reihe gibt. Die meisten sind mit großen, repräsentativen Gebäuden in Belize City und mit kleinen, oft recht hübschen Gebäuden in Belmopan und in den anderen größeren Städten des Landes vertreten. Nachdem ich meine ersten Erfahrungen gesammelt hatte, wurde ich Dauerkunde bei der Barkleys-Bank, weil die Damen an den Schaltern dort besonders freundlich sind. Außer dem regelmäßigen Eintausch meiner Traveller-Cheques habe ich dort leider keine Bankgeschäfte abzuwickeln. Die Einrichtung eines Kontos lohnt sich für die kurze Dauer meines Aufenthaltes nicht.

Die Banken sind sämtlich mit Klimaanlagen ausgestattet, so daß ein Besuch dort angenehm und erholsam ist, jedoch auch die Gefahr der Erkältung birgt, die schon manchem Tropenreisenden zum Verhängnis wurde, und ich vermeide es auch aus diesem Grund, in durchgeschwitzten Kleidern zu erscheinen. Meist nutze ich die Gelegenheit, um mich auf einem der bequemen Sessel in der Bankhalle auszuruhen und Menschen zu beobachten, die in ihren Geldangelegenheiten hereinströmen: schwarze, braune, gelbe, weiße, und manchmal fahlweiße mit flachsblonden Haaren und Sommersprossen. Amerikanische Touristen mit umgehängten Kameras und Strohhüten fallen besonders auf, weil sie so laut sprechen. Unsicher wirken junge Leute mit Rucksäcken, die ihre Reiseschecks einlösen wollen.

Einmal bin ich zugegen, als ein größerer Geldbetrag für die britischen Streitkräfte in Belize abgehoben wird. Der Offizier trägt eine Ledertasche und wird von zwei Soldaten begleitet. Ein Dritter hält an der Treppe Wache, und vor dem Eingang der Bank stehen zwei kräftig gebaute Infanteristen in Tarnuniform, militärisch stramm, mit

Holzwerkzeugen in der Hand, die offenbar eigens für diesen Zweck angefertigt worden sind. Sie sehen aus wie Omas Kartoffelstampfer im Maßstab 2:1. Schußwaffen führen die Begleiter des Geldtransportes nicht mit.

Manche Erscheinungen scheinen international zu sein: Auch in Barkleys Bank, Belize City, wird des öfteren umgebaut, obwohl dazu keine echte Notwendigkeit besteht. Die Kunden müssen für einige Wochen mit weniger komfortablen Bedingungen vorlieb nehmen. Genau wie bei uns stellt man dann ein Schild auf, welches die verehrten Kunden in sauberer Schrift um Verständnis bittet. Immer stehen an der Tür einige kräftig gebaute Männer, die Sicherheitsaufgaben wahrnehmen. Gut gekleideten oder würdevoll auftretenden Besuchern öffnen sie, was sonst nur Portiers zu tun pflegen, die Tür.

Das Geld spielt in Belize wohl dieselbe Rolle wie überall auf der Welt. Auch hier strebt man danach, um sich ein Haus bauen zu können oder einfach, um besser zu leben.

Viele Belizener, zu denen auch der Prime Minister gehört, geben sich ausgesprochen bescheiden. Eine ältere Mestizen-Lady erklärt mir, sie arbeite nur, um einigermaßen über die Runden zu kommen. Sie wolle alles haben zum Leben, aber nicht sparen, um womöglich nach ihrem Tod gehortetes Geld zurückzulassen. Wer Geld habe, der habe auch Sorgen. Man stelle sich nur den Ärger eines Reichen vor, der schon morgens beim Frühstück höre, der Kurs seines Geldes sei gefallen. Auch für den Arzt gibt die Lady kein Geld aus. Wer Geld hat, den macht der Doktor erst recht krank. Bei dem entdeckt er einen Ulcerus, und nachher hat der Patient wirklich einen, weil er daran glaubt, und er ist kränker als vorher, und der Arzt ist reicher. Im übrigen müssen alle Menschen einmal sterben.

Einmal wird meine Bitte um Information über den belizenischen Geldverkehr mißverstanden, und ich muß mir einen Vortrag über die Verfilzung von Geld und

Politik anhören. Ich denke, es ist für meine Leser nicht von Interesse, wer von wem aufgrund welcher politischer Sympathien oder Beziehungen Geld oder andere Privilegien erhält. Ich beschränke mich auf die Feststellung, daß es unter tropischer Sonne eigentlich genauso zugeht wie in unseren, etwas kühleren Breitengraden.

Ich will nicht versäumen, noch kurz darauf hinzuweisen, wie und wo man sein Geld in Belize loswerden kann. Die meisten und schönsten Geschäfte gibt es in Belize City. Vor allem ein großes Warenhaus mit altehrwürdiger oder, wenn man es anders sehen will, imperialistischer Tradition, fällt mit seinem reichlichen Warenangebot aus dem Rahmen. Man könne darin besser einkaufen als in Kingston Jamaica, versichert mir eine Diplomatengattin, mit der ich vor dem Eingang ins Gespräch komme. Ein Mann, der ähnlich wie seine Kollegen in der Bank eine Zwischenstellung zwischen Pförter und Wächter innehat, bringt mich zu der Abteilung, die allerdings die gewünschten Batteriemodelle nicht vorrätig hat. Ich werde an einen chinesischen Laden schräg gegenüber verwiesen.

Die Läden der Chinesen haben ihre eigene Atmosphäre. Immer ist es drückend eng und meist auch düster. Das Warensortiment ist dagegen reichhaltig, und die ausgefallensten Dinge werden nach kurzem Suchen aus irgendeiner Stellage im Hintergrund zutage gefördert.

Durch Zufall lerne ich den libanesischen Inhaber eines europäisch wirkenden Geschäfts kennen. Dieser ist von den Verhältnissen in Belize geradezu begeistert, nachdem er zuvor im benachbarten Honduras weniger gute Erfahrungen gesammelt hatte. In Belize, so versichert er mir, gehe alles reibungslos vonstatten, besonders die Einfuhr von Handelsgütern aus anderen Ländern. Behördliche Schwierigkeiten gebe es nicht, und die Zukunft des Landes sehe er im rosigen Licht.

Stammkunde bin ich im modern eingerichteten Schreibwarengeschäft, wo man sogar Röhrchenfüller, Tusche und andere Erzeugnisse von Qualität kaufen kann. Gegenüber der modernen Kasse, an der die Kunden ihre selbstausgesuchten Waren zu bezahlen haben, hängt eine Tafel, auf der jeweils das Foto der besten Verkäuferin des Monats dem Publikum zur Schau gestellt wird.

Ein weiteres, sehr gut eingerichtetes Geschäft bietet ausländische Schuhe guter Qualität und höherer Preislagen zum Kauf an. Ich wüßte gern, wie sich sein Kundenkreis zusammensetzt, denn alle Leute, die ich daraufhin anspreche, kaufen ihre Schuhe in Mexiko zu weit niedrigeren Preisen.

Außer der anglikanischen Buchhandlung entdecke ich in Belize City noch zwei Buch- und Zeitschriftenhandlungen, die den ortsüblichen Bedürfnissen genügen.

Überall im Stadtgebiet von Belize City findet man Lebensmittelläden, darunter kleine und kleinste. Letztere sind bis in die Nacht hinein geöffnet, so daß man nicht gezwungen ist, während der heißen Tagesstunden einzukaufen.

Belmopan hat zwei Supermärkte, einen kleinen am Eingang der Stadt, und einen größeren im Wirtschaftszentrum, den ich mir von innen anschaue. Das Unternehmen ist in einem hallenartigen Betonbau untergebracht. Die vorhandene Fläche ist in die Stände mit den einzelnen Warengruppen aufgeteilt, und die Kunden können an zwei Kassen bezahlen. In einer Ecke der großen Halle befindet sich, durch Zwischenwände abgetrennt, ein winziges Büro, und darüber der mit Klimaanlage ausgestattete Raum des Eigentümers, der von seinem Schreibtisch aus durch Glasfenster den Ablauf des Geschäftsverkehrs beobachtet. Der Aufenthalt im Chefbüro ist angenehm, wenn die Klimaanlage läuft, und dies hängt davon ab, ob gerade Strom in genügender Stärke vorhanden ist. Bereitwillig erteilt mir der Chef Auskünfte. Die Einfuhrwaren für den

Markt stammen überwiegend aus den USA, geliefert in Containern, die der Unternehmer vom eigenen Tieflader von der Küste abholen läßt. Etliche andere Geschäfte befinden sich eng aneinandergebaut gegenüber.

Die Geschäfte im Landesinnern bieten keine erwähnenswerten Besonderheiten. Deutlich wird nur, daß an manchen Orten die chinesischen Läden die vorherrschende Rolle spielen.

Soweit ich in Erfahrung bringen kann, gibt es nur eine einzige offizielle deutsche Firmenvertretung in Belize, und zwar die eines Büromaschinenherstellers. Ich werde darauf aufmerksam, als ich an der Glastür ein Schild in deutscher Sprache lese, laut dem man hier mit Kundendienst rechnen darf. Die junge Dame im Geschäft kann mir leider keinerlei nützliche Auskünfte geben, ebensowenig wie der junge Mann, den sie zu Hilfe ruft. Der ist nur für die Abwicklung der Zollformalitäten zuständig und hat von Technik keine Ahnung. Er erzählt mir nur, daß die Geschäfte in früheren Jahren besser gelaufen seien.

Vergeblich halte ich nach einem typisch Belizener Geschäft Ausschau. In der verflossenen Kolonialzeit waren wohl jene Unternehmungen typisch, die britische Industriewaren einführten, um sie an die zentralamerikanischen Nachbarländer weiterzuverkaufen, unter anderem britische Stahlerzeugnisse, Haumesser oder, wie sie meistens genannt werden: Macheten. Heute kommen die Macheten und andere Stahlwaren aus Guatemala nach Belize.

Die Bibliotheken von Belize

Offen gestanden hatte ich nicht erwartet, in dem armen Land Belize ein so gut funktionierendes System von Büchereien zu finden. Der Bibliothekendienst, der über das ganze Land verbreitet ist und selbst die kleinsten Gemeinden bedient, untersteht dem Chefbibliothekar Herrn Lawrence Vernon, dem ich viele Informationen verdanke. Die Geldmittel für das Büchereiwesen sind nicht großzügig bemessen, aber immerhin reichen sie aus, um den vorbildlichen Dienst zu unterhalten. Es gibt die National-Bibliothek in Belize City, die Technische Bibliothek mit einer angeschlossenen Abteilung für Kinder, ebenfalls in Belize City, eine Bibliothek in Belmopan, örtliche Büchereien in den größeren Städten und den mobilen Dienst, der die Schulen im Landesinnern regelmäßig betreut.

Ich lerne zunächst die Technische Bibliothek kennen, weil sie mitten in der Stadt, direkt neben dem Paslow-Building, untergebracht ist und weil dort der junge Bibliothekar Mr. Bevans arbeitet, der mir auch zahlreiche wertvolle Auskünfte über sein Land, dessen Bewohner und die allgemeinen Verhältnisse in Belize gegeben hat. Glücklicherweise ist er von einer bewundernswerten Geduld.

Der normale Bibliotheksbetrieb funktioniert ähnlich wie der unsere. In jedem Saal sitzt eine Lady am Schreibtisch und überwacht den Lauf der Dinge. Es gibt Karteikästen, in denen man sich erste Auskünfte beschafft, und fast immer ist irgend jemand vom Haus verfügbar, um zu weiteren Informationen zu verhelfen. Das alte, schöne Gebäude ist ein Geschenk des Belizener Millionärs Robert Sydney Turton. Die amerikanische Carnegie-Stiftung gab Geld für Bücher, Möbel und sonstige Einrichtungsgegenstände. Dazu kommen bis heute kleinere Buchspenden von Bürgern der Stadt. Die Regierung bezahlt das Personal. Hinter dem Gebäude, über einen Rasen, der bei Regen zum Sumpf wird, zu erreichen, liegt die Buchbinderei. Ich darf zusehen, wie der hauptamtliche Buchbinder und zu seiner Unterstützung auch Bibliotheksangestellte beschädigte Bücher restaurieren oder mit neuen Einbänden versehen. Das Handwerkszeug ist primitiv, aber dank des Geschicks und der Einsatzfreudigkeit des Personals reicht es für das Wesentliche aus. Wenn es regnet, muß die Buchbinderei geschlossen werden, weil dann mehr oder weniger hoch das Wasser auf dem Fußboden steht. Bei jedem Wirbelsturm wird fast die gesamte Einrichtung samt der Papierbestände – die allerdings stets klein gehalten werden – zerstört. Ein ständiges Problem stellt die Konservierung von Büchern gegen Holzläuse und Termiten dar. Man hat immer noch kein geeignetes Mittel gegen die Schädlinge gefunden. Die Tiere wüten in den Buchrücken und fressen Gänge durch das Papier. Sind sie längere Zeit ungestört, lassen sie vom ganzen Buch nur noch ein trauriges Skelett übrig. Man hat es schon mit einer speziellen „Buchflüssigkeit" versucht, doch leider beeinträchtigt das Gift nicht nur das Wohlbefinden der Läuse und Termiten, sondern auch das der Leser. Auch hier liegen Möglichkeiten für eine bundesrepublikanische Hilfe.

Vorläufer der heutigen Bibliotheken waren private Büchereien, die erste wurde im Jahre 1825 durch eine Gruppe von Leseinteressierten ins Leben gerufen. Es entstanden im Laufe der Zeit sieben solcher Institutionen, die ausschließlich den Vornehmen zur Verfügung standen, nicht aber dem gewöhnlichen Volk. Die meisten verschwanden allerdings wieder, wegen mangelhafter Organisation.

Der große Umbruch erfolgte 1935 durch den britischen Gouverneur Sir Alan Burns, der mit Hilfe der Literatur- und Debattierclubs von Belize und wie schon erwähnt mit Unterstützung der Carnegie-Stiftung in New York und des Millionärs Turton eine öffentliche Bücherei einrichtete. Die Briten bezahlten damals das Personal und trugen auch die später entstehenden Kosten. Die Öffnung der Bibliothek für alle erfolgte am 2. Dezember 1935, ein bedeutendes Datum in der Geschichte des belizenischen Bildungswesens.

Einmal kam aus Deutschland eine Büchersendung als Geschenk. Von großem Nutzen war diese nicht, denn in Belize gibt es leider immer noch kaum Möglichkeiten, die deutsche Sprache zu erlernen.

Ich entschließe mich dazu, einen Tag lang mit der fahrenden Bücherei ins Landesinnere zu fahren, bis hoch hinauf an die Westgrenze nach Guatemala, nach San Ignacio. Bei jeder Schule wird haltgemacht. Die Büchereiangestellten stellen einen Tisch für die Benutzerkartei auf, und aus den Schulgebäuden strömen die Kinder herbei. Sie stellen sich wie selbstverständlich und blitzschnell ordentlich in Reihen auf. Jedes Kind bringt sein gelesenes Buch zurück und darf sich dann, drinnen im Wagen, ein neues aussuchen, was wiederum draußen registriert wird. Alles funktioniert reibungslos. Ich staune, wofür sich die Kinder im Landesinnern interessieren: für Zoologie und Länderbeschreibungen, für Bildbände und Kindererzählungen, für allgemeinverständliche technische Bücher, seltener für Gedichte. Wenn alle bedient sind, werden Karteikästen, Tisch und Stühle wieder aufgeladen, und die Reise geht weiter.

Noch ein Wort zum Staatsarchiv in Belmopan. Die Archivalien des jungen Landes sind mangels geeigneter Unterbringungsmöglichkeiten in klimafesten Behältern stark gefährdet. Noch entspricht die Innenausstattung des Archivs mehr der Aktenablage eines Industriebetriebs als einem Staatsarchiv, dessen Bestände, wenn auch nicht für alle Ewigkeit, so doch für ein paar Jahrhunderte bewahrt werden sollen. Die Fotografien aus kolonialer Vergangenheit sind nicht zahlreich und daher um so wertvoller. Die meisten Fotos sind vergilbt, ihre Schicht ist zerstört, und einige sind fest in Alben eingeklebt, wodurch ein systematisches Ordnen unmöglich bleibt. Selbst Mikrofilme sind keine Lösung für ein Land mit Tropenklima. Dringend müßte hier etwas geschehen, doch wie üblich fehlen nicht nur die technischen Mittel, sondern vor allem fehlt das Geld. Auch hier sehe ich eine große Notwendigkeit für Entwicklungshilfe.

Ein kulturelles Ereignis

Von einer Maya-Dame werde ich zu einer Ballettveranstaltung im Bliss-Institut, Belize City, eingeladen. Die Lady klärt mich darüber auf, daß die Truppe von einer Dame geleitet wird und daß es sich um eine Organisation der „besseren Gesellschaft" handele. Das einfache Volk sei nicht daran beteiligt. Trotzdem stehe man der Sache in Belize wohlwollend gegenüber: Schließlich könne so ein Ballett dazu beitragen, Belize in aller Welt bekannt zu machen, und sicher sei es auch von unschätzbarem Wert, wenn Elemente der alten Kulturen darin in moderner Form erhalten oder gar neu belebt werden.

Vom Ufer des Haulover-Flusses aus beobachte ich das Herbeiströmen der Zuschauer. Es sind ziemlich viele. Die meisten sind gut gekleidet, und es gibt auffallend viele Weiße darunter. Offensichtlich bekommt man die weiße Elite von Belize City nur nachts zu sehen.

Ich trete in die große Halle des Bliss-Instituts und suche mir einen Stuhl. Der Vorhang geht auf. Die Bühnendekoration ist beeindruckend und hat sicher viel Geld gekostet. Sie zeigt eine Belizener Landschaft mit Bergen, im Hintergrund einer, auf dem ein Maya-Tempel zu sehen ist. Schön sind auch die Kostüme der kleinen und größeren Tänzerinnen, die bald auf der Bühne erscheinen. Auch hier sind die meisten Künstlerinnen weißer Hautfarbe. Dunkelhäutige Mädchen sehe ich nur zwei oder drei. Einige der Herrschaften aus dem Zuschauerraum, vermutlich Eltern, gehen mit ihren Blitzlichtkameras dicht an die Bühne heran und stören die Aufführung, um das große Ereignis für immer festzuhalten. Es werden Maya-Tänze aufgeführt, Menschenopfer auf dem Altar inklusive.

Der Beifall am Schluß hätte für mein Empfinden etwas lebhafter sein dürfen. Neben den Darstellerinnen zeigt sich jetzt auch die Dame, die den Tanz mit ihnen eingeübt hat. Wieder wird geklatscht.

Draußen, auf der dunklen Straße, höre ich einige Kommentare zu dem kulturellen Ereignis. Sie sind sämtlich positiv. Die Mutter einer kleinen Tänzerin wünscht sich, daß die Ballettgruppe auch im Ausland auftreten wird. Auf diese Weise werde die Belizener Kultur auch außerhalb der Landesgrenzen bekannt werden. Das dürfte einige Kosten verursachen, denke ich.

Ansonsten steht es mit der jungen Kultur der jungen Nation naturgemäß, denn man ist auf dem Weg, die eigene Identität zu finden, einstweilen noch nicht zum besten, jedenfalls konnte ich nicht viel entdecken. Außer den Werken des Benjamin Nicholas, des Garifuna-Malers, sah ich auf dem Gebiet der Bildenden Künste noch den Belizener „Sleeping Giant", eine Skulptur, die von einem Künstler mit Namen George Gab gemacht wurde.

Sehr wenig geschieht auf dem Gebiet der Literatur. Eine einzige Schriftstellerin, die Kreolin Selma Tucker, wurde mir genannt, und die Regierungsdruckerei scheint – außer den „Cubola Productions" – die einzige Institution ihrer Art zu sein.

Die Musik wird weitgehend „importiert": Klänge aus Lateinamerika, den USA und dem karibischen Calypso mischen sich. Aus Trinidad importierte man die Steel Drums, und gelegentlich wird die Flöte, das alte Instrument der Maya, hervorgeholt. In der Schule wird Musik nicht unterrichtet, und Geld ist mit dem Musikmachen schon gar nicht zu verdienen.

Nun, das Land ist noch jung und tut gut daran, erst einmal die dringenden Ernährungsprobleme auf lange Sicht zu lösen.

Das Rote Kreuz

Im vornehmen Viertel von Belize City, etwa zwischen Stadthalle und der amerikanischen Botschaft, steht das weiß gestrichene Haus des Roten Kreuzes. Gelegentlich parkt ein ebenso weiß gestrichener Geländewagen davor, und geschäftige schwarze Damen in blütenweißen Uniformen gehen ein und aus. Die Direktorin ist Mrs. Elaine M. Middleton, der ich einen Besuch abstatte.

Die Organisation des Roten Kreuzes ging vom britischen Roten Kreuz in London aus und ist auch heute noch von diesem organisatorisch und finanziell abhängig. In absehbarer Zukunft will man sich jedoch selbständig machen, wobei das Hauptproblem wieder beim Geld liegt. Nur tropfenweise erhält das Rote Kreuz von Belize Zuschüsse und Spenden. Der Nachwuchs ist gemessen an den Zukunftsplänen noch nicht gesichert. Man möchte das ganze Land mit einem Netz von Stationen überziehen. Bezahlte Kräfte sollen in den einzelnen Distrikten den Erste-Hilfe-Dienst übernehmen, die Kranken betreuen und zugleich ausbilden. Unter anderem ist auch ein Erste-Hilfe-Unterricht an den Schulen geplant. Die Lehrer sind diesem Vorhaben wohlgesonnen, nur fehlt es immer noch an den notwendigen Möglichkeiten und Mitteln. Der Unterricht soll sich nur auf die wirkliche Erste Hilfe, zum Beispiel bei Knochenbrüchen oder Schlangenbissen, beschränken. So bald wie möglich sollen die Kranken in die Stationen gebracht werden, in der Regierungsärzte arbeiten.

Ich wage zu bezweifeln, ob diese Regelung, die den Traditionen des Internationalen Roten Kreuzes entspricht, den Belizener Verhältnissen ohne weiteres angemessen ist. Es ist im Notfall damit zu rechnen, daß kein Arzt in erreichbarer Nähe ist, und die Leute vom Roten Kreuz die Behandlung übernehmen müssen. Meines Erachtens sollte man die Stationen nicht nur mit freien Arzneimitteln ausrüsten, sondern mit allen, die nötig werden könnten.

Die technische Ausrüstung des Belizener Roten Kreuzes ist äußerst knapp bemessen. Manch wichtiges Material, zum Beispiel Erste-Hilfe-Kästen, ist nur in solchem Umfange vorhanden, wie es zum Unterricht notwendig ist.

Bei Katastrophenfällen, nicht zuletzt bei den immer wieder zu erwartenden Wirbelstürmen, wird das Rote Kreuz zusammen mit anderen Organisationen Hilfe leisten müssen – im Rahmen seiner Möglichkeiten, die bisher eine besondere Vorbereitung auf diese Fälle unmöglich machen. Immerhin macht man sich Gedanken.

Im übrigen rechnen die Belizener damit, daß ihnen im Notfall Briten, Amerikaner und Kanadier mit Verpflegung und Ausrüstung, die per Flugzeug ins Land gebracht werden können, zur Seite stehen. Es ist sicher eine Überlegung wert, ob die Bundesrepublik Deutschland nicht dem Roten Kreuz von Belize Entwicklungshilfe geben sollte. Nach meinem Eindruck herrscht hier wirklich Not. Spektakuläre Projekte könnten aufgeschoben werden.

Die Polizei

Es fällt mir auf, daß die Beamtinnen und Beamten auf der Straße trotz heißer Sonne stets tadellos saubere Khakiblusen tragen, und auch die Schuhe sind immer makellos gepflegt, während ich selbst schon zwei Minuten, nachdem ich aus dem Haus gegangen bin, verschwitzt und schmutzig bin.

Fünfhundert Mann stark ist die Polizei von Belize augenblicklich, wozu auch fünfundzwanzig Damen gehören. Eine von ihnen, so berichtet man mir, kann großartig mit Revolver und Maschinenpistole umgehen.

Die meisten Polizistinnen und Polizisten sieht man im Herzen von Belize City, der Verkehr in Umgebung der Drehbrücke bedarf der Regelung. Ein Schutzgitter vor dem Bürgersteig auf dem linken Ufer des Haulover-Flusses wird regelmäßig umgefahren.

Die Geschichte der Belizener Polizei begann im Jahre 1886. Erster Chef war Hauptmann D. M. Allen, der aus dem ersten Westindischen Regiment ausschied, um seine verantwortungsvolle Stelle in der Kolonie Britisch Honduras anzutreten. Seine neue Constabulary bestand meistens aus Polizeisoldaten, die auf der Insel Barbados beheimatet waren und auch dort gedrillt wurden. Belize City, Orange Walk und Corozal Town bekamen eigene Polizeistationen. Im übrigen Land scheinen sie überflüssig gewesen zu sein.

Auf die Leute von Barbados folgten Polizisten aus Jamaica. Mehrere Umorganisationen wurden im Lauf der Zeit notwendig, und nach dem Ersten Weltkrieg traten heimgekehrte Krieger in die Polizei ein. Die Verhältnisse im Land hatten sich mittlerweile nicht zum besten entwickelt und forderten einen erheblich stärkeren Einsatz als früher.

Der erste Commissioneer of Police in Belize, Mr. Bruce

H. Taylor, rüstete seine Dienste 1957 mit einem Sprechfunknetz aus. Im Jahre 1963 wurde die erste Polizeischule gegründet, wo auch die ersten Damen ihre Ausbildung erhielten.

Als Belize am 6. Januar 1964 seine eigene Regierung bildete – der erste Schritt zur Unabhängigkeit –, erhielt der Innenminister einen Teil der Kompetenzen bezüglich der Polizei. Die Zuständigkeit für die innere Sicherheit des Landes, für Verteidigung und Ordnung, verblieb einstweilen noch beim britischen Gouverneur.

Zwischen 1968 und 1970 wurde eine paramilitärische „Police Special Force" (PSF) aufgestellt. Sie sollte die innere Sicherheit garantieren und kleinere Invasionen von außen abwehren. Abwiegelung von Unruhen, Rettungswesen und feierliche Paraden gehörten ebenfalls zu ihren Aufgaben. Als 1978 die neue Verteidigungsstreitmacht von Belize, die „Belize Defense Force" (BDF) aufgestellt wurde, verschwand die PSF, und ihre Angehörigen konnten wählen, ob sie bei der Polizei bleiben oder zum neuen Militär gehen wollten.

Gegenwärtig stellt sich die Lage in Belize dar wie in vergleichbaren Ländern auch: Die Kriminalität steigt an, und die Mittel der Polizei sind begrenzt. Führende Persönlichkeiten sprechen sich für einen Beitritt zur „Interpol" aus, was allerdings auch mit Kosten verbunden wäre. In der Hauptstadt Belmopan hat man eine neue Polizeischule eingerichtet. In Barbados existiert ein Ausbildungszentrum für alle ehemaligen britischen Kolonien in der Karibik. Kanada und neuerdings die USA bieten Unterstützung an. Letzte aus unmittelbarem Interesse, aufgrund der enormen Marihuanalieferungen, die in die Vereinigten Staaten gebracht werden.

Die Beliziner Polizei steht bei der einheimischen Bevölkerung in höherem Ansehen als zum Beispiel die Polizei in der Bundesrepublik. Beanstandet wird in Belize die

Abhängigkeit der Dienste von den Politikern der Regierungspartei. Eine ältere Belizener Lady will mir glaubhaft machen, die Polizei sei zu Zeiten der Kolonialherrschaft besser gewesen, denn die englischen Offiziere hätten außerhalb der Lokalpolitik gestanden und nach festen Prinzipien regiert. Wenn eine Unregelmäßigkeit vorgekommen sei, hätte man den Schuldigen stillschweigend zurückberufen.

Ich besuche den Chef der Polizei von Belize, Mr. Samuels. Der Empfang ist freundlicher, als ich erwartet hatte, und nachdem Paßnummer und Personalien aufgeschrieben sind, erhalte ich jede gewünschte Auskunft. Meine bisherigen Erkundungen werden bestätigt. Ja, die Kriminalität steige an, hauptsächlich als Folge der verschärften sozio-ökonomischen Probleme der Gegenwart. Messerstechereien, Morde, Einbrüche in Geschäfte kommen öfter vor als früher. Die Zahl der Wirtschaftsverbrechen und Zollvergehen steige nicht weniger stark an: In den Nachbarländern sind alle Güter billiger zu haben als im ärmeren Belize.

Obendrein muß die Polizei Aufgaben übernehmen, für die sie nicht ausreichend ausgerüstet ist. Mit nur drei Fischereischutzbooten muß das Seegebiet gegen illegale Fischfänge aus den Nachbarländern Honduras und Guatemala geschützt werden. Zwei Küstenwachboote werden gerade in England gebaut, so daß mit einer Entlastung der Polizei gerechnet werden darf. Durch Preiskontrollen wird der Handel überwacht, denn häufig werden bestimmte Güter, zum Beispiel eingeführte holländische Kondensmilch, teurer verkauft, als es statthaft ist. Eine Menge Arbeit macht auch die Überwachung des Fleischhandels. Der Transport von Vieh und Fleisch ist genehmigungspflichtig. Das Landwirtschaftsministerium ist der Meinung, dadurch sowohl Viehdiebstählen als auch der Verbreitung von Tierkrankheiten vorbeugen zu können. Jetzt verstehe ich den Sinn der Straßenkontrollen im Landesinnern. Auch die Einwanderung ins Land müßte beaufsichtigt werden, wozu man keinesfalls in der Lage ist. Die Grenze im Westen ist völlig unbewacht. Massenansammlungen von Menschen haben bisher keine Probleme geschaffen. Nur, wenn es zu Demonstrationen gegen Landabtretungen an Gutatemala kommen sollte, könnte die Situation ernst werden. In diesem Punkt verstehen die Belizener keinen Spaß, was jedoch die wenigen Politiker, die insgeheim mit diesbezüglichen Gedanken spielen, wissen.

Entwicklungshilfe für die Belizener Polizei? Wäre vielleicht wichtiger als manch anderes wirtschaftliches, kulturelles oder wissenschaftliches Vorhaben.

Enorme Kriminalität?

„Größte Vorsicht vor Überfällen ist geboten, besonders in Belize City, abends, in der Nacht und in den frühen Morgenstunden!" So steht geschrieben in einem Bericht zur Gegenwartslage meines Gastlandes. Im Landesinnern und auf den Cayes sollen die Verhältnisse etwas besser sein, aber Vorsicht sei auch dort geboten. Wohlwollende Belizener hatten mich gleich am ersten Tag meines Aufenthaltes gewarnt: Böse Elemente lauern vor dem Restaurant „Mom's".

Wer sich die Typen einmal näher ansieht, kommt zu dem Schluß, daß es wirklich ratsam ist, vorsichtig zu sein. Einige der schwarzen Männer sehen indessen auch interessant aus, so, als seien sie gerade einem Piratenfilm entsprungen. Ein riesenhafter Kerl mit rotem Kopftuch paßt besonders gut in das Klischee. Tückisch wirkt ein kleiner Mann mit mongolischen Gesichtszügen. Er begrüßt mich stets mit einem lauten „Guten Abend", wird jedoch böse, weil ich ihm kein Geld gebe. Überraschungsbettelei ist seine Stärke. Immer, wenn jemand im „Mom's" an der Kasse zahlt, stellt er sich daneben und fordert Geld. Einem amerikanischen Touristen verstellt er den Weg und verlangt Zigaretten. Dieser will, wie er mir aufgeregt zu verstehen gibt, einen bitterbösen Brief an die Zeitung „Reporter" schreiben und der Belizener Regierung nahelegen, ihre Landeskinder zu erziehen, wenn sie am Tourismus interessiert sei.

Finster reagieren diejenigen, die mir Marihuana anbieten. Nein danke, raucht euer Gift selber! Wieder höre ich einen gut gemeinten Rat: Diese Leute nicht reizen, einfach wegschauen und nicht hinhören. Am liebsten würde ich den Rauschgifthändlern an den Kragen gehen, aber ich bin ja nur hier, um ein Buch zu schreiben. Ich muß mich an diesen Vorsatz oft selbst erinnern.

Ein junger deutscher Tourist erzählt mir, er sei vor „Mom's" ausgeplündert worden. Er habe auf ein Motorboot nach Caye Corker gewartet. Zwei freundliche Männer hätten ihm ein früher abfahrendes und zudem billigeres Boot angeboten mit der Versicherung, ihn hinzuführen. Plötzlich hätten sie in einer dunklen Gasse Messer gezogen und ihm Kamera und Geld abgenommen. Die Geschichte scheint mit glaubhaft zu sein, doch hätte sie auch anderswo auf der Welt passieren können, zum Beispiel in der Bundesrepublik.

Ich selbst werde einmal spätabends von zwei herkulisch gebauten schwarzen Männern angerempelt. Sie wollen Geld. Ich danke ihnen für ihr Vertrauen und teile mit, daß ich keins hätte. Ich bleibe ruhig stehen und setze hinzu: „Ein deutscher Bücherschreiber hat wirklich niemals Geld, das müßtet ihr doch wissen!" Tatsächlich geben sie sich mit dieser Auskunft zufrieden und verschwinden. Einem begegne ich am darauffolgenden Tag. Er grinst breit und grüßt freundlich: „Good morning, Sir!"

Sehr aggressiv werden manche Belizener und im Land weilende Ausländer, wenn sie Rum im Übermaß getrunken haben. Ich lese von Messerstechereien mit tödlichem Ausgang. Bei der ersten Jahresfeier der Unabhängigkeit, die von der Regierung veranstaltet wurde, sei es den Berichten der Oppositionsblätter zufolge besonders wild zugegangen, schlimmer als je zuvor in der auf einmal nicht mehr so furchtbar erscheinenden Kolonialzeit.

Kleinere Diebstähle und einzelne Straftaten kommen im ganzen Land vor. Die meisten Vergehen verzeichnet in der Tat Belize City, was kein Wunder ist, denn dort wohnen die meisten Menschen – einschließlich der Ausländer – dicht zusammen. Wohlhabende Leute legen sich scharf dressierte Hunde zu, die frei in den Gärten herumlaufen und erst angeleint werden, wenn Besucher ins Haus gelassen werden. Geschäftsleute und ausländische Vertretungen, zum Beispiel das mexikanische Konsulat, beschäftigen Nachtwächter, die mit Schrotflinten ausgerüstet sind. Ein Vertreter dieser Zunft verfügt, wie er mir erzählt, sogar über eine doppelläufige Schrotflinte, mit der er gleich zwei Dieben in die Köpfe schießen könne. Anschließend würde er gegebenenfalls die Polizei rufen. Einen solchen Fall habe es aber bisher noch nicht gegeben, denn die Diebe wüßten sehr genau, wo schießfreudige Nachtwächter ihrer harren.

In Belize City residieren angeblich auch diejenigen, die wegen Steuerhinterziehungen verfolgt werden. Anhänger der Opposition versuchen, mir einen besonders spektakulären Fall für eine Veröffentlichung in meinem Buch schmackhaft zu machen. Die Polizei habe betreffenden Herrn schon einsperren wollen, doch ein Telefonanruf aus Belmopan habe sie zurückgehalten: Der Steuersünder ist treuer Genosse der Regierungspartei. Meine Gesprächspartner zeigen Enttäuschung über mein mangelndes Interesse. Meine Leser wollen schließlich nur Neues über das

Land Belize erfahren. Wirtschaftsverbrechen und Beeinflussung der Sicherheitsbehörden durch die Politik – das kennen wir in der Bundesrepublik besser, als unseren Bürgern lieb ist.

Die Kriminalität in Belize ist tatsächlich weit geringer, als ausländische Reporter zu schreiben pflegen, wenn man vom Thema Rauschgift absieht. Die Phänomene dürften wohl in allen oder wenigstens den meisten Ländern der Welt dieselben sein.

Frieden durch Mini-Luftmacht

Die Harriers – sie sind ein Begriff in Belize. Man schaut zum Himmel, wenn sie ihre Routineflüge machen. Vier Maschinen dieses beinahe schon historischen Flugzeugtyps hat das britische Mutterland in seiner ehemaligen Kolonie belassen. Sie stehen auf dem Flugplatz in Belize City, offen oder symbolisch getarnt, damit auch jeder sie sehen kann. Man sagt, daß die Bunker in unmittelbarer Nachbarschaft voller Bomben und Munition für die Bordkanonen der Harriers seien.

Das Land ist klein, und in wenigen Minuten können die Bomber jeden Punkt der Grenzen erreichen und jedem Eindringling seine Eroberungsgelüste verderben. Die Hauptstadt des feindlichen Guatemala liegt ebenfalls noch in Reichweite der Flugzeuge.

Ein Insider erzählt mir, wie die Harriers damals kamen. Es war in einer Zeit, als Guatemala nicht nur lauthals Forderungen stellte und wilde Drohungen ausstieß, sondern auch ernsthafte Vorbereitungen für eine Invasion betrieb. Die Engländer beauftragten einen Taxipiloten, regelmäßig die Grenze abzufliegen. Er entdeckte Panzer, und der britische Gouverneur bat London um Hilfe. Von einem in der Nähe stehenden Flugzeugträger kamen zwei

Harriers. In Bodennähe durchbrachen sie zweimal die Schallgrenze, so daß die Guatemalteken meinten, die ersten Bomben würden bereits fallen. Der guatemaltekische Konsul erschien beim britischen Gouverneur, um ihm zu versichern, daß sein Land keinesfalls eine Offensive plane, und versprach den Abzug der Panzer an der Grenze.

Zwar ist die Lage inzwischen bedeutend ruhiger geworden, doch die allgemeinpolitische Situation im Umfeld des Landes bleibt weiterhin explosiv. Wenn Belize immer noch ein Ruhepol im brodelnden Mittelamerika ist, so verdankt es dies den vier Bombern aus dem ehemaligen Mutterland. Auch die noch anwesenden etwa 1800 britischen Soldaten sind von Bedeutung. Zumindest bringen sie Geld unter die Leute, und die schwarzen und braunen Damen stehen ihrer Anwesenheit dem Vernehmen nach durchaus positiv gegenüber. Hierbei spielen emotionale Gründe, wie mir ein Belizener Freund lächelnd erklärt, neben den sicherheitspolitischen Erwägungen eine nicht zu übersehende Rolle.

Ursprünglich hatten die Politiker des Landes auch gar nicht die Absicht, nach endlich erlangter Unabhängigkeit von Großbritannien eigene Streitkräfte zu stellen. Man dachte vielmehr daran, ähnlich wie das Nachbarland Costa Rica, ein friedliches Leben zu führen und anfallende Probleme mit Hilfe der Polizei regeln zu können. Der Traum von der friedlichen Zukunft war jedoch bald ausgeträumt, weil es dem bösen Nachbarn so gefiel. Die Briten erklärten, daß sie ihre Truppen nach der Unabhängigkeitserklärung abziehen würden. Wenn die Belizener sich von der Kolonialherrschaft befreien wollten, dann sollten sie auch die Verteidigung ihrer gewonnenen Freiheit in Zukunft selbst übernehmen.

Man beschloß im Jahre 1978, eine eigene Streitmacht aufzubauen. Die Engländer halfen mit Ausrüstung, Geld und Instrukteuren aus und stellen einstweilen auch die Befehlshaber. Wenn genug eigene Kräfte vorhanden sein werden, wird man selbstverständlich auf den „weißen Fremdeinfluß" verzichten.

Der mutmaßliche künftige Kommandeur ist zur Zeit Major, es wird also nicht mehr lange dauern.

Seit 1978 gibt es auch weibliche Soldaten. Sie erhalten eine gründliche Ausbildung mit Infanteriewaffen, sind aber eigentlich nicht für den Kampf vorgesehen. Sie sollen im Transportwesen und anderen militärischen Diensten tätig werden. Bezahlung und Aufstiegsmöglichkeiten sind für die weiblichen Soldaten die gleichen wie bei ihren männlichen Kollegen, auch in bezug auf die Dienstzeiten. Meine Belizener Freunde sind überrascht, daß ich den Namen des ersten weiblichen Offiziers, Leutnant Lucas, kenne. Ich hatte ihn einem der wenigen Berichte zur Lage Mittelamerikas entnommen, die Belize überhaupt erwähnen.

Die Notwendigkeit der Streitmacht wird nicht in der ganzen Bevölkerung anerkannt, wobei vor allem die hohen Kosten dafür in Betracht gezogen werden.

Im Straßenbild, besonders in Belize City, ist der Anblick von Soldaten und Soldatinnen zur Gewohnheit geworden. Durch ihre olivfarbenen Uniformen und ihre schwarzen Baskenmützen unterscheiden sie sich von den in buntgescheckten Tarnanzügen und mit farbigen Mützen erscheinenden englischen Soldaten.

Es gibt ein Abkommen zwischen Belize und den USA, wonach Angehörige der Belizener Streitmacht von Amerika, zum Beispiel für den Urwaldkrieg, ausgebildet werden. Ein Belizener Offiziersanwärter besuchte die berühmte britische Akademie Sandhurst und schnitt dort als bester überseeischer Schüler ab. Ein Bild von ihm — gerade gratuliert ihm der kommandierende General — erscheint in einer Zeitung. Wir Touristen an einem

Tisch im „Mom's" sind davon mehr beeindruckt als unsere Belizener Tischnachbarn, die nur mit den Schultern zucken.

Demnächst wird die Luftmacht von Belize Verstärkung erhalten. Eine Douglas DC 3 wird von den Amerikanern gestiftet, und zwei Mehrzweckflugzeuge werden aus England einfliegen. Auch einige dringend benötigte Hubschrauber für die Urwaldgebiete sind angesagt, doch leider ist ihr Unterhalt sehr teuer.

Hin und wieder, eigentlich nicht selten, erscheinen in der Nähe von Belize Kriegsschiffe befreundeter Länder und der ehemaligen Kolonialmacht. Manchmal legen sie an, und Interessenten dürfen an Bord gehen. Auf einem der Schiffe befand sich zur Zeit meines Aufenthalts Prinz Andrew, der Sohn der britischen Königin, der bei Falkland erste militärische Lorbeeren geerntet hatte, der vornehmlich jedoch wegen seiner attraktiven Freundinnen bekannt ist. Die britischen Streitkräfte in Belize gaben offiziell bekannt, daß der Prinz zwar an den Manövern teilnehme, aber nicht an Land komme. Die Belizener bedauerten dies sehr, denn sie mögen den lebenslustigen Königinnensprößling.

Es traf sich günstig, daß mit dem Sieg der eisernen Lady in London eine konservative Regierung an die Macht kam. Dem Land wurde weiterer Schutz zugesichert, und die eigene junge Streitmacht kann sich in Ruhe entwickeln.

Auch in Belize sucht man nach einer militärischen oder wenigstens kämpferischen Tradition, wobei es allerdings zwischen linker und traditionalistisch-rechter Geschichtsauffassung beachtenswerte Differenzen gibt. Der aufständische Negersklave mit hartem Blick und Beutegewehr, so wie er in den Druckerzeugnissen von Cubola Productions grafisch eindrucksvoll dargestellt wird, könnte aus linker Sicht Vorbild für die jungen Kämpfer der Gegenwart sein, wenn es da nicht einige Probleme gäbe: Historisch gesehen spielten die aufständischen Schwarzen nicht gerade eine glorreiche Rolle, und namhafte Forscher behaupten, in Wirklichkeit habe nie auch nur ein einziger Sklave aktiv gegen die Kolonialherren gekämpft.

Bleiben auf der anderen Seite die nicht genau einzuordnende Tradition der Baymen und ihrer tapferen Sklaven und die als stark rechtslastig angesehene Tradition der Freiwilligenverbände, die im Laufe der Jahrhunderte gegründet, mehr oder weniger prächtig uniformiert, gelegentlich auch eingesetzt und dann wieder aufgelöst wurden. Ein junger Student erzählt mir, die Männer, die gekämpft hätten, seien alle enorm stolz auf ihre militärische Vergangenheit bei den Briten und die Medaillen, die sie mitgebracht hätten. Für die Krone hätten sie gekämpft und für das Empire, und es gebe heute noch welche, die sich mehr als Engländer denn als Belizener fühlten.

Beim Spaziergang am Strand von Belize City entdecke ich das hübsch gebaute Betonhaus des Kriegervereins. Davor stehen zwei Masten mit wehenden Fahnen, mit der belizenischen und der kanadischen. Ein freundlicher Herr, der wohl mein Interesse wahrgenommen hatte, lädt mich ins Haus ein. An den Wänden eines großen Saales hängen Bilder der Königin Elisabeth und des Prinzen Philip sowie kleinere von Offizieren und Soldaten, die während des letzten halben Jahrhunderts in Belize eine Rolle gespielt haben.

Die Freundschaft zu Kanada hat sich in letzter Zeit besonders bewährt. Der zweite Chef des Kriegervereins hatte in der kanadischen Luftwaffe gedient. Die Kanadier haben beim Bau des Hauses mit einem erheblichen Kredit geholfen, auf dessen Rückzahlung sie am Ende verzichteten. Demnächst wird eine Lady vom Sozialministerium einen Vortrag über die Renten und Versorgung der Veteranen halten, die in Belize genauso problematisch ist wie in anderen Ländern.

Begründer und Präsident des Kriegervereins ist Oberst D. N. A. Fairweather, der mir ein Exemplar seiner Schrift zur Geschichte der Freiwilligenverbände Belizes schenkt. Früher wurden die britischen Gouverneure automatisch zu Präsidenten des Vereins, aber seit der Unabhängigkeit sieht man wohl Probleme. Ich frage nicht danach, ob die jetzige Vertreterin der britischen Krone, Frau Dr. Minita Gordon, den Posten abgelehnt habe oder ob nur eine Dame mit militärischer Vergangenheit in Betracht käme. Im letzteren Fall müßte man warten, bis Leutnant Lucas von der Belizener Streitmacht so weit oder so alt ist . . .

Belize und Lateinamerika

Ein politisches Porträt Belizes kann ohnehin nicht vollständig gezeichnet werden, aber es scheint – auch angesichts nicht allzu lange vergangener politischer Ereignisse von weltweiter Bedeutung – unerläßlich, noch einmal kurz auf die lateinamerikanische Nachbarschaft meines Gastlandes zu blicken.

Für viele Lateinamerikaner ist Belize ein Fremdkörper in der eigenen Kulturgemeinschaft, ein Land mit anderen Sprachen und anderen Verhältnissen, mit dessen Dasein man sich vor allem im Hinblick auf die Anwesenheit britischer Bomber abfinden muß.

Die entscheidende Wende in der Haltung der Lateinamerikaner verdankt die junge Nation dem ehemaligen Staatschef von Panama, General Omar Torrijos. Obwohl Panama ursprünglich eine Erklärung der mittelamerikanischen Staaten, die den Anspruch Guatemalas auf die ehemalige Kolonie bestätigt, unterzeichnet hatte, stimmte es unter Einfluß des Generals bei der nächsten Hauptversammlung der Vereinten Nationen anders, zugunsten eines freien Belize. General Torrijos machte sich mit seiner Entscheidung unbeliebt. Politisch rechts orientierte Kreise hoben hervor, daß er ein guter Freund Fidel Castros sei. Obendrein traf es sich für die Gegnerschaft günstig, daß der General wegen seiner Politik in Sachen Panamakanal bei den US-Amerikanern persona non grata war. Trotzdem stimmten, nachdem Panama den Anfang gemacht hatte, auch andere lateinamerikanische Länder für ein unabhängiges Belize.

Mit Interesse lese ich in einigen Zeitschriftenartikeln, daß Belize auch vom großen Nachbarn im Norden tatkräftig unterstützt worden sei. Wie üblich frage ich die Belizener selbst, um mich von der Richtigkeit der Angaben zu überzeugen. Es gibt einige Vorbehalte in der belizenisch-mexikanischen Freundschaft: Die Mexikaner hatten nämlich einmal wie selbstverständlich angekündigt, daß sie im Falle eines guatemaltekischen Angriffs auf das Land ebenfalls einmarschieren und einen Teil der ehemaligen Kolonie besetzen würden. Diese Aussicht erschien niemand in Belize verlockend, auch dem spanisch sprechenden Teil der Bevölkerung nicht. Man schätzt Mexiko als Land der billigen Einkäufe, nicht aber dessen Regierung und Behörden, die jedesmal eine Menge Schwierigkeiten bereiten, wenn die Belizener mit vollgeladenen Autos aus den Vereinigten Staaten nach Hause fahren wollen.

Insgesamt sehen die Belizener ihre Rolle in der lateinamerikanischen Umwelt recht positiv. Man wird sich um gutnachbarliche und vor allem einträgliche Beziehungen bemühen. Wenn die Guatemalteken erst einmal eingesehen haben werden, daß sie mit Säbelrasseln nicht weiterkommen, werden auch die Geschäftsbeziehungen über die Grenze wiederhergestellt werden können.

Neben einer Zugehörigkeit zur karibischen Wirtschaftsgemeinschaft „CARICOM" und den immer noch bestehenden Beziehungen zu Europa könnte man vergleichbare Beziehungen zu den lateinamerikanischen Ländern durchaus gebrauchen. Das Land würde eine gewinnbringende Mittlerstellung einnehmen können, die es früher schon einmal hatte. Damals machten die Belizener Kaufleute gute Geschäfte mit englischen Einfuhrwaren, die sie an ihre Nachbarn weiterverkauften. Im Interesse guter wirtschaftlicher Beziehungen wird man die politischen Differenzen irgendwie zu begraben versuchen. Die letzten hatten sich beim Falklandkrieg gezeigt, in dem Belize notgedrungen auf englischer Seite antreten mußte, gegen die Front Lateinamerikas.

Ein junger Schweizer Tourist, den ich im „Mom's" beim Lesen eines betreffenden Zeitungsartikels antreffe, macht sich Gedanken über die Gefühle von Prime Minister Price, der, von den Lateinamerikanern einst unterstützt, nun auf die Seite Englands treten mußte, und über die Gefühle von Frau Thatcher, die ihm schließlich dafür in einem wohlgesetzten Brief ihren tiefempfundenen Dank übermitteln mußte.

Ganz wird Belize nie zu einer mittelamerikanischen oder lateinamerikanischen Nation werden können, ungeachtet der täglichen Behauptungen im Rundfunk. Über die tobenden Kriege in der Nachbarschaft wird nicht gesprochen. Man bewahrt Neutralität, auch wenn es um Grausamkeiten geht. Der Ausgang der einzelnen Kämpfe bleibt abzuwarten. Das gilt für El Salvador und für Nicaragua, für dessen Sandinistas die Mehrzahl der Belizener wenig Sympathie zeigt. Die Beziehungen zu Honduras sind gut, Costa Rica ist das Musterland im Süden.

Vielleicht ist das Desinteresse an den Nachbarländern tatsächlich in der immer noch kolonialistisch geprägten Schulbildung zu suchen. Nach wie vor lernen die Kinder mehr über die englische Geschichte als über die ihrer unmittelbaren Nachbarn.

Was mich verwundert: Obwohl die Belizener in einem

bedrohten Land leben, gibt es keinerlei Spionagefurcht oder gar eine Spionagepsychose. Die Guatemalteken wüßten ohnehin, was sie von den britischen Streitkräften zu erwarten hätten; und was sie über die politische Entwicklung erfahren wollten, hörten sie von gewissen Politikern, die sie gut bezahlten. Viel wichtiger sei es, die Wirtschaftsbeziehungen wieder in Gang zu bringen.

Flüchtlinge

Belize hat auch ein Flüchtlingsproblem. Man spricht viel davon, besonders innerhalb der kreolischen Bevölkerungsgruppe, deren Haltung gegenüber der „weißen Konkurrenz" der Salvadorianer ich schon erwähnt habe. Schon seit Jahren sind die politischen Verhältnisse in der Nachbarrepublik El Salvador trostlos. Die Bevölkerung leidet unter dem Bürgerkrieg, und viele Salvadorianer entschließen sich zur Flucht ins Ausland. Der Strom der Flüchtlinge wurde mit Hilfe der Vereinten Nationen in mehrere Länder Mittelamerikas gelenkt, und auch Belize erhielt seinen Anteil. Im Jahre 1981 waren es vierhundert, im Durchschnitt fünfköpfige Familien. Manche wanderten nach kurzer Zeit weiter, hauptsächlich in die USA, andere blieben. Es traf sich gut, daß Belize gerade Arbeitskräfte benötigte, vor allem in der immer noch unterentwickelten Landwirtschaft. Die belizenische Regierung versuchte, einen möglichst großen Vorteil aus der Völkerwanderung zu ziehen.

Man vereinbarte mit den Vereinten Nationen, daß die Flüchtlinge zusammen mit Belizener Familien in einem begrenzten Siedlungsgebiet nordwestlich von Belmopan angesiedelt werden sollten, das am Belize-Fluß liegt und den Namen „Tal des Friedens" erhielt. Für die Durchführung des Projektes war der Verteidigungs- und Innenminister zuständig sowie ein von den Vereinten Nationen geschickter Manager. Die UNO unterstützte die Ankömmlinge mit Kleidern, Arzneimitteln und Haushaltseinrichtungen. Beachtliche Geldmittel, genauer gesagt: US-Dollars, flossen ins Land.

In der Folgezeit unterstützte man den Aufbau neuer landwirtschaftlicher Betriebe, wie sie die Salvadorianer auch in ihrer Heimat gehabt hatten. Sie sollten ihren Lebensunterhalt selbst bestreiten und durch ihre Produktion dem wirtschaftlichen Aufstieg ihres Gastlandes dienen. Es ergaben sich jedoch schon bald Probleme, und ein Beratungskomitee wurde gegründet: Ein erfahrener Verwaltungsbeamter, ein Priester, ein Landbauspezialist, ein Bauunternehmer, ein Lehrer und eine Geschäftsfrau wurden beteiligt. Der Plan für den Aufbau eines Siedlungszentrums für Flüchtlinge wurde ausgearbeitet. Von vorneherein bemühte man sich, mögliche Auswirkungen des Projektes auf Wirtschafts- und Gesellschaftsleben zu untersuchen.

Übrigens ging es nicht nur um die Salvadorianer, sondern auch um Flüchtlinge aus Ostasien. Belize zeigte sich Plänen, diese im Land anzusiedeln, aufgeschlossen. Man legte Wert auf ein Gleichgewicht der verschiedenen fremden Volksgruppen, die sich trotz der herbeigeführten Mischung mit Belizener Siedlern voraussichtlich als nationale und kulturelle Einheiten so gut erhalten würden, wie dies zum Beispiel auch bei den Garifuna nach ihrer Einwanderung der Fall war.

Da die Salvadorianer aber nun einmal die ersten gewesen waren, nahm man sich ihrer vordringlich an. Der prägnante Kommentar eines Kreolen dazu: „Los werden wir sie doch nicht mehr. Also müssen wir sie so einsetzen, daß sie dem Land dienen. Farmer brauchen wir ohnehin, weil unsere Leute es vorziehen, in die USA auszuwandern, um dort das große Geld zu machen!"

Das Projekt „Tal des Friedens" entwickelte sich gut. Den Farmerfamilien wurde das Recht eingeräumt, das von ihnen bebaute Land später als Eigentum zu erwerben. Die Vereinten Nationen gewährten den fremden und auch den Belizener Siedlern in den ersten Jahren Geldzuschüsse. Die Mennoniten, die eine große Erfahrung im raschen Aufbau neuer Siedlungen haben, wurden um Beratung gebeten.

Im Zuge meiner Erkundigungen höre ich verschiedene Prognosen über die Zukunftsentwicklung der Flüchtlingssiedlungen. Die meisten meiner Gesprächspartner nehmen an, daß es den Neusiedlern gelingen wird, als Bauern ein sicheres Auskommen zu finden. Die Gefahr einer zukünftigen Unruhestiftung wird zwar nicht von der Hand gewiesen, jedoch auch nicht für sehr groß gehalten. Man werde sicher damit fertig werden.

Auf heftige Ablehnung der Flüchtlinge stoße ich nur im Süden von Belize bei den Maya-Indianern. Sie hatten von einem Projekt gehört, Haiitianer in ihrem Land anzusiedeln, und von dieser Art Farbigen halten sie offenbar noch weniger als von sonstigen Fremdlingen, die ins Maya-Land eindringen und sich dort festsetzen.

Noch nicht gestorben: Empire-Tradition

Kurz vor meiner Abreise ziehe ich eine vorläufige Bilanz meiner Beobachtungen. Vieles ist anders, als ich es mir vorgestellt hatte, ganz anders zum Beispiel das Verhältnis der Belizener zu ihrer ehemaligen Kolonialmacht und dem verflossenen britischen Empire.

Auf einem der im Land verstreuten Kriegerdenkmäler lese ich unter der Liste der Gefallenen den Satz: „Sie starben für das Empire!" Ein aufgeweckter Junge, der mir beim Fotografieren des Denkmals zuschaut, gibt eine Erklärung ab, die mir zu denken gibt: Früher habe Belize

„wirklich" zur Familie der englischen oder zumindest englischsprachigen Völker gehört. Heute gehöre man sicher noch irgendwie dazu, aber eigentlich doch nicht mehr so recht. Ich frage mich, warum der Kleine vom „Empire" spricht und nicht vom Commonwealth. Bedeutet der Begriff „Empire" meinem jungen Freund mehr? Ein Chinese trauert den alten Verhältnissen nach: Früher habe man ohne Schwierigkeiten von Hongkong nach Belize reisen können. Man fuhr ja nur von einem britischen Gebiet in ein anderes und nicht wie heute in einen fremden Staat mit eigenen Spielregeln.

Ich frage nach der belizenischen Meinung über die englische Königsfamilie, was ich besser unterlassen hätte. Darüber spricht man nicht, schon gar nicht mit einem Ausländer. Ältere Leute scheinen in diesem Punkt besonders empfindlich zu sein. Ein paar Jüngere geben sich weniger zurückhaltend. Sie sind begeistert von Lady Di und dem zweiten Sohn der Königin, dem sie seine Amouren von Herzen gönnen. Prinz Philip sei ganz sympathisch, die Königin wird nicht erwähnt, sie steht über allem. Warum die Königin bei ihrem Besuch in Mexiko nicht auch Belize einen Besuch abgestattet habe, frage ich. Ganz einfach. Weil sich die Bevölkerung in diesem Fall allzu pro-englisch gegeben hätte, was dem Image der Unabhängigkeit nicht ausgesprochen zuträglich gewesen wäre. Ob ich denn nicht wisse, daß kurz vor der Unabhängigkeitserklärung Demonstrationen für einen Verbleib bei England polizeilich verboten wurden? Sicher, die Belizener wollten die Unabhängigkeit, und die Engländer waren froh, eine finanzielle Belastung los zu werden, aber als man glücklich mit großer Feier in die Freiheit entlassen war, zeigten sich doch die ersten Nachteile derselben. Früher habe man sich zum Beispiel überall auf der Erde als Bürger des britischen Empires ausweisen können, der Paß war etwas wert. Und heute?

Die Belizener seien im Ausland schutzlos allen Widrigkeiten ausgeliefert. Niemand kümmere sich um sie, niemand kenne das Land. Die neuen Belizener Pässe seien sehr schön, und man sei auch sehr stolz darauf, aber . . .
Eine dicke schwarze Lady rümpft angesichts eines übelriechenden Müllhaufens auf der Straße die Nase und bemerkt, so etwas habe es unter den Briten nicht gegeben. Sie hätten mit Nachdruck für eine rasche Müllabfuhr gesorgt, und überall sei es schön sauber gewesen.

Ein Herr, der Wert darauf zu legen scheint, die Abfassung meines Buches zu beeinflussen, weist mich darauf hin, daß die Staatsfinanzen unter kolonialer Verwaltung in Ordnung gewesen seien, weil die ohnehin nie sehr reichlich vorhandenen Geldmittel unter straffer Kontrolle ordnungsgemäß verwendet worden seien, wohingegen sie jetzt in die Kassen der Politiker fließen würden.

Die Maya-Indianer, ich habe dies schon erwähnt, bedauern vor allem den Wegfall der finanziellen Unterstützung durch die Kolonialregierung. In den letzten Jahrzehnten hatten die Briten sich den Maya des Südens gegenüber sehr großzügig gezeigt.

Eine dunkelhäutige Belizener Dame, die in den Vereinigten Staaten Hochschulbildung genossen hat, lobt, daß die Briten insgesamt im Umgang mit den einheimischen Bevölkerungsgruppen sehr vorsichtig und rücksichtsvoll gewesen seien. Wenn ein Brite bemerkt habe, daß er mit den Belizenern nicht zurechtkam, habe er sich in aller Stille zurückgezogen. Wir kommen allerdings darin überein, daß sie sich in weiter zurückliegender Zeit immer nur freundlich erwiesen hatten, solange ihre Interessen nicht gefährdet waren. Ansonsten griffen sie sehr schnell zu Säbel und Pistole.

Auch ein Mitglied der geistigen Elite unter den Garifuna unterscheidet im Gespräch zwischen jüngerer und weiter zurückliegender Vergangenheit. Die Erinnerung an die

Vertreibung der Vorfahren von der Insel St. Vincent erfülle die Mehrzahl der Garifuna heute noch mit Groll gegen die Engländer. In den letzten Jahrzehnten hätten die Briten allerdings einiges für die Garifuna getan, und es sei besonders hervorzuheben, daß sie Garifuna-Flüchtlinge aus den Nachbarländern aufnahmen, entgegen der offiziellen Politik.

Zerbrochene Ketten der Kolonialherrschaft? Man sieht sie oft abgebildet auf Bucheinbänden kubanischer oder anderer linker Herkunft. So ganz – scheint es mir – passen sie nicht in die Realität.

Kommunismus in Belize?

Es steht außer Frage, daß ein strategisch wichtiges Land wie Belize zu den Interessengebieten des sowjetischen Imperiums gehört. Wie im gesamten karibisch-mittelamerikanischen Raum dürften die Kubaner die Hauptträger kommunistischer Agitation in Belize sein. Man spürt sie, jedoch nur geringfügig. Warum dem so ist, erfuhr ich durch einleuchtende Erklärungen meiner Gesprächspartner.

Die grundsätzliche Haltung wohl aller Belizener gegenüber Kuba ist die gleiche, die auch allen anderen Nationen der Welt gegenüber an den Tag gelegt wird: Wie weit dienen sie unseren Interessen, wo werden sie gefährlich?

Als Belize unabhängig wurde, erboten sich die Kubaner, eine ungewöhnlich hohe Zahl von jungen Belizener Stipendiaten an ihren Hochschulen auszubilden. Angehörige der geistigen Elite des Landes wurden zu kostenlosen Studienaufenthalten eingeladen, und auch sonst fehlte es nicht an Beweisen des Wohlwollens. Die Reaktion aus Belmopan war nicht einmütig. Konservative Kreise fürchteten, sicher nicht zu Unrecht, daß die Studenten bei ihrem langen Aufenthalt im Reiche Fidel Castros nicht nur in den Genuß einer fachlichen, sondern auch einer ideologischen Ausbildung kämen.

Man schickte weniger Studenten nach Havanna, als eingeladen worden waren, und machte sich Gedanken darüber, wie diese Heimkehrer später zum Nutzen des Landes wieder in die demokratische Gesellschaft reintegriert werden könnten.

Die Antipathie gegen den Kommunismus mag zunächst einmal historisch zu erklären sein, rührt aber auch daher, daß man die Entwicklung in unmittelbarer Nachbarschaft, in Nicaragua, mit Skepsis beobachtet und sieht, wohin eine kommunistische Machtübernahme letztlich führt. Eine Diktatur mit Kolchosenwirtschaft ist für die Nachkommen mühsam freigewordener Sklaven keine reizvolle Errungenschaft.

Zwei junge Belizener Minister stehen in dem Ruf, Freunde der Kubaner zu sein. Beide gelten als intelligent und fleißig, einer von ihnen wird sogar als möglicher Nachfolger von Prime Minister Price bezeichnet. Ich höre, daß man ihre Beziehungen zu Kuba im allgemeinen schätzt. Vielleicht können sie bei den Kubanern allerhand Gelder locker machen!

Ähnlich ökonomisches Denken legen auch die Indianer aus Guatemala an den Tag, die zumindest den dortigen Guerilleros wohlgesonnen sind. Die Armen im Land sind keinesfalls Anhänger der Kommunisten, aber man ist auf Fidel Castro angewiesen, denn Präsident Reagan liefert keine Waffen, keine Ausrüstung und keine Medikamente für den Freiheitskampf.

Kubanische Bücher und Schriften werden sogar von offiziellen Belizener Institutionen verteilt. Der Regierungskommissar für Archäologie schenkte mir ein kubanisches Buch über Belize, nachdem er zuvor eine Widmung hineingestempelt hatte, und im Informationsbüro bekam ich eine aufwendig gedruckte Broschüre mit dem Titel: „The Road to Independence". In der Darstellung dieses Heftes ist die Geschichte Belizes eine einzige Kette von Unterdrückung und Aufständen, und an der britischen Kolonialherrschaft wird natürlich kein gutes Haar gelassen. Bearbeitet und hergestellt wurde das Werk ebenfalls von der Firma „Cubola Productions", die einem Salvadorianer gehört und deren Firmenname als Abkürzung von „Cuban Organisation Latin America" bezeichnet wird.

Nie entdecke ich in Belize Anzeichen von Kommunistenfurcht. Ein Geschäftsmann meint zu dieser Frage, wenn es ernst würde, dann wären die Amerikaner ziemlich schnell im Land, was er nebenbei sehr gut fände: Die Amerikaner geben immer viel Geld aus, wenn sie nach Belize kommen.

Das Friedrich-Ebert-Treffen

Unstreitig gehört das Treffen sozialistischer Parteipolitiker im vornehmen „Fort George"-Hotel zu den herausragenden Ereignissen der jüngsten Zeit. Es wurde von der bundesdeutschen Friedrich-Ebert-Stiftung organisiert und bemerkenswerterweise auch finanziert. Die sozialistischen Parteien des karibischen Raumes sollten sich, so die Absicht der Stifter, einmal kennenlernen, über den Lauf der Welt im allgemeinen und über die Zukunftswünsche der Sozialisten im besonderen sprechen und sich über gemeinsame Probleme unterhalten. Normalerweise wäre ein solches Treffen für mich nicht weiter von Bedeutung gewesen, doch in Belize laufen manche Dinge anders als sonstwo in der Welt. Immer wieder werde ich nach meiner Meinung über dieses Treffen gefragt, aber ich kann mir keine darüber bilden.

Ich kann nur bemerken, daß die Großzügigkeit, mit der die Herren Parteivertreter Geld ausgaben, allgemein geschätzt wird. Auffallend viele Leute wollen wissen, ob ich denn in meinem Buch etwas Negatives über das Treffen schreiben werde? Nein, warum denn? War es denn so schlecht? Vergeblich beteuere ich, daß ich nicht von einer Partei finanziert werde.

Allerdings lerne ich auch einige Gegner der Veranstaltung kennen. Jemand mokiert sich darüber, daß außer Fidel Castro persönlich wohl jeder maßgebliche Kommunist des karibischen Raumes anwesend gewesen sei. Man habe auch vor dem Hotel gegen die Zusammenkunft demonstriert. Tatsächlich hat es eine Demonstration gegeben. Junge Leute erschienen mit Spruchbändern, die sie trugen, wenn jemand zuschaute, und die sie abstellten, wenn niemand guckte. Jeder soll für den Auftritt fünfzehn Dollar erhalten haben. Der Premier und zwei seiner Minister wurden auf den Transparenten angegriffen. Ein Bild davon sah ich einmal in einer alten Zeitung, in die Maisfladen eingewickelt waren.

Ein geschäftstüchtiger Gentleman bietet mir Niederschriften der im „Fort George" gehaltenen Reden zum Kauf an. Ein Amerikaner habe sie auch schon gekauft. Letztere Auskunft bereut der Mann offenbar sofort, denn ohne Kommentar zieht er sein Angebot plötzlich zurück.

Nach dem Wahlsieg der CDU hörte ich übrigens nichts Gutes mehr über das Treffen. Man versicherte mir, es sei höchst bedauerlich, daß der Prime Minister in etwas hineingezogen worden sei, was später ganz andere Formen angenommen habe als ursprünglich beabsichtigt. Mein Hinweis, daß durch das Ereignis wenigstens viel Geld ins Land gekommen sei, verhinderte glücklicherweise jede weitere Erörterung.

Nach meiner Heimkehr habe ich mich bei der Friedrich-Ebert-Stiftung selbst nach der Sitzung im Belizener

„Fort George" erkundigt. Telefonabsprachen, Terminabsprachen, Terminänderungen – es kostete Mühe, den zuständigen Referenten zu erwischen.

Er sah die Veranstaltung als schlichtes politisches Seminar, nicht als ein weltbewegendes Ereignis, das die Belizener daraus machen. Die Kosten seien erträglich gewesen, weil man im Hotel einen Sonderrabatt bekommen habe. Kommunisten seien nicht unter den Eingeladenen gewesen, dafür aber Leute, die bekanntermaßen gegen den Kommunismus eingestellt wären. Geheimnisvolles habe es nicht gegeben, und außerdem veranstalte die Stiftung nur dann solche Zusammenkünfte, wenn sie von ausländischen Partnern ausdrücklich darum gebeten werde, und dies sei bei Belize der Fall gewesen. Viel habe ich also nicht erfahren. Es liegt wohl in der Natur der Dinge, daß manche Angelegenheiten unterschiedlich beurteilt werden.

Eine Institution: der Prime Minister

Im Namen des Vaters und des Sohnes und des George Price, Amen.

Dieser Ausspruch, den ich des öfteren höre, sagt eigentlich schon alles. Regierungschef Price ist schlechthin die bedeutendste Persönlichkeit in Belize, seit geraumer Zeit schon und wahrscheinlich auch in Zukunft. Beliebt bei den älteren Leuten, vor allem in Belize City und Umgebung, nicht ganz so beliebt bei der Jugend und natürlich verhaßt bei der Opposition, lenkt Price die Geschicke des Landes bereits seit Jahrzehnten.

George Price wurde 1919 geboren, als Sohn einer nicht gerade wohlhabenden und kinderreichen Familie. Rassisch gehört er zu keiner der genannten Bevölkerungsgruppen des Landes. Seine Vorfahren sind teils Kreolen, teils

Mestizen, was ihm zu einem gewaltigen Vorteil anderen Politikern gegenüber gereicht: Die Kreolen dominieren in Belize City, die Mestizen bevölkern weite Gebiete im Norden des Landes und liefern dort die Wählerstimmen.

Seine Laufbahn begann Price als Sekretär eines reichen Unternehmers, der den Briten nicht gewogen war. Schlechte wirtschaftliche Verhältnisse, an denen die Reichen verdienten und die Armen verloren, führten zu der politischen Entwicklung, in der Price bald die führende Rolle spielte und jahrzehntelang behielt. Ob seine Entscheidung, Politiker zu werden, wirklich auf den Einfluß eines katholischen Bischofs zurückzuführen ist, wie gelegentlich behauptet wird, kann mir niemand mit Sicherheit bestätigen. Jedenfalls hatte Price ursprünglich katholischer Priester werden wollen und auch eine Weile in einem nordamerikanischen Priesterseminar studiert. Noch heute gilt er als besonders gläubiger Katholik – er selbst nennt sich einen „militanten Katholiken" – und wird wohl deshalb von hohen kirchlichen Würdenträgern als Christdemokrat bezeichnet. Die Tatsache, daß seine „People's United Party" (PUP) und die mit ihr eng liierte Gewerkschaft „General Workers' Union" (GWU) mehr Linkscharakter zeigen, ändert daran nichts.

Sein Ziel, die Unabhängigkeit des Landes von der britischen Kolonialherrschaft, hat Price erreicht. Die alten, England verbundenen Politiker sind nicht mehr im Amt. Ob deren Nachfolger noch einmal zu einem Machtfaktor in Belize werden können, bleibt abzuwarten. Manche meiner Gesprächspartner halten eine solche Entwicklung für wahrscheinlicher als einen Sieg der Linken, das heißt ein Abdriften der PUP zum Sozialismus oder Kommunismus kubanischer Prägung.

Oft werde ich von Belizenern, lauernd oder in der Hoffnung auf Bestätigung ihrer eigenen Meinung, gefragt, was ich denn vom Prime Minister halte? Nun, ich halte ihn für einen äußerst geschickten Politiker, und ich kann mir nicht vorstellen, wer an seine Stelle treten sollte, weder aus den Reihen der oft wenig einigen Parteifreunde noch aus denen der Opposition, der „United Democratic Party" (UDP). Meine Freunde können selbst auch keinen geeigneten Nachfolger nennen, wie sich herausstellt. Prognosen für die nächste Wahl kann ich als Außenstehender nicht stellen, und ich will es auch gar nicht. Oft genug habe ich Mühe, heikle Gespräche rechtzeitig abzubrechen.

Der Prime Minister lebt äußerst sparsam. Sein Haus in Belize City, gleich hinter dem blütenweiß gestrichenen Mennonitenzentrum, wirkt geradezu ärmlich. Die hölzernen Außenwände sind verwittert, und nur ein Polizist, der am Eingang in einer winzigen Pförtnerloge Wache hält, verrät, daß hier das Staatsoberhaupt wohnt. Einfach ist auch das Fahrzeug des Prime Ministers, ein längst nicht mehr neuer Landrover, mit dem er zwischen Belize City und Belmopan hin und her pendelt.

Seine Haltung imponiert mir sehr. Unsere bundesdeutschen Politiker geben für ihren persönlichen Komfort wesentlich mehr aus, als die Steuerzahler ihnen zugestehen.

Was viele Belizener – wie viele es sind, weiß ich nicht – ihrem Staatsoberhaupt noch heute verübeln, ist, daß er in der Zeit seiner politischen Bemühungen um eine Loslösung vom englischen Mutterland enge Kontakte zu Guatemala gepflegt hat, so wird mir jedenfalls erzählt. Ein belesener Belizener vergleicht im Gespräch mit mir den Prime Minister mit unserem ehemaligen Bundeskanzler Schmidt: In der eigenen Partei habe er viele Feinde, und bei der Opposition werde er gelegentlich bewundert. Auch seine Wirtschaftspolitik, die für das Großkapital Einschränkungen bewirke, ähnele der Schmidts.

Feinde in der eigenen Partei? Ich habe den Eindruck,

daß Price mit ihnen besser fertig wird als unsere Politiker mit ihren. Von Botschafter Rudolpho I. Castillo, den ich nach meiner Reise in Deutschland traf, erfahre ich, Price habe selbst einmal gesagt, eine Partei brauche einen rechten und einen linken Flügel. Genauso, wie ein Flugzeug eine rechte und eine linke Tragfläche brauche: Mit einer allein könne es nicht fliegen. Der Vergleich mit unserem ehemaligen Bundeskanzler Schmidt scheint mir übrigens zu hinken. Price ist ungleich wendiger, wenn es um seine politischen Ziele geht. Er erscheint mir mehr als der Adenauer Mittelamerikas.

Ein Grundlagenbericht über die Gegenwartslage Belizes weist darauf hin, daß Price bei den Wahlen 1979 nur knapp die Mehrheit der Stimmen erhalten habe. Niemals werde er freiwillig abtreten, heißt es da. Botschafter Castillo, der seinen Sitz in London hat und gleichzeitig für Frankreich, Großbritannien und die Bundesrepublik Deutschland zuständig ist, vertrat mir gegenüber eine andere Meinung: George Price bleibe nur, wenn das Volk ihn wolle, wenn nicht, ziehe er sich zurück.

Der erwähnte Bericht kritisiert auch die Familienpolitik des Prime Ministers. Mitglieder seines Clans seien überall vertreten, selbst in den Streitkräften. Auch das verneinte Castillo mir gegenüber. Mitglieder der Price-Familie hätten sich ihre Positionen durch eigene Leistung verdient, nicht durch Protektion. Nepotismus gebe es nicht.

Die Auskünfte über die Bescheidenheit des Staatsoberhauptes bestätigte der Botschafter: Er habe nicht einmal eine Residenz in Belmopan. Sein Haus habe 3000 US-Dollar gekostet. Bei Auslandsreisen fliege er niemals Erster Klasse und wohne in kleinen Hotels. Auch seine Minister halte er kurz, und zahlreiche Ehrendoktorate, die ihm angeboten werden, lehne er ab.

Eine ganze Reihe von Belizenern erklären mir mit erhobenem Zeigefinger, daß es gefährlich sei, irgend etwas gegen den Prime Minister oder seine Partei zu sagen. Der Schein der Freiheit trüge, und sicher würde ich längst beobachtet. „Warum auch nicht?", versetze ich und nehme damit meinen Warnern den Wind aus den Segeln.

Ein Gedanke im schon erwähnten Grundlagenbericht erscheint mir beachtenswert. Da heißt es: Alle größeren Projekte wirtschaftlicher Art und auch Entwicklungshilfepläne sollten mit dem Prime Minister persönlich besprochen werden, denn er allein habe das alleinige Sagen. Da Price zugleich das Amt des Außenministers innehat, ist dies durchaus möglich und wird bei Demarchen der Kontaktaufnahme zu berücksichtigen sein.

Im übrigen heißt es abzuwarten, wie die Entwicklung in der Zukunft verlaufen wird.

Die deutsch-belizenischen Beziehungen

Sicher könnte ein Historiker mit professioneller Ausdauer mehr über die Geschichte der deutsch-belizenischen Beziehungen herausbekommen als ein rastlos reisender Schriftsteller. Immerhin erfahre ich einiges. Meist sind es knappe Bemerkungen meiner Gesprächspartner, die ihr Wissen irgendwann einmal aus zweiter Hand bezogen haben. Vor allem muß ich feststellen, daß meine Informanten den Unterschied zwischen Deutschen, Deutsch-Österreichern und Österreichern nicht kennen.

Vermutlich gab es im 19. Jahrhundert eine kleine Anzahl von deutschen und österreichischen Geschäftsleuten, die später mit ihrem verdienten Geld wieder in ihre Heimatländer zurückkehrten. Ein besonders gutes oder schlechtes Andenken haben sie nicht hinterlassen, auch keine Nachkommen, die als solche bekannt geworden wären.

In Diensten der britischen Kolonialverwaltung gab es einige deutsche Ärzte über zwei oder mehrere Generationen hinweg. In Belize City, in Dangriga und tief unten in Punta Gorda erzählte man mir mit Bewunderung und Dankbarkeit von ihnen. Einer der deutschen Ärzte ging, wie es heißt, nach Panama, vielleicht zum Kanalbau, an dem damals viel Geld verdient wurde. Den letzten noch lebenden Vertreter der jüngeren Generation deutscher Ärzte lerne ich in Belize City kennen. Er lebt im Ruhestand, betreibt aber immer noch eine private Praxis und war bis vor kurzer Zeit einer der führenden Radioamateure des Landes.

Von dem ersten deutschen Reiseschriftsteller in Belize habe ich zu Anfang schon berichtet. Otfried von Hanstein beschrieb Britisch Honduras als eine Kolonie mit sehr vielen Negern, mit Indianern und einer winzigen Enklave europäischer Zivilisation, die unter der Regierung von Kolonialfunktionären stand, die seiner Meinung nach sicher nicht zur Elite des britischen Empires gehörten. Er sorgte damit für ein sehr negatives Image der Kolonie, das im deutschsprachigen Raum ein halbes Jahrhundert lang lebendig blieb.

Daß einige junge Belizener während des Zweiten Weltkriegs im Kampf gegen Deutschland oder dessen Alliierte ihr Leben ließen, wird heute nicht mehr erwähnt. Nach Kriegsende kamen einige Deutsche oder Deutschstämmige ins Land. Einige wurden reich, andere verschwanden bald wieder.

Die Grundlage für eine neue deutsch-belizenische Freundschaft legten der Botschafter der Bundesrepublik auf Jamaica, Dr. Schmitt-Schlegel, und Oberst Fairweather, den ich bereits erwähnt habe.

Botschafter Castillo wußte bei seinem Besuch in Deutschland einiges über die Geschichte der Deutsch-Belizenischen Gesellschaft zu erzählen. Das Interesse bei der

Gründung der Gesellschaft durch Dr. Schmitt-Schlegel sei recht groß gewesen. Gleich fünfzig Leute wollten Mitglieder werden. Warum die so hoffnungsvoll begonnene Entwicklung nicht recht weiterging, wußte auch er nicht. Vielleicht werden die deutschen Nonnen von Belize in Zukunft auch bei der Deutsch-Belizenischen-Gesellschaft eine Rolle spielen. Sie dürfen ja jetzt die Klostermauern verlassen und am öffentlichen Leben teilnehmen.

Entwicklungshilfe – aus unserer Sicht

Klare Stellungnahmen zu einzelnen Fragen im Bereich der Entwicklungshilfe sind gefragt. Unsere eigene Finanzlage ist angespannt, selbst haben wir Scharen von Arbeitslosen, und wir haben mit unseren Entwicklungshilfemaßnahmen oft gesteckte Ziele nicht erreicht. Eine Gegenleistung für zur Verfügung gestelltes Geld, technisches Know-how und andere gutgemeinte Hilfestellung gab es häufig nicht.

Klar dargestellt wurden mir gegenüber nur die Vorstellungen der Belizener Fischereibehörde. Die Nützlichkeit des Vorhabens für das Land steht außer Zweifel. Die Behörde ist, was man nicht von allen Belizenern behaupten kann, die Entwicklungshilfe wünschen, zu Eigenleistungen bereit. Auch würde sie unsere eigenen wissenschaftlichen Interessen berücksichtigen: Sicher könnten wir eine bedeutende Sammlung tropischer Fische mit nach Hause nehmen.

Zu befürworten wäre auch die Lieferung eines Röntgengerätes für das Krankenhaus in Belmopan. Die Einrichtung eines Sprachlabors für die Ausbildung von Lehrern würde dagegen besondere Probleme nach sich ziehen: Ein Mechaniker müßte „mitgeliefert" werden, der die technische Anlage überwacht und die unweigerlich anfallenden Reparaturen ausführt. Ob sich die jungen Belizener in einer solchen „Berieselungsanlage" wohl fühlen würden, wage ich zu bezweifeln.

Auch von einem Großprojekt „Schulfernsehen" wurde gesprochen, das die Bundesrepublik finanzieren soll. Unsere Politiker machen sich Gedanken darüber, ob sie nicht damit den Belizenern ein Werkzeug in die Hand geben, das für politische Propaganda mißbraucht werden könne, statt nützlichen Unterrichtszwecken zu dienen. Nun, dies ist tatsächlich eine Angelegenheit der Politiker, zu der ich nicht Stellung nehmen will.

Für die Verkehrswege im Landesinnern braucht man geländegängige Gebirgsfahrzeuge, für den Katastrophenschutz Notausrüstungen, für den Betrieb des Staatsarchivs Kunststoffolien zum Einbetten wichtiger Dokumente, zur Förderung des Kunstgewerbes bestimmte Werkzeuge der Holzbearbeitung und so fort.

Wie aber sieht es mit den menschlichen Problemen aus? Würden unsere Entwicklungshelfer und Instrukteure mit ihren einheimischen Partnern gut auskommen, oder würde es bald aufgrund des unterschiedlichen Lebens- und Arbeitsstils Reibereien geben? Jeder Fremde muß in Belize erst einmal herausfinden, wie man ihm wirklich gegenübersteht.

Aufschlußreich sind für mich die Äußerungen von Belizenern über das amerikanische „Peace Corps", das bereits seit vielen Jahren im Land tätig ist. Man hat sich daran gewöhnt, daß die jungen Leute aus den Vereinigten Staaten ins Land kommen. Ja, die Arbeit der Leute vom „Peace Corps" sei gut und nützlich. Ich höre aber auch eine gehässige Bemerkung: Die Leute kämen hauptsächlich, um in Belize auf angenehme Art und Weise Erfahrungen zu sammeln, um damit ihre später gut bezahlte Expertentätigkeit vorzubereiten. So sei es, bestätige ich. Auch für unsere Entwicklungshelfer laute die Devise: „Lernen und

Helfen in Übersee". Ob es dagegen vielleicht irgendwelche Einwände gebe? Nein, die gebe es eigentlich nicht, aber irgendwie liegt ein nicht zu fassendes „Aber" in der Luft. Gringo, pay and go home? Deutsche Entwicklungshelfer? Ja, man möchte sie im Lande haben, aber vielleicht wären Instrukteure, die die eigenen Leute schnell ausbilden könnten, besser am Platz? Noch geeigneter wären Stipendien für junge Belizener, die in der Bundesrepublik eine gründliche Ausbildung erhalten könnten. Dann müßten aber die Leute Deutsch lernen. Bezüglich des Einlebens in eine fremde Umgebung sehen meine Gesprächspartner keinerlei Probleme. Man habe sich ja auch an die Verhältnisse in den USA gewöhnt.

Die Bundesrepublik gilt als schönes Land, und außerdem gäbe es ja keine wirtschaftlichen Probleme für die Stipendiaten: Sie bekämen ihren Lebensunterhalt bezahlt. Ich halte es für dringend notwendig, meine Belizener Freunde über die gegenwärtige Lage in der Bundesrepublik und die Meinung unserer Bürger über die Geldausgaben für Entwicklungshilfe aufzuklären. Es gehen dabei einige Illusionen über die finanzielle Lage der Bundesrepublik und die Gebefreudigkeit ihrer Regierung in die Brüche.

Eine Studienkommission müßte zunächst einmal alle Fragen einer möglichen Zusammenarbeit untersuchen und gegensätzliche Auffassungen erörtern. Bisher kennen wir uns zu wenig, um von heute auf morgen große Pläne zu verwirklichen. Die tatsächlichen, bilateralen Beziehungen sind gleich Null. Einige Gelder fließen aus kirchlichen oder freien Organisationen in das Land Belize. Die Wirtschaftsbeziehungen sind bis jetzt leider kaum erwähnenswert.

Belize ist „nicht interessant" für die Bundesrepublik Deutschland, heißt es oft. Es ist „versorgt" durch die intensiven Beziehungen zum ehemaligen Mutterland, zu

Kanada und – immer mehr – zu den USA. Genaue Zahlen zu diesen und allen anderen Bereichen kann man in dem vom Statistischen Bundesamt herausgegebenen Länderkurzbericht zu Belize nachlesen.

Belize-Honig wird in Deutschland angeboten, im Dritte-Welt-Laden, worauf ich nach meiner Rückkehr von Freunden hingewiesen wurde. Er stammt aus einer Genossenschaft aus dem Gebiet Orange Walk und schmeckt ausgezeichnet. Der Aufkleber des Glases klärt den bundesdeutschen Konsumenten darüber auf, wo das Land Belize eigentlich liegt, und das ist auch sicher nötig.

Schön, aber unglücklich: das Museumsprojekt

Zum erstenmal hatte ich, wenn ich mich recht erinnere, beim deutschen Honorarkonsul in Belize, Mr. Abel Lopez – eigentlich ein Manager der Firma „Texaco" –, von dem Projekt gehört. Seinen Angaben zufolge, war die Bundesrepublik bereit, der jungen Nation ein solches Vorhaben zu finanzieren. Der Honorarkonsul wartete täglich auf die Bewilligung des Betrages von zirka eineinhalb Millionen Dollar. Sie kam nicht.

Grundsätzlich wird der Wunsch der Belizener nach einem eigenen Nationalmuseum begrüßt, denn ein solches sei nötig, damit das Land seine eigene Identität finde. Mit bundesdeutschen Erfahrungen, und vor allem mit bundesdeutschem Geld, könnte ein bedeutender Beitrag zum Aufstieg des jungen Landes geleistet werden. Dieser Meinung war auch der auf der fernen Insel Jamaica ehemals residierende Botschafter Dr. Leuteritz. Ich solle mich doch einmal, da mein Beruf der eines technischen Sachverständigen sei, nach den Möglichkeiten für eine Verwirklichung erkundigen.

Meine „Bestandsaufnahme" der Belizener Vorstellungen über das geplante Museum ergibt ein recht vielfältiges Bild.

Einigen Interessenten geht es nur darum, ein Gebäude für die umfangreichen archäologischen Sammlungen zu errichten, weil die Schätze einstweilen behelfsmäßig eingelagert werden. Es geht dabei nicht nur um die Erhaltung von Kulturgut, sondern auch darum, eine Attraktion für Touristen zu schaffen.

Andere Gesprächspartner stellen sich das Nationalmuseum mit Abteilungen für Geologie und Zoologie vor. Eine junge Dame schlägt vor, vor allem die Gegenwart zu berücksichtigen und das Museum nach Bevölkerungsgruppen aufzuteilen, das heißt, es würde je einen Saal für Kreolen, Garifuna und Maya-Indianer geben. An die britische Kolonialzeit denkt nur ein einzelner Techniker, der sich für die Konservierung von ausgegrabenen Eisenstücken aus dieser Zeit interessiert.

Nachdem man eine Menge unersetzbaren Sammlungsgutes durch die Hurrikans verloren hat, will man beim neuen Museum natürlich alle möglichen Schutzvorkehrungen treffen. Um so erstaunter bin ich, als man mir den Plan vorlegt, der ein einziges, großes Gebäude vorsieht, in dem nicht nur die Schausammlungen, sondern auch die Magazine, die Werkstätten und die Laboratorien untergebracht werden sollen. Ich weise darauf hin, daß in Belmopan doch genug Platz vorhanden sei, um viel geeignetere, ebenerdige Hallen im Bungalowstil zu errichten. Der Schutz solcher Anlagen gegen Sturm und Feuer ist viel leichter als der eines großen Betonklotzes, in dem alles zusammen untergebracht ist. Außerdem ließe sich eine Bungalowanlage Schritt für Schritt über viele Jahre hinweg verwirklichen, was auch im Hinblick auf die Beschaffung von Geldern günstiger wäre. Man gibt mir recht, wenn auch ohne Begeisterung. Drei verschiedene Pläne seien bereits von Architekten ausgearbeitet worden. Welche Rolle die weiteren möglichen Geldgeber, die Vereinigten Staaten und Kanada, spielen, scheint auch noch nicht ganz geklärt zu sein.

In Wirklichkeit, und das erfuhr ich nach meiner Rückkehr vom zuständigen Sachbearbeiter im bundesdeutschen Auswärtigen Amt, sei ein Antrag auf Förderung des geplanten Museumsprojektes nebst der dazugehörigen konkreten Vorschläge zur Ausstattung desselben noch gar nicht gestellt worden. Wenn die Belizener ein Nationalmuseum bauen wollten, dann sollten sie das tun. Selbstverständlich werde die Bundesrepublik bereit sein, sachverständige Beratung zu gewähren, einstweilen fehle es aber noch an praktischen Vorschlägen seitens der jungen Nation.

Ich habe den Eindruck gewonnen, daß man sich in Belize noch nicht einig ist, wie das Projekt gestaltet werden soll. Sicher sind politische Erwägungen unterschiedlicher Interessentengruppen im Spiel, und über diese müßten wir uns, ehe wir Geld ausgeben, das im Auswärtigen Amt mit etwa einer Million Mark beziffert wird, eine genaue Kenntnis verschaffen.

Letzte Impressionen

Die restlichen Tage meiner Reise verbringe ich in Belize City. Sie sind noch einmal sehr anstrengend. Die Ausfuhrgenehmigung für Heilkräuter muß besorgt, die letzte Post, die im Büro des Honorarkonsuls für mich gesammelt worden ist, muß abgeholt und die letzten Aufzeichnungen über meine Erkundungen zum Museumsprojekt müssen gemacht werden.

Die Schreibarbeit erledige ich im „Mom's" bei einer

Tasse Tee. Ich habe Gelegenheit, einige letzte Eindrücke zu sammeln. Es ergibt sich ein Gespräch mit einer Gruppe von pensionierten Mittelstandsamerikanern, die nach Belize gekommen sind, um kleine Farmen zu kaufen. Zu meinem Erstaunen sind einige darunter, die nie zuvor in ihrem Leben im Ausland, geschweige denn in den Tropen gewesen sind. Wohl aus Gründen der Mode wollen sie ihren Lebensabend in der Fremde verbringen. Die meisten dieser Amerikaner sind enttäuscht darüber, daß die Bodenpreise erheblich höher sind, als man ihnen in den USA erzählt hatte, aber trotzdem erscheint den Pensionären Belize immer noch als das gelobte Land: wegen seiner relativ sicheren Lage inmitten einer höchst unsicheren Umwelt, und nicht zuletzt deshalb, weil man, um sich hier niederzulassen, keine neue Sprache zu erlernen braucht.

Von einer dicken weißen Lady werde ich auf die Reize belizenischer Bordelle aufmerksam gemacht. Die Dame läßt mir mehr Informationen zuteil werden, als ich eigentlich wünsche. Früher, in der Kolonialzeit, habe es keine nennenswerten Bordelle gegeben. Jetzt aber sei alles bestens organisiert. Die meisten Mädchen kämen aus der benachbarten Republik Honduras und würden gesundheitlich wirklich gut überwacht. Gegen Gebühr müßten sie sich regelmäßig Spritzen verabreichen lassen. Die Gesamtorganisation sei weitgehend von einem wichtigen Mann beherrscht, der seine Sache recht gut mache. Er habe große Erfahrung, denn in seinem früheren Leben sei er ein erfolgreicher Gangster gewesen. Es verschlägt mir die Sprache, und ich halte es für ratsam, das Gespräch höflich zu beenden. Der für diesen Bereich in Betracht kommende, deutschsprachige Personenkreis läßt sich bereits seit Jahren mit Sonderflugzeugen nach Thailand befördern. Der Amerikaner, der an meinem Tisch sitzt, zeigt sich stärker interessiert. Die dicke Dame empfiehlt ihm wärmstens ein Etablissement. Die Schilderung der märchenhaften Reize der dort tätigen Damen eignet sich leider nicht zur Übersetzung in die deutsche Sprache.

Ich höre draußen Musik, und in der Meinung, es handele sich um die Polizeikapelle, gehe ich zum Eingang und bin maßlos überrascht: ein Leichenzug. Hinter der Kapelle, die mit Pauken und Trompeten Musik macht, fahren Autos her. In einem sitzt ein schwarzgekleideter Herr, der mit freundlichem Lächeln die Zuschauer am Straßenrand grüßt. Ich halte ihn zunächst für den Pfarrer, muß mich aber eines Besseren belehren lassen: Nein, das ist der Bestattungsunternehmer, der wohl gut lächeln hat, denn er verdient ja heute Geld. Dem Wagen mit dem Sarg des Verstorbenen folgen in zwei Reihen die Trauergäste, die, genau wie in Europa, schwarz gekleidet sind.

Es ist heiß. Eine Bademöglichkeit gibt es in Belize City nicht. Der Haulover-Fluß ist genauso verschmutzt wie der Rhein, und das einzige Schwimmbecken am Platz, der Swimmingpool des „Fort George", dient nur den reichen Touristen.

Im Hotelzimmer esse ich noch ein paar Erdnüsse mit Apfelsinen, erlaube mir dann doch abends noch ein Essen in „Jane's Chinesischem Restaurant". Das Essen ist ausgezeichnet, die Bedienung ausnehmend freundlich, ich bin wie immer sehr zufrieden.

Nach dem Abendessen gehe ich aus liebgewordener Gewohnheit zum Platz des Kriegerdenkmals ans Meeresufer, um hier noch einmal gute und auch etliche böse Wünsche auf den Weg zu schicken.

Ein letztes Gespräch mit dem Nachtwächter der Mexikanischen Botschaft ist fällig: über Tagesereignisse, über Währungsverhältnisse in Belize und den Nachbarländern, über schöne Mädchen, Kriegsgefahr und politische Entwicklung.

Zum letztenmal kehre ich in mein Hotel zurück. Um alles über mein abenteuerliches Gastland zu erfahren, müßte ich noch ein paar Jahre hier bleiben, aber meine Verlegerin wartet auf mein Manuskript, und mehr als ein erstes deutschsprachiges Buch, das einen Überblick über eine kleine, junge Nation liefert, will ich ja nicht schreiben.

Literaturhinweise

Annual Report of the National Library Service of Belize for 1974 – 1976, hrsg. v.: National Library Service of Belize, Belize 1976.
Atlas of Belize, hrsg. v.: Cubola Productions, Belize 1976 – 1982.
Belize Health Sector Assessment, hrsg. v.: Pan American Health Organisation, o. O. 1982.
The Belize Issue, hrsg. v.: The Latin America Bureau, London 1978.
Dobson, Narda: A History of Belize, o. O. 1973.
Fairweather, Lt. Col. D. N. A.: A Short History of the Volunteer Forces of British Honduras (Now Belize), Belize o. J.
Furley, P. A./Crosbie, A. J.: Geography of Belize, London/Glasgow 1974 – 1976.
Government Explains Heads of Agreement, hrsg. v.: Government of Belize, o. O. 1981.
Gregg, Algar Robert: British Honduras, London 1969.
Hanstein, Otfried von: Zwischen zwei Weltmeeren. Reise-Erzählung, Leipzig o. J.
Koop, G. S.: Pionier Jahre in British Honduras (Belize), Belize C. A. o. J.
Länderkurzbericht Belize, hrsg. v.: Statistisches Bundesamt, Stuttgart/Mainz 1983.

Lewis, The Very Rev. D. Garreth Lewis, M. A.: The History of St. John's Cathedral, Belize, hrsg. v.: St. John's Cathedral Committee, Belize 1976.
The Road to Independence, hrsg. v.: Cubola Productions/Government of Belize, Belize 1981.
Sherlock, Philip: Belize – A Junior History, London/Glasgow 1969–1978.
Taylor, D. M.: The Black Carib of British Honduras, New York 1951.
Thompson, J. Eric S.: The Maya of Belize. Historical Chapters since Columbus, Belize 1972.
Turner, Russel: Let's All REAP Together, hrsg. v.: CARE Belize/Belize Ministry of Education, o. O. o. J.

Zeitschriften:

BRUCKDOWN. The Magazine of Belize, hrsg. v.: Bruckdown Publications (erscheint nicht mehr);
BELIZEAN STUDIES, hrsg. v.: BISRA (Belize Institute of Social Research and Action, Belize City).

Namen- und Sachregister

Aberglauben 215
Adams, amerikanischer Reporter 226
Adams Chewing Gum Company 226
Adel 93
Adenauer, Konrad 300, Bildunterschrift zu Bild Nr. 24
Adugarahani 140
— -Zeremonie 141
Affentanz 110
Afrika 123, 141, 143, 215
„Afro-Belizener" 163
Aguilar, Geronimo de 95
Ah Chuy Kah 112
Ah Hulneb, Kriegsgott von Kozumel 113
Alamina, Marcel (d. i. Mr. Marsh) 66
Alan, Hauptmann D. M. 274
Alitani 122
Alkohol 31
Alpines, alter Dorfname 146
Altertumsforscher 89
Altun Ha 84, 88 f., 91, Bildunterschrift zu Bild Nr. 11, IV, Nr. VII
Amandala, Oppositionszeitung 225
Amazonas 121
— -gebiet 226
— -urwald 227
Amazonien 128, 130, 135, 148
Ambergris Caye 240, 252 f., Bildunterschrift zu Bild Nr. 10
Ameisenbären 236
Amerikaner 24, 38, 52, 59, 63, 68, 74, 79, 89, 108, 117, 145, 190, 205 f., 223, 225 f., 230, 237 f., 242, 254 f., 273, 282 f., 295, 309
Amerindians, Ureinwohner Amerikas 120
Ammenhai 243
Andrew, Prinz 197, 283, 291
Anglikaner, die 184 f., 187, 189
„Anglo-Kreolen" 165
Anthropologen 79 f., 82, 130
Antonio, Franziskanerpater 191
Antonius, heiliger 142
Aparai, die 129, 131
— -Sprache 109, 133
Aparai-Wayana (-Indianer) 101, 121, 130, 134, 139, 143
Arbeitslosigkeit 16
Archäologen 79, 84, 86, 89, 213
Archäologie 80, 83, 252
—, weiße 85
—, schwarze 85
Arzneikräuter 141
Arzneimittel 114, 143, 201, 273, 289
—, pflanzliche(s) 31, 140
Arzt (Ärzte) 114, 125, 140, 223, 263, 273, 302
Ashdon, Peter 174
Atlantik, westlicher 44
Audubon-Gesellschaft 236
Ausfuhr 80, 215, 218
Ausgrabungen 92
—, archäologische 144

Australien 61
Auswärtiges Amt, bundesdeutsches 308
Azteken 96

Balata 226
Ballett 270
— -gruppe 271
Baliz (d. i. Belize) 170
Bananen 32, 92, 146
— -plantagen 43
Bank, Barkleys 262 f.
Baptisten 189
Barbados 138, 274 f.
Barbara, Dona 31, 88 f., 91
Barnes, Thomas 186
Barrierenriff 61, 239 (s. auch: Riff)
Barrow, Oberst Thomas 175 f., 178
Baymen 114, 173, 175 – 177, 184, 188, 191, 212, 230, 284
Belgier 192
Bellise (d. i. Belize) 170
Belize City 7, 17 f., 21 f., 24, 26, 29, 33 f., 36 f., 43 – 45, 47 – 51, 54 f., 57, 67, 71, 80, 85, 88, 111, 118, 122, 127, 144, 146, 161, 175, 184 f., 195, 197, 199, 202, 206 – 208, 212, 215 – 217, 224, 231, 238, 245, 246, 248 – 252, 259, 262 – 265, 267, 270, 272, 274, 277, 279 f., 282, 284, 297 – 299, 302, 308, 310, Bildunterschrift zu Bild Nr. 1 – 4, 6, 8, II, III, XII
Belize Defense Force (= BDF) 196, 222, 275, 285, Bildunterschrift zu Bild Nr. 21
Belize, Distrikt 233 f., Bildunterschrift zu Bild Nr. 11
Belize-Fluß 47, 288
Belize-Honig 306, Bildunterschrift zu Bild Nr. 25
Belize Institute of Social Research and Action (= BISRA) 40
Belize Teachers College 220
Belize Tourist Board 253 (s. auch: Tourist Board, Touristenbüro)
Belizean Studies, Zeitschrift 40
Belmopan 16, 18, 36, 40, 42, 46 – 54, 71, 84, 102, 114, 117, 183, 234, 236, 247 – 249, 255, 259 f., 262, 267, 269, 275, 279, 288, 293, 299 f., 303, 307, Bildunterschrift zu Bild Nr. 4 f.
Beni, Aleyo 124
Bennett, Marschall 181
Bermuda 182
Bertolina, Pater 191
Bevans, Mr. V. A. 267, Bildunterschrift zu Bild Nr. XI
Bibliothek 267
National – 267
—, Technische 267
Bibliotheken 266, 268
— -dienst 266
—, fahrender, Bildunterschrift zu Bild Nr. XI
Biffi, Pater Eugene 192

313

Bildungswesen 269
Bischöfe, anglikanische 187
Bischof 198
—, anglikanischer (d. i. S. E. Mc Millan, Keith) 196
—, katholischer 298
Black Caribs 124
Blaues Loch 244
Bliss-Institut 36, 85, 270
Bohnen 157
— -felder 225
Bolido 161
Boni 120
Bonn 14, 260
Bordelle 252, 309
Botaniker 79
Brasilia 69
Brasilianer 65, 226
Brasilien 41, 68 f., 138 f., 206, 234, 257
Bremsen 91
Briten 28, 48, 66, 114 f., 124 – 126, 163, 174 f., 178 f., 186, 188, 213, 228, 242, 248, 268, 273, 281, 284, 292 f., 298
Britisch Honduras 7, 13, 17, 44, 46, 110 f., 120, 126, 154, 158, 169, 185, 226, 258 f., 274, 302, Bildunterschrift zu Bild Nr. I
Brown, Mr. 15 f.
—, Christina 15 – 17
Bruckdown, Zeitschrift 40, 80, 188
Brüllaffe(n) 106, 236
Buchbinderei 267 f.
Buchhandlung, anglikanische 185, 265
Bücherei, fahrende 269
— -wesen 267
Büchereien 266
—, private 268
Buehler, Richard 175
Bujä 139 f., 140, 143
Bull Frog, Restaurant 52
Bundesrepublik (Deutschland) 39, 47, 58, 101, 135, 145, 151, 199, 214, 235, 237 – 239, 241, 251, 269, 273, 275, 278, 280, 300, 302, 304 – 306, 308
Burns, Sir Alan 268

Calypso 271
Cannabis 230
Canterbury 187
Canul, Marcos 115
Carib Territory 138
CARDI 234 (s. auch: Institut für Landwirtschaftsforschung und Entwicklung)
CARICOM, karibische Wirtschaftsgemeinschaft 286
Carifesta '81 138
Carmen, Hurrikan 43
Carnegie-Stiftung 267 f.
Carthagena 192
Cassava-Wein 143
Castillo, Rudolpho I. 260, 300, 302
Castro Ruz, Dr. Fidel 286, 294, 296
Caye Corker 54, 56 – 61, 63, 66, 221, 244, 278
Cayes 37, 54, 144, 149, 242, 250, 252 – 254, 277, Bildunterschrift zu Bild Nr. 10

Cayetano, Pater Callistus 104, 107, 108, Bildunterschrift zu Bild Nr. IV
—, Pater Fabian 121, Bildunterschrift zu Bild Nr. VIII
Cayo 18, 234
Cenote, heilige 98
Charles, Prinz 258
Château Caribean, Hotel 35
Chatoyer, Joseph 124
Chetumal (Mexiko) 43, 67, 69, 71 f., 93, 96, 98, 103, 262
Chicago 17
Chicleiros 226
China 160, 230
Chinesen 22, 54, 74, 159, 161 f., 222, 261, 264, 291
Chippendale, Th. 213
Chitzen Itza 98
Cho, Evarista 118
Chocolate, Mr. 55
Christen 98, 123, 168
Christenheit 188
Christentum 190
Christlich-Demokratische Union (= CDU) 8 f., 296
Christophorus, heiliger 142
Churchill, Winston Leonard Spencer 259
CIA 82
Cit Chac Coh 112
Coca-Cola 60, 70, 74, 117, 195
Cocoms 98
Columbus, Christoph 41
Commonwealth 18, 291
Continental, Hotel 71
Copal-Harz 104
— -Rauch 105, 113
Copra 232
Corozal 18, 43, 45, 70, 71, 93, 191, 192, 225, 233, 251
— -Town 274
Cortez, Hernando 71, 95
— -Tanz 105, 110
Costa Rica 30, 100, 154, 281, 287
Créol 138, 162 f.
Cubola Productions (Cuban Organisation Latin America?) 166, 271, 283, 295

Dangriga 25, 36, 43, 68, 81, 120, 127, 129 f., 140 f., 144, 146, 160, 204, 243, 249, 251, 256 f., 302, Bildunterschrift zu Bild Nr. XIV
Dealer 157
Delphine 236
Derkits, Sägewerkbesitzer in Toledo 216, 258
Deutsch-Belizenische Gesellschaft 302 f.
Deutsche(r) 147, 169, 241 f., 301 f.
Deutscher Kaiser, Hotel 25
Deutsch-Österreicher 301
Di, Lady 258, 291
Dobson, Narda 40 f., 114
Doktorfisch 63
Doktor-Fliegen 91
Dominica, Insel 123, 137 f.
Dominikaner 191
Drake, Sir Francis 166, 169
Drehbrücke, Belize City 33, 35, 55, 246, 274

Dritte-Welt-Laden 306, Bildunterschrift zu Bild Nr. 25
Dschungel 7, 254
Dueck, Dietrich 156

Ebert, Friedrich 295
Einfuhr 230
Einsiedlerkrebse 57
Einwanderer, chinesische 161
Elisabeth II., Königin von Großbritannien 211, 260, 283 f., 291
El Salvador 18, 287 f.
Empire 36, 166, 245, 284, 290 f., 302
Engländer 113–115, 122–126, 162, 168–170, 174, 177–179, 183, 187, 192, 211 f., 214, 228, 281, 284, 291, 293
England 83, 172, 176, 185, 193, 213, 245, 258, 276, 283, 287, 291, 298, Bildunterschrift zu Bild Nr. 23, II
Entwicklungshelfer 218, 304 f.
Entwicklungshilfe 120, 130, 218, 270, 273, 277, 303, 305
— -geld 101
Entwicklungsländer 113
— -projekte 217 f.
Epidemien 97
Erdnüsse 32, 234 f., 310
Erdöl 246
Erste Hilfe 272
— -Dienst 272
— -Kästen 273
— -Unterricht 272
Erster Weltkrieg 274
Europa 28, 64, 66, 71, 97, 100, 140, 175 f., 179, 183, 207, 211, 216, 221, 257, 286, 310
Europäer 19, 92, 94, 122, 123, 162, 171, 230
Export 31, 38, 86, 102, 118 f., 127 f., 143, 156, 212, 231–234, 238, 241

Fairweather, Oberst D.N.A. 41, 285, 302
Falkland 283
— -krieg 287
Farbholz 172 f., 211 f.
Fernsehen 154, Bildunterschrift zu Bild Nr. 20
Feuersteine 129
Feudalherrscher 180
Feuerwehrstation 53, Bildunterschrift zu Bild Nr. 8
Fichtenwälder 217, 255
Fifi, Hurrikan 43
Filimingo (d. i. Graff, Laurent) 169
Fischereibehörde 238 f., 241, 303
Fischottern 236
Friedrich-Ebert-Stiftung 295 f.
Forschung, archäologische 84
Forstwirtschaft 216 f.
Fort George, Hotel 24, 35, 66, 295–297, 310
Frankreich 300
Francelia, Hurrikan 43
Franz von Assisi, der heilige 142
Franziskaner 190 f.
— -pater 191
Franzosen 122, 124, 168 f., 174
Fredrick, Hilary 138
Fregattvögel 57

Freiwilligenverbände 284 f.
Friedrich-Ebert-Treffen 295
Fury, Boot 251

Gab, George 271
Gales Point 37 f.
Gann, Dr. T. W. F. 83, 93
Garifuna 23, 30, 51, 68, 74, 81, 100, 120, 122–129, 131, 133, 135–145, 147, 150, 162 f., 190, 193, 195, 202 f., 235, 256, 289, 292 f., 307, Bildunterschrift zu Bild Nr. IV, VIII
—, katholische 191
— -Flüchtlinge 293
— -Kultur 82
— -Maler 271
— -Riten 193
— -Sprache 81, 133, 163
Geister 100, 113, 139, 140, 143, 203
— -tanz 110
— -zeremonien 143
Gelbfieber 178, 187
Generalgouverneur (von Yucatan) 178
General Workers' Union (= GWU) 298
Genon, Pater John 192
Gewerkschaft 298 (s. auch: General Workers' Union)
Gin 31, 232
Götter 91, 95, 100, 104, 113, 143, 193, 205
Gordon, Dr. Minita 36, 285
Gouverneur(e), britische(r) 36, 41, 192, 228, 268, 275, 280 f., 285
Gouverneur (von Jamaica) 155, 175
Government Information Service 20
Graff, Laurent 169
Greenwood, Anthony 48 f.
Gregg, Algar Robert 40, 42, 45, 215
Greta, Hurrikan 44
Großbritannien 45, 156, 218, 300
Guatemala 8, 18 f., 30, 48, 72 f., 75, 87, 100, 105 f., 109–111, 119–122, 125 f., 154, 181, 191 f., 196, 206, 230, 266, 269, 276, 277, 285, 294, 299, Bildunterschrift zu Bild Nr. IV
— -City 181, 280
Guatemalteken 8, 93, 125, 281, 286, 288
Guerillataktik 95
Guerilleros 295
Gürteltiere 148
Guerrero, Gonzalo 94, 96

Hai(e) 63 f., 79, 127, 242 f.
Haiitianer 290
Halcrow, Magnus 49
Hamburg 169
Hammerhai 244
Hanstein, Otfried von 7, 302
Hapag-Lloyd 251
Harrier(s) 35, 127, 280 f., Bildunterschrift zu Bild Nr. 23
Haschisch 222, 224, 230
— -pflanze 221, 223 f.
— -verbot 223
Hattie, Hurrikan 43, 45, 47, 188, Bildunterschrift zu Bild Nr. 6, 8

315

Haulover Creek 37
Haulover-Fluß 29, 35 f., 170, 175, 246, 270, 274, 310
Havanna 294
Hawkins, John 169
Heilkräuter 24, 31, 139, 308
Heilpflanzen 139
Heilsarmee 206 – 208
Hex Chun Chan 113
Hirschkarjana 131
Hirschtänzer Bildunterschrift zu Bild Nr. V
Hirschtanz 101, 105
Holländer 168 f.
Holzfäller 116, 146, 172, 212, 215, 226
Holzwirtschaft 216, 217, Bildunterschrift zu Bild Nr. XII
Honduras 17, 124, 126, 137, 140, 171, 191 f., 251, 264, 276, 287, 309
Honduraner 23
Hongkong 161, 291
Honig 31
Hopkins 120 f., 123, 130 f., 133, 147, 149, 231, Bildunterschrift zu Bild Nr. VIII, XV
Hotel(s) 22, 24 f., 36, 53 f., 59, 62, 65, 109, 161, 194, 253, 255, 296 f., 300, 310
—, Mr. Ball des 104
Hummer 238
— -fischerei 239
— -fang 239
— -kästen 239
— -gebiete 239
— -schwänze 240
Humphrey, H. F. 174
Hunabku, Gott der Maya 205
Hurrikan(s) 42 – 44, 47, 60, 232, 258, 307, Bildunterschrift zu Bild Nr. 6 – 8, XII

Icaiche (-Indianer) 115, 192
Import 173
Indianer 19, 30, 51, 70, 98 f., 113 – 115, 119, 124, 129, 132, 139, 143, 162, 171, 187, 204, 214, 294, 302
— -bewegung, panamerikanische 99
— -kriege 115
— -reiche 168
— -tänze 109
Indien 7, 200 f., 230, 245
Industrie 246
Inselkariben 120, 123, 136 – 138, 170
Inseln, westindische 19 f., 136 f., 162, 181, 254
Institut für Landwirtschaftsforschung und Entwicklung (= CARDI) 234
Interpol 275
Italien 51
Itza 112
Itzam, Gott der Maya 205
Itzamal 113

Jagd 38, 148, 215, 235, 236, 252, 255
Jaguar(e) 106 f., 137, 148 f., 236 f., 254
Jamaica 13, 19, 46, 94, 138, 158, 168, 173, 179, 181 f., 187, 201, 207, 230, 264, 274, 306
Jane's Chinesisches, Restaurant 310
Janet, Hurrikan 45

Jenkins Creek 147
Jesuit(en) 40, 122, 175, 191 – 193
Jesuiten
— -Kolleg 45
— -mission 192
— -pater 204, Bildunterschrift zu Bild Nr. IV
Jesus Christus 108, 142, 159, 204
Jonathan Posset, alter Dorfname 146
Joseph, Gilbert M. 212
Juárez, Benito 71
Juka 120

Kaboklos 139
Kaiserslautern 160
Kakupacat 113
Kalifornien 17
Kanada 51, 83, 99, 117 f., 148, 150, 154, 156, 159, 246, 255, 275, 284, 306, 308
Kanadier 79, 84, 255, 273, 284
Kanu(s) 96, 136, 215
Kariben 121 – 124, 128, 134 f., 137 bis 139, 150, Bildunterschrift zu Bild Nr. 13
—, dominikanische 138
—, gelbe 101 f., 120 – 122, 124, 128 f., 133, 137, 139
—, schwarze 120 – 122, 131, 137, 148
—, zentralamerikanische 192
Karibik 44, 58, 172, 251, 275
Karibische Inseln 171
Karibisches Meer 48, 168
Karibische See 16, 18, 21, 37, 169, 176 (s. auch: Karibisches Meer)
Katharina die Große 153
Katholik(en) 74, 108, 185, 189, 191, 194 f., 205 f.
Katholizismus 194
Kaugummi 8, 226 f., 229
Kechi 100
Kingston 20, 264
Kirche(n) 109, 111, 184, 189, 193, 206
—, amerikanische 108
—, anglikanische 185, 188
—, christliche 100, 196, 204
—, freie 204
—, römisch-katholische 74, 100, 104, 109, 114, 190 f., 193, 204, 206
—, Presbyterianische 188
Kissin, Teufelstanz 110
Koka, Gott der Maya 205
Kohl, Helmut 9
Kokos 146
— -anbau 232
— -milch 232
— -nüsse 231 – 233, Bildunterschrift zu Bild Nr. X
— -öl 233
— -palmen 56, 144, 231 f.
Kolonial
— -funktionäre 125
— -geschichte 165
— -herren 49, 113, 228, 284
— -herrschaft 99, 113, 116, 276, 281, 293, 295, 298
Kolonialismus 166
Kolonial

— -macht 41, 112, 114, 125, 166, 283, 290, Bildunterschrift zu Bild Nr. 23
— -regierung 45, 58, 292
— -reich, spanisches 93
— -verwaltung 47, 49, 185, 199, 302
Kolumbien 192
Kommunismus 164, 293 f., 297 f.
Kommunisten 294, 297
Koop, G. S. 158
Korallen 61 – 63
—, schwarze 55
— -riff 20, 61 f., 253
— -fische 241
Kraftwerk 56
Krankenhaus (-häuser) 201 – 203, 303
Krabben 238, 241
Krebse 239, 243
Kreolen 20, 30, 51, 126, 162 – 165, 184, 190, 218 f., 235, 271, 289, 297 f., 307, Bildunterschrift zu Bild Nr. 15, 18 f.
Krieg(e) 121, 157, 166, 169, 213, 287
Kriegerverein 284
Kriminalität 14, 51, 275, 276, 277, 280
Krokodil(e) 91, 236
Kuba 138, 166, 177, 216, 254 f., 293 f.
Kubaner 293 f.
Kunst 127, 129, 145
Kunstgenossenschaft 127
Kunstgewerbe 127, 304

Lamanay 190
Lambei, Pablo 141 – 143
Landwirtschaft 20 f., 38, 80, 92, 99, 116, 147 f., 150 f., 153, 182, 204, 213, 218 f., 288
Landwirtschaftsministerium 276
Langusten 57, 159
Lateinamerika 271, 285, 287
Lateinamerikaner 285, 287
Laura, Wirbelsturm 43
Leguane 57, 148
Lehrerakademie 180 (s. auch: Belize Teachers College)
Leuteritz, Dr. 306
Libanesen 162
Limburg an der Lahn 198 f.
Lingusist(en) 79 f.
Liverpool 33
Loewen, Herr 153, 155
logwood 172, 211 f.
London 173 f., 185, 260, 272, 280
Lubatan Bildunterschrift zu Bild Nr. 12
Lucas, Leutnant Mrs. 282, 285, Bildunterschrift zu Bild Nr. 20

Machete 232, 266
Mahagoni 9, 146, 176, 212 – 216, 218, 227, Bildunterschrift zu Bild Nr. I
Mais 43, 51, 92, 94, 116, 157, 225, 296
Malaria 14, 58
Manjok 92, 130, 132 – 134, 146, Bildunterschrift zu Bild Nr. 13
Mar, Miss 23
Marihuana 60, 65, 218, 221 – 223, 225, 278
— -anbau 230
— -erzeuger 224

— -felder 225
— -händler 224
— -konsum 230
— -lieferungen 275
— -Zigaretten
Marimba 104, 106
Marine, britische 176
Mar's Riverside, Hotel 23 f., 37
Marsh, Mr. (d. i. Alamina, Marcel) 65 – 67
Martinez, Don Domingo 191
Maximilian, Kaiser von Mexiko 71
May, Karl 103
Maya (-Indianer) 7 – 9, 19, 48, 74, 77, 81 f., 85 f., 89, 91 – 93, 95 – 106, 110, 112 – 114, 116 – 120, 143, 152, 180, 190 – 196, 204 f., 214, 216, 219, 230, 235, 271, 290, 292, 307, Bildunterschrift zu Bild Nr. IV, VI
— -Archäologie 254
—, guatemaltekische 11
— -Herrscher 90, 94
— -Kriegsgötter 112
— -Kunst 92
— -Kunstgewerbe 118
— -Reich 93
—, Religion der 100
— -Ruinen 86
— -Sprache(n) 104, 163, 170
— -Staat(en) 93, 97, 116, 213
— -Stil 49
— -Tänze 105, 107, 109, 271
— -Tempel 270
— -Töpferei 118
Melasse 51, 230
Mennoniten 117, 150 – 156, 158 f., 162, 234 f., 290, 299, Bildunterschrift zu Bild Nr. 20
— -schulen 154
Merida 177
Merlin 175 f., 178 f.
Mermaid 176
Mestize(n) 263, 298, Bildunterschrift zu Bild Nr. 16 f.
Methodisten 189, 196
Mexikaner 71 f., 222, 286
Mexiko 18 f., 25, 30, 51, 67, 69, 71, 93, 96, 115, 154, 155, 177, 195, 233, 255, 261, 265, 286, 291
Miami 13, 16, 20
Middleton, Elaine M. 272
Milpa 116
Minister für innere Angelegenheiten und für Verteidigung 39, 288
Ministerium für Erziehung und Sport 24, 218
Mission 152, 186
Missionar(e) 19, 189, 191
Mittelamerika 9, 13, 17, 18, 29, 41 f., 71, 118 f., 137, 171, 174, 186, 196, 199, 212, 220, 222, 226, 230, 257, 259, 281, 282, 288, 300, Bildunterschrift zu Bild Nr. 24
Mom's, Restaurant 39, 55 f., 188, 225, 246, 251, 277 f., 283, 287, 308
Montejo, Francisco do 93
Montezuma 71
Moos, schwarzes 50, 90 f., Bildunterschrift zu Bild Nr. 11
Mopan 48, 100

Morgan, Henry 166, 171
Moros, Tanz 110
Moskitos 23, 36 – 38, 58, 89 – 91, 109, 187
Moss, Ralph 175 f., 178 f.
Museum (-en) 36, 106, 119, 136, 141, 238, 242, 307
—, Britisches
Museumsprojekt 306, 308

Nachankan 94 f., 180
National Studies, Zeitschrift 40, 122
Nagelfabrik 246
Nationalmuseum 85, 136, 306 – 308
Naturschutz 38
— -gesetzgebung 235, 254
Nepal 201
Nepotismus 300
New River Lagoon 190
New York 11, 13, 15, 17, 268
Newport, Matthew 187
Nhamuda, Fluß 131
Nicaragua 162, 167, 186 f., 230, 287, 294
Nicholas, Benjamin 142, 144 f., 271
Nurse Shark 63

Ochsenfrosch, Restaurant 54
Ökologen 235
Österreicher 58, 216, 301
O'Neil, Arturo 178
Opossum 236
Orange Walk 18, 71, 85, 115, 220, 225, 233, 306
— Town 114, 251, 274
Orchideen 257
Orion 67
Ostasien 289
Ozeanien 230

Pajä 139
Pakok 112
Pallottinerinnen 198 – 200
Pan Caribean Preparedness Project (= PCDPP) 43
Panama 285 f., 302
Panamakanal 286
Papst (d. i. Johannes Paul II.) 190, 195 f.
Paraguay 154
Paris 137
Paru, Fluß 101
Pasch Balon, Maya-König 105
Paslow, Thomas 166, 176, 180
Paslow-Building 180, 267
Pauling & Co. 49
Peace Corps 304
Pelican, Hotel 25
Pelikane 57, 67
People's United Party (PUP) 298
Peten, Provinz guatemaltekische 110
Pfahlbauten 33
Pfahlbau 56, 144
Philip, Prinz 284, 291
Pic Toc 113
Piraten 66, 167 – 174, 214, 251
Ploesti 58
Police Special Force (PSF) 275

Polizei 22, 24, 34, 56, 60, 67, 69, 75, 198, 221 f., 224, 235, 274 – 277, 279, 281, 310, Bildunterschrift zu Bild Nr. 22
Potts, Thomas 176
Presse 39, 195, 246
Preußen 153
Price, Prime Minister George 9, 39, 48, 83 f., 163, 190, 194 – 197, 218, 230, 237 f., 263, 287, 294, 296 – 301, Bildunterschrift zu Bild Nr. 4, 24
Prostitution 256
Public Record Office 174
Püjai 139
Punta Gorda 11, 72 – 74, 103, 117, 139, 192, 205, 251, 302

Quarz 130 f.
Quintana Roo 19

Raleigh, Sir Walter 169
Rauschgift 157, 222 f., 280
— -bekämpfung 225
— -produktion 225
Reagan, Präsident Ronald 230, 294
REAP
— -Aktion 221
— -Buch 220
— -Programm 220
Religion 80, 98, 100, 152 f., 159, 188, 199, 206
—, christliche 108, 203
Religionsfreiheit 204
Restaurant(s) 52, 60 f., 70, 74, 160, 240, 261
—, chinesische(s) 52, 54, 73, 159
Revolution 153
Rhein 257, 310
Ricardo 61 f., 65
Riff(e), (s) 61 f., 66, 88, 170, 177 – 179, 240 f., 243
Rio Hondo 68
Rio de Janeiro 65, 196
Rivas, Hotel 56, 58, 60
Rivas, Miss 56, 58, 60 f.
Roaring Creek 48
Roatan 124, 171
Robinson Crusoe 57
Rohrzucker 229
— -anbau 230
Rom 196
Rosenholz 216
Rotes Kreuz 273
—, Belizener 273
—, britisches 272
Royal Air Force 8, 35, 46
Royal Bank of Canada 26, 29, 50, 84
Rum 31, 74, 102, 108 f., 117, 143, 149, 178 f., 212, 215, 230 – 232, 279
Rundfunk 146, 287
Rural Education Agriculture Project (= REAP) 218 f. (s. auch: REAP)
Rußland 151, 153, 157

Sägemühle 215
Sägewerk 155
Sägerei 216

Safaris 237
Salvadorianer 58, 162, 288 f., 295
Samuels, Maxwell 276
San Antonio 25, 103, 109–111, 114, 200, 203
Sandfliegen 37, 58
Sandhai 243
Sandhurst, Akademie 282
San Ignacio 21, 24, 269
Sandinistas 230, 287
San Luis 110
San Pedro 115, 251 f., Bildunterschrift zu Bild Nr. 10
San Pedro Columbia 104, 108
Santa Ana, Lopez de 226
Santa Maria-Holz 216
Santos 110 f.
Sapodilla-Bäume 226
Sarah, Miss 140, 142 f.
Sarteneja 251
Schanghai 160
Scharuma 131
Schlacht bei der St. George's Insel 44, 66, 165, 174, 180
Schliemann, Heinrich 83
Schmidt, Dr. Karl 141, 143
Schmidt, Helmut 8, 299 f.
Schmitt-Schlegel, Dr. 302 f.
Schotten 213
Schottland 27, 169, 188
Schule, katholische 38, 193
Schulen 74, 99, 151, 155, 165, 187, 189, 208, 219, 269, 271 f.
Schweizer 73, 147–150
Seeräuber 9, 168–172, 188, 212, 260
Seeräuberei 172
Seeschildkröte 74
Seine Bight, alter Dorfname 146
Sharper, Sklave 183
Shaw, Robert 186
Sherlock, Philip 41
Silver Garden, Restaurant 130, 160
Silberlöwe 236
Simons, Menno 153, Bildunterschrift zu Bild Nr. 20
Sisters of Charity of Nazareth (= SCN) 201–203
Sklaven 114, 122, 123, 162, 164, 167, 171, 173, 175–177, 179–187, 189, 212, 215, 227, 284, 294, Bildunterschrift zu Bild Nr. 19, II
— -aufstände 166
— -städte 167
Sklaverei 181
Sleeping Giant, Skulptur 271
Soberanis, Antonio 166
Society for the Propagation of the Ghospel (= SPG) 185
Soldaten 153, 198, 282
—, britische 157, 281
—, englische 282
—, kanadische 154
—, weibliche 282
Somoza, Anastasio Debayle 187
Sonnengott 84
Sowjets 153

Sowjetunion 157
Sozialdemokratische Partei Deutschlands 8
Sozialismus 298
Sozialisten 295
Sozialministerium 284
Soziologe(n) 38, 79 f., 82, 119, 158, 182, 203
Spanien 168
Spanier 48, 93, 95 f., 98, 110, 122, 124, 168 f., 172, 174, 177–179, 183, 211 f., 212, 260
Spanish Lookout 152 f., 155 f.
Spielcasinos 256
Spießhirsche 105, 237
Spinnenaffe(n) 106, 236
Spione 177
Spiralen, chinesische 58, 89
Sprache
—, deutsche 148, 153, 159, 266, 269
—, englische 146, 199
— der Garifuna 192
—, kreolische 163
— der Maya 192
Staatsarchiv 269, 304
Staatsbibliothek 28
Stann Creek 18, 43, 233, 241
Stann Creek Town 146
Steel Drums 271
Stephens, John L. 188
Streitkräfte 174, 176, 195, 300
—, britische 154, 197, 262, 283, 288
Streitmacht 198
—, Belizeaner 282 (s. auch: Belize Defense Force (= BDF)
St. George's Insel 41, 44, 66, 170, 176, 179, 188
St. Ignatius-Kirche 202
St. John's Cathedrale 185–187, Bildunterschrift zu Bild Nr. II
St. John's College 40
St. Katharina-Konvent 197 f.
St. Vincent, Insel 122–124, 138, 293
Südamerika 21, 29, 101, 120, 122, 132 f., 137, 234
— -Kariben 133
Südostasien 13
Südstaaten, amerikanische 231
Süßkartoffel 32, 92
Sunday Times, Zeitung 39
Suriname 183
Susanna, Señorita 71
Swinger 176

Tänzer (-innen) 105 f., 135, 160, 270 f., Bildunterschrift zu Bild Nr. IV
Taiwan 160
„Tal des Friedens" 288, 290
Tamoko-Kostüme 101
Tanz (Tänze) 71, 102 f., 105, 107–110, 271
—, hawaiianische 71
Tanzfest(e) 104, 135
— der Garifuna 134
— der Maya 103, Bildunterschrift zu Bild Nr. IV
Tanzkostüme 135
Tanzlehrer 160
Tapir(e) 148, 235, 237

319

Tatsil, höchster Gott der Maya 205
Taylor, Bruce H. 274 f.
Taylor, Douglas 121, 137
Termiten 268
Teufelstanz 101, 110
Texaco 306
Textilfabrik 246 f.
Thailand 309
Thatcher, Margaret 283, 287
The New Belize, Zeitschrift 40, 196
Thompson, J. Eric 94, 112
Tickler 176
Tigerhai 244
Toledo 18 f., 25, 42, 72, 99, 112, 200, Bildunterschrift zu Bild Nr. 12
Torrijos, General Omar 285 f.
Tourismus 57, 237, 252 – 256, 278
Tourismusindustrie 72, 252
Tourist Board 254 f.
Touristen 52, 54, 56, 58, 60, 64, 68, 85, 87, 90, 111, 119, 127, 144, 149, 157, 161, 232, 239, 240, 242, 252, 256, 262, 278, 282, 307, 310, Bildunterschrift zu Bild Nr. 14 – 16
Touristenbüro 84
Towzer, Schiff 176
Trinidad 271
Troja 83
Tropen 22
Tropenklima 21, 90, 215, 270, Bildunterschrift zu Bild Nr. 11
Tropenwald 91
„Tropical Paradise", Hotel 56, 64
Tucker, Selma 271
Tülijo 131
Turton, Robert Sydney 267 f.

UN (= Vereinte Nationen) 102, 118, 285, 288 f., 290
Unabhängigkeit 28, 48, 174, 189, 275, 279, 285, 291, 298, Bildunterschrift zu Bild Nr. 14 – 16
Unabhängigkeitserklärung 183, 281, 291
Unabhängigkeitsbewegung 228 f.
Unicef 118
United Democratic Party (UDP) 299
Unterrichtsministerium 182
Uran 86
Urwald 101, 128, 135, 149, 200, 216, 235, 237, 254
—, tropischer 173
Urwaldindianer 150
USA 16 f., 31, 38, 46, 51, 59, 65, 75, 79, 83, 99 f., 145, 150, 159 f., 176, 184, 189, 194, 200 – 204, 220, 222 – 224, 228 – 230, 239 f., 247, 253, 255 – 258, 261, 266, 271, 275, 282, 286, 288 f., 304 – 306, 308 f.

Vatikan 196
Vernon, Lawrence 72 f., 267
Vernon-Partei 73
Verteidigungsstreitmacht, Belizener 35, 46, 144
Vietnam 223
„Villa Real" 94
Vögel 236 f.
Völkerkundler 81
Vogelschutz 236

Wale 236
Wales 28
Wallace, Peter 169
Waliz (d. i. Belize) 170
Walllix (d. i. Belize) 170
Washingtoner Artenschutzabkommen 238
Wasserbüffel 148
Wasserfälle Bildunterschrift zu Bild Nr. XIII
Wasserschildkröten 236
Wayana 122, 139
Wehrdienst 151
Weltmarkt 215 f., 131
Wildlife Protection Act 1981 235 f.
Wildschweine 148, 237
Wilk, Rick 80
Will, Sklave 183
Wirbelstürme 32 f., 37, 42, 44, 47, 185, 217, 233, 268, 273, Bildunterschrift zu Bild Nr. 4

Xiu 98
Xiu-Dynastie 97

Yams 32, 92
Yarborough-Friedhof 186
Yucatan 7, 93, 95, 191, 211, 231

Zauber 141, 143
Zauberei 131, 139, 203
Zauberer 126, 144
Zauberhandlungen 139
Zauberkette 131
Zaubermittel 143
Zeder 216
Zentralamerika 89
Zentralamerikanische Republik 261
Ziricoteholz 216
Zitronen 32
Zitrus-Plantagen 22
Zoologen 79
Zoologie 269, 307
Zucker 30, 222, 229
Zuckerexport 230
Zuckerrohr 22, 181, 222, 230
Zuckerrohranbau 231
Zuckerrohrfelder 225
Zuniga, Professor Roman 81, 146
Zweiter Weltkrieg 58, 135, 154, 215 f., 250, 302

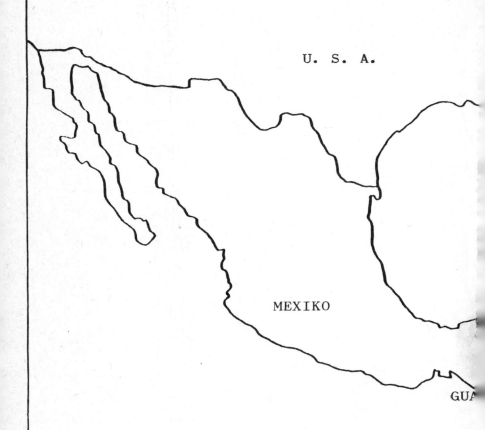

Karte
von
Mittelamerika